Seenparadies Mecklenburg

Seenparadies Mecklenburg

Eine Entdeckungsreise zwischen Schwerin und Neubrandenburg

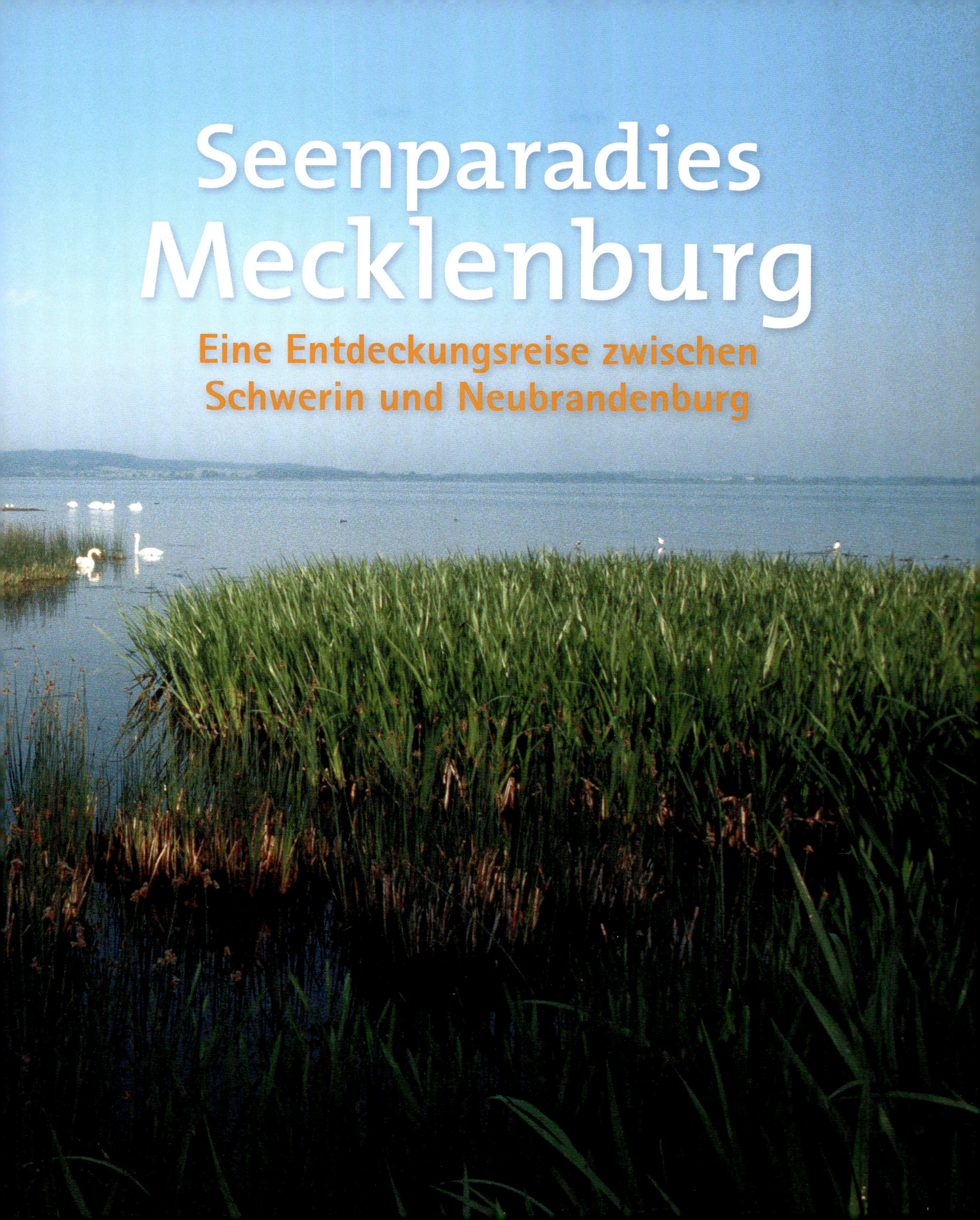

Inhalt

5 Seenland im Norden S. 132

6 Westlich der großen Seen S. 164

1 Rund um die Müritz S. 48

2 Die großen Seen S. 70

Seenparadies Mecklenburg – Einteilung im Buch

4 Rund um den Tollensesee S. 118

3 Das Kleinseengebiet S. 92

Vorwort

Blau und Grün sind die Farben des mecklenburgischen Binnenlands, denn weit mehr als tausend Seen liegen oft dicht an dicht zwischen Hügeln, Wiesen und Wäldern: Von der Müritz, dem größten deutschen Binnensee, über die großen Seen der Mecklenburgischen Seenplatte bis in das Kleinseengebiet, das sich ins Brandenburgische erstreckt, spannt sich der Bogen. Vom Tollensesee im Osten geht es zum Seenland im Naturpark der Mecklenburgischen Schweiz und über das Sternberger Seenland bis weit in den Westen zum Schaalsee, Norddeutschlands tiefstem Klarwassersee. In den blitzsauberen Gewässern finden Fischotter, Seeadler, Kranich und der scheue Eisvogel ihr Revier. Naturdenkmale wie die 1000-jährigen Eichen von Ivenack und die uralten Buchen von Serrahn haben so manchen Sturm überstanden. Dörfer, kleine Land- und alte Residenzstädte säumen die Ufer der Gewässer und schmücken sie mit Backsteinkirchen, hübschen Gutsherrenhäusern und Schlössern. Die goldenen Kuppeln des Schlosses der Landeshauptstadt, eines der großartigsten Bauwerke des Historismus, spiegeln sich im Schweriner See. Dieses Buch führt zu den schönsten Seenlandschaften Mecklenburgs. Ganz gleich, ob man zu Fuß, mit dem Rad oder mit dem Boot unterwegs ist: Hier wird jeder sein Ferienparadies finden, wo im schier endlosen Labyrinth der Seen und Flüsse die Zeit still zu stehen scheint und kleine Städte mit großer Geschichte die Vergangenheit wieder aufleben lassen. Künstler wie Ernst Barlach und Hans Fallada oder der Entdecker Trojas, Heinrich Schliemann, haben dem Land längst ihr Loblied gesungen – folgen Sie ihren Spuren und lernen Sie das Seenparadies Mecklenburg kennen und lieben.

Hanne Bahra

Land und Leute

Am hohen Himmel ziehen Fischadler ihre Kreise, um nach Beute in glasklaren Seen zu spähen. Orchideen blühen am Rand geheimnisvoller Moore. Wiesenschaumkraut wiegt im Wind. Die weitgehend unberührte Natur Mecklenburgs besänftigt und erhebt das Gemüt der Menschen. In Backsteinkirchen und schönen Herrenhäusern feiern sie jeden Sommer mit klassischer Musik auch die Schönheit dieser Landschaft.

Seen, Alleen und historische Städte
Die tausend Seen bestimmen das Bild der Landschaft, über Alleen kommt man beschaulich von Ort zu Ort, um dann eine kulturhistorisch attraktive und malerische Stadt wie Güstrow zu besichtigen.

Seen-Sucht
Der Plauer See ist Teil der weitverzweigten Wasserlandschaft der Mecklenburgischen Seenplatte.

Land der mehr als eintausend Seen – die Schöpfungsgeschichte

Die Seen sind die Seele der mecklenburgischen Binnenlandschaft.

Dieses Gemisch aus blauen Flächen, Linien und amöbenähnlichen Gebilden ergibt ein schier unüberschaubares Wassergebiet und lässt beim Blick auf die Landkarte an den mecklenburgischen Spruch von Gottes zerbrochenem Spiegel denken. Dagegen beschreibt das Wort vom „platten" Land nur eine Seite Mecklenburgs, denn das Profil dieser Landschaft weist stellenweise ganz beachtliche Höhenunterschiede auf.

Letzten Schliff gaben dem norddeutschen Flach- und Hügelland die Gletscher der Eiszeit. Besonders wirksam waren die beiden letzten Eisvorstöße, das Frankfurter Stadium (etwa vor 24000–16500 Jahren) und das gleich anschließende Pommersche Stadium (vor etwa 16500–14000 Jahren) der Weichselkaltzeit. Sie hinterließen in einigen Gebieten markante Hügelketten, die sich etwa von Zarrentin, am Schweriner See vorbei, nach Südosten ziehen. Diese Hauptendmoräne des Frankfurter Stadiums bildet heute die Südgrenze der Mecklenburgischen Seenplatte. Die jüngere Pommersche Hauptendmoräne blieb am

Nordrand des heutigen Naturparks Nossentiner-Schwinzer Heide stehen. Von dort aus verläuft die nördliche Grenze der Seenplatte südöstlich in Richtung Neustrelitz. Bei dem mecklenburgischen Schriftsteller Fritz Reuter liest sich diese Schöpfungsgeschichte so: „As uns' Herrgott de Welt erschaffen ded, fung hei bi Meckelborg an un tworsten von de Ostseetid her ..." – „Als Gott die Welt erschuf, fing er mit Mecklenburg an, und zwar von der Ostseeseite her." Seine Engel „mudelten wat taurecht", auf Hochdeutsch „bastelten etwas zurecht", was diese Landschaft ausmacht: große und kleine Seen, Sölle, weit verzweigte Flüsse, Bäche und Moore, Endmoränenhöhenzüge, wellige und ebene Grundmoränen sowie flache Sander.

Die Zeitspanne zwischen dem Abschmelzen des Eises und der Ausbreitung der nacheiszeitlichen Vegetation war relativ kurz, sodass das durch die Gletscher geformte Relief der mecklenburgischen Landschaft weitgehend erhalten blieb und der Wissenschaft viele anschauliche Hinweise über ihre Entstehungsgeschichte gibt.

Hügel und Täler

Das eisige Drama der Weichseleiszeit begann vor etwa 25 000 Jahren. Noch vor ungefähr 15 000 Jahren waren weite Teile Mecklenburgs von gewaltigem Gletschereis bedeckt. In Schüben wanderte das Eis von Skandinavien gen Süden, transportierte Geröllmassen, sogenannte Geschiebe, schuf Senken und tiefe Rinnen, Kuppen und Höhenzüge. Die Großseenlandschaft Mecklenburgs beispielsweise zeigt dabei eine auffallende, von Nordosten nach Südwesten gestaffelte Gliederung, die durch die Bewegungsrichtung des Eises bedingt ist und mit der Abfolge von Grundmoräne, Endmoräne, Sander und Urstromtal in den Grundzügen einer klassischen glazialen Serie entspricht. Durch den gewaltigen Druck des sich bewegenden Eises – Wissenschaftler gehen von Geschwindigkeiten von maximal 2 km pro Jahr aus – wurden tiefe Furchen in den Untergrund gehobelt. Als der bis zu mehreren hundert Metern dicke Panzer aus Eis schmolz, füllte Wasser die Rinnen und Senken. Dort, wo der abschmelzende Rand des Inlandeises länger verweilte und von Norden her immer neue Eismassen voller Geschiebe nachdrängten, entstanden sogenannte Endmoränen, Hügelketten, die bogenförmig die mecklenburgische Landschaft durchziehen.

Nord- bzw. nordöstlich hinter den Endmoränen liegen die Grundmoränen, die stellenweise von Drumlins, länglichen, von den Gletschern aus lockeren Ablagerungen geformten Rückenbergen, um einige wenige Meter überragt werden. Bahndammartige Höhenzüge aus den Kiesen und Sanden ehemaliger glazialer Flussbetten nennt man Oser; diese ziehen sich über die Ebene. Der längste Oszug Norddeutschlands erstreckt sich über 30 km von Gatschow südlich von Demmin bis an den Kleinen Varchentiner See südlich von Stavenhagen. Von den Hellbergen, einem Oszug beim Tollensesee, bietet sich in nördlicher Richtung ein beinahe 20 km weiter Ausblick, der als einer der schönsten norddeutschen Landschaftsblicke gilt. Deshalb wurde hier 2003 der „Geopark Mecklenburgische Eiszeitlandschaft" eröffnet.

Die Schweiz der Mecklenburger
Auch die Hügellandschaft der Mecklenburgischen Schweiz nördlich der Seenplatte ist das Ergebnis der Eiszeit (siehe Seite 12).

Wie ein Auge in der Landschaft
Als das Eis taute, hinterließ es rundliche Sölle und sogenannte Toteisseen (siehe Seite 13).

Der tiefste See Norddeutschlands
Die gewaltigen Kräfte des Wassers schufen das über 70 m tiefe Strudelloch für den Schaalsee.

Aufgetaut
Wo einst Eisblöcke lagerten, schimmert heute der Goldberger See in der Abendsonne.

Das südlich der Endmoränen aus großen und kleinen Gletschertoren abfließende Schmelzwasser breitete die vom Eis zu Kies, Sand und Ton zermalmten Gerölle auf weiten Flächen aus. Solche Flächen werden Sander genannt; sie prägen beispielsweise die heutige Landschaft des Naturparks Nossentiner-Schwinzer Heide und des Müritz-Nationalparks. Von der Banzkower Mühle, die sich etwa 25 m über das Gebiet der Lewitz erhebt, hat man einen herrlichen Ausblick über die für den Südwesten Mecklenburgs typischen Sanderflächen. Schmelzwasserströme flossen einst in die Lewitzsenke, die der Grund eines riesigen, flach angestauten Sees war. Sie hinterließen nach Süden hin immer feiner und weicher werdende Sandablagerungen, die hier die fast steinfreien landwirtschaftlichen Nutzflächen bilden.

Die Erschaffung der Berge

Ganz anders sieht es im Gebiet der Mecklenburgischen Schweiz aus. Nach Osten grenzt das Gebiet mit einem imposanten Geländeabfall an das mehr als 30 km lange Malchiner Becken mit dem Malchiner und dem Kummerower See. Wie das Tollensebecken bei Neubrandenburg stellt es wahrscheinlich ein damals unter dem Eis verlaufendes (subglaziales) Tunneltal dar, ausgespült von den gewaltigen Schmelzwasserströmen. Das eiszeitliche Tauwetter hatte schon begonnen, als vor etwa 13 000 Jahren noch ein weiterer Gletscher mit dem kurzen, aber heftigen „Mecklenburger Vorstoß" das Gebiet nördlich von Waren erreichte und die Landschaft der heutigen Mecklenburgischen Schweiz teilweise noch einmal formte. Eismassen schürften bereits vorhandene Senken noch tiefer aus. Was im Wege war, wurde zu Höhenrücken aufgestaucht. Diese Stauchmoränen, mit einer Höhe von mehr als 120 m über dem Meeresspiegel, sind die bedeu-tendsten Erhebungen der Mecklenburgischen Schweiz. Noch höher sind mit 179 m nur die Helpter Berge bei Woldegk, die höchste Erhebung des ganzen Bundeslandes.

Vom Eise befreit – die Geburt der Seen

Mit dem Rückzug des Eises begann eine neue Ära. In den zehn Jahrtausenden des Holozäns, der bis heute anhaltenden Warmzeit, trugen Wind und Wasser steile Kuppen und Hänge ab, Senken wurden aufgefüllt. Vor allem aber hinterließ das Eis die Seen, schmale Rinnenseen und Zungenbeckenseen – das sind Seen, die sich in den Mulden und Rinnen bilden, die von den sich zurückziehenden Gletschern gebildet wurden – sowie die Fließgewässer mit

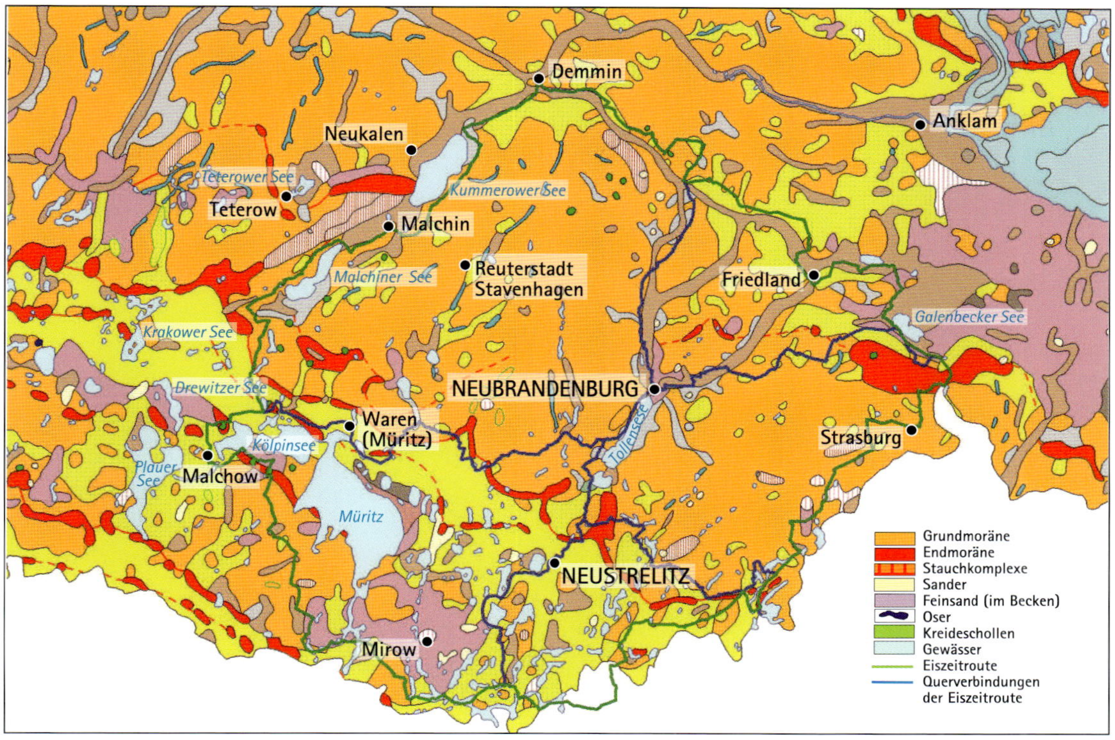

Die Wirkungen der Eiszeit
Die Karte des Geoparks Mecklenburgische Eiszeitlandschaft zeigt die regionale Ausbreitung der verschiedenen Ausformungen der Eiszeit, die man auf der Eiszeitroute kennen lernen kann (siehe unten).
Unter einer *Grundmoräne* versteht man Ablagerungen aus Gestein, Sand u.ä. unter dem Gletscher bzw. Inlandeis; unter einer *Endmoräne* und einem *Stauchkomplex* die wallartige Aufschüttung von Gesteinsmaterial am Rande/Ende eines Gletschers. Ein *Sander* ist eine Sand- und Geröllfläche, die sich aufgrund eines Gletscherschmelzbachs vor einer Endmoräne abgelagert hat, und *Oser* sind unregelmäßig geformte bahndammähnliche Erhebungen aus Gesteinsmaterial, das unter dem Eis, meist in Gletscherspalten, im Schmelzwasser mitgeführt wurde.

vereinzelten Durchbruchstälern. Die Kleinseenlandschaft, das wohl wasserreichste Gebiet Mecklenburgs, entstand zum Teil im breiten Sandersaum im Vorland der Pommerschen Hauptmoräne.

Viele Seen im Sandergebiet und auch die Sölle, winzige Wasserlöcher in den Grundmoränen, entstanden durch das langsame Abtauen von sogenannten Toteisblöcken. Vom schwindenden Gletscher abgekoppelt, schmolzen diese nun unbeweglichen Eisklötze, flossen in den Grundmoränen langsam dahin und füllten auf ihrem Weg alle Vertiefungen mit Wasser. Der Goldberger, Damerower, Drewitzer, Fleesen- und der Kölpinsee zählen ebenso zu den Toteisseen wie die Müritz, der Krakower und der Plauer See. Manchmal plombierte das Toteis auch Hohlformen für lange Zeit und bewahrte diese davor, mit Sedimentmaterial zugeschüttet zu werden. Auf diese Weise blieben zum Beispiel einige Seen des Feldberger Gebiets während der jüngsten Eiszeit erhalten. Tiefe Rinnenseen wie der Schmale Luzin, aber auch der Tiefwaren bei Waren zeichnen ehemalige Schmelzwasserabflussbahnen nach, die die Endmoräne durchbrochen haben.

Auf den Spuren der Eiszeit

Der Geopark Mecklenburgische Eiszeitlandschaft, seit 2004 von der UNESCO als Europäischer Geopark anerkannt, gilt als geologische Modellregion für eiszeitlich entstandene Landschaften. Er umfasst mit 5000 km² fast 20 % der Landesfläche. Zwischen Demmin im Norden bis Neustrelitz und Feldberg im Süden sowie von Teterow im Westen bis kurz vor Pasewalk im Osten weist er den kompletten Formenschatz glazialer Landschaften – Seen, Hügelketten, Moore und Quellen – auf. Nirgendwo sonst kann man das Erbe der Eiszeit so anschaulich erleben wie in den verschiedenen Geopark-Aktionszentren entlang der über 660 km langen „Eiszeitroute Mecklenburgische Seenplatte". Zu den geologischen Sehenswürdigkeiten zählen natürlich auch Steine, sogenanntes Geschiebe. Ganze Steinhaufen (Blockpackungen), die die frühere Lage des Eisrandes anzeigen, liegen im Hullerbusch bei Feldberg, östlich des Schmalen Luzins. Großgeschiebe bezeichnet man als Findlinge. Der größte Findling auf dem deutschen Festland ist mit 133 m³ der 350 t schwere Große Stein in Altentreptow (siehe Foto links). Der schwerste Brocken in Schwichtenberg, dem größten Findlingsgarten Norddeutschlands im nordwestlichen Zipfel des Geoparks, wiegt 26,5 t. Hier wurden auf einem 20 ha großen Areal mehr als 2000 Findlinge zusammengetragen. Über 100 von ihnen sind so angeordnet, dass sie die Umrisse der Ostseeregion markieren. Dabei liegt jeder Stein auf seinem jeweiligen Herkunftsgebiet. Nicht weit von dort kann man durch ein altes Gletscherzungenbecken spazieren gehen, darin liegen die Friedländer Große Wiese und an der tiefsten Stelle der Galenbecker See. Es ist das größte Niedermoorgebiet nördlich der Pommerschen Hauptendmoräne auf deutschem Gebiet und ein Musterbeispiel für den nacheiszeitlichen Verlandungsprozess. Am Südrand erheben sich die Brohmer Berge, naturgegebene Anschauungsstücke einer Stauchendmoränenlandschaft.

Von Buchen, Blumen und Pilzen – Mecklenburgs Flora

Nach einem Regenschauer im Spätsommer liegt im Wald ein intensiver Duft nach Pilzen in der Luft.

Rapsgelbe Felder bis zum Horizont prägen das Bild dieser Landschaft im frühen Sommer. Verschwenderisch schmücken sich die Feldraine mohnblumenrot und kornblumenblau. Verwilderte Apfelbäume blühen am Rand alter Landwege. In der Weite Mecklenburgs, in den Wäldern, auf Wiesen und Mooren gedeiht eine vielfältige Pflanzenwelt. Viele Arten, die deutschlandweit auf der Roten Liste stehen, haben in Mecklenburg noch ihre Heimat.

Der Wald – eine unendliche Geschichte

Die frühe Geschichte der Bewaldung Mecklenburgs wird beherrscht von einer Abfolge klimatischer Veränderungen. Zunächst wuchs auf den eisfreien Böden eine schüttere Vegetation aus Sanddorn und einigen Beifußarten. Vor 12 000 Jahren trat eine deutliche Erwärmung ein, und Birken- und Kiefernwälder breiteten sich aus. Aber nach knapp 1000 Jahren wurde es noch einmal so kalt, dass die Tundra wieder das Terrain beherrschte, diesmal jedoch mit Heidekraut und Wacholder. In jener als Späte Eis- oder Jüngere Tundrenzeit bezeichneten Epoche bildeten sich auch die Grundstrukturen des Gewässernetzes. In den feuchten Senken der Flusstäler und im Bereich der Seen entwickelten sich die ersten Moore. Vor 10 000 Jahren gewann der Wald dann die endgültige Hoheit. Zunächst mit Kiefern, dann mit Ulmen und Eichen, schließlich wuchs auch der Haselstrauch. Im Übergang zur Hauptwärmezeit vor etwa 7500 Jahren dominierten Eiche, Ulme und besonders die Linde. An den Ufern der Seen und Flüsse breitete sich die Erle aus. Auf dem Höhepunkt des feuchtwarmen Klimas begannen auch die heute noch anhaltenden Verlandungsprozesse in den überfluteten Ebenen und Flusstälern, in den Seen und Söllen. Es entstanden ausgedehnte Sümpfe.

Vor etwa 5000 Jahren änderte sich das Klima erneut. Ulme und Linde litten unter dem kühleren Wetter, dafür zog die Rotbuche ein. Als es vor etwa 2500 Jahren noch kälter

Blühende Landschaft
Baumgemeinschaften wachsen wie grüne Inseln im rapsgelben Blütenmeer.

und feuchter wurde, schwang sich die Buche zur Herrin der Wälder auf, begleitet von der Hainbuche, die zu den Birkengewächsen gehört. Nur an den Rändern der Seen behielten auch Kiefern, Eichen und Haselstrauch ihre natürlichen Nischen. Die Ulme verschwand nahezu ganz; die Linde hielt sich dort, wo die Buche sie nicht bedrängte, beispielsweise auf den Inseln im Krakower Obersee.

Bevor der Mensch in Mecklenburg sesshaft wurde, war das Land zu mehr als 90 % mit Wald bedeckt. Heute wachsen vielerorts dort, wo sich einst die Buchenwälder ausbreiteten, Kiefern. Die Siedler schlugen riesige Schneisen in die Wälder und verbrauchten den Humus, sodass auf den entblößten Sanden nur noch die Kiefer gedieh. Vom 13.–15. Jahrhundert war die Landschaft weitgehend entwaldet. Als Forstleute vor 250 Jahren mit der Aufforstung nicht mehr nutzbarer Flächen begannen, bot sich die anspruchslose Kiefer an. Sie kann auf den kargen Böden bis zu 300 Jahre alt werden. Inzwischen gibt man auf den von der Kiefer vorbereiteten Böden auch Buche und Eiche wieder eine Chance.

Tierische Landschaftsschützer
Schafe bewahren die Wiesen am Malchower See vor Verwucherungen.

Nationalparkhelfer Pilz

Himbeeren, Brombeeren, Blaubeeren und auch Pilze wachsen in Mecklenburgs Wäldern. Über 3000 Pilzarten wurden im ganzen Land gezählt. Mit Körben und kleinen Messern bewaffnet, wandern Pilzsammler im Herbst durch den Nadelwald, auf der Suche nach Maronenröhrling, Steinpilz und Pfifferling. Büschelweise besiedeln Stockschwämmchen Baumstümpfe von Laub- und Nadelbäumen. Wer im Laubwald sucht, sollte sich vor dem Grünen Knollenblätterpilz hüten, der gern unter Eichen gedeiht. Wer Glück hat, findet den schmackhaften Austernseitling. Auf Wiesen vermutet man zu Recht Champignons, doch Vorsicht, es gibt auch den Giftchampignon, den man an seiner gelben Knolle erkennen kann. Da greift man doch besser zum Riesenschirmpilz, den man schon wegen seiner Größe kaum verwechseln kann. Wer eine der Pilzberatungsstellen aufsucht, ist auf der sicheren Seite. Mecklenburg-Vorpommern ist das einzige Bundesland, in dem diese kostenlose Beratung gesetzlich verankert ist.

Wenn auch nicht jede Pilzsorte für die Küche taugt – im Naturpark Nossentiner-Schwinzer Heide etwa sind von 600 vorkommenden Arten lediglich etwa 30 gute Speisepilze –, helfen sie dafür alle im Zusammenspiel mit einem Heer von Insekten beim biologischen Abbau abgestorbener Pflanzen. Mit ihrem feinen weißlichen Fadengeflecht, dem Myzel, zersetzen sie abgestorbene Bäume, herabgefallene Blätter und Nadelstreu. Anders als im Nutzwald schätzt man im Nationalpark den Echten Zunderschwamm, von den Förstern „Weißfäule" genannt, der sich am liebsten auf kranken und toten Bäumen einnistet. Jedes Jahr legt er eine neue Röhrenschicht an und macht das alte Holz ganz mürbe. Nach einiger Zeit wird daraus fruchtbarer Humus.

Blühende Landschaften

Wenn im Frühjahr die Sonne durch die Kronen der noch unbelaubten Bäume auf die Erde dringt, überflutet ein Meer von Buschwindröschen den Waldboden. Lungenkraut und Milzkraut sprießen, Krokusse, Sauerklee, Veilchen, Goldsterne, Rote Taubnessel und Maiglöckchen gesellen sich dazu. In den Straßengräben und an feuchten Wegrändern blüht dann auch Huflattich, und die Blätter und Blüten vom Scharbockskraut glänzen. Die blauvioletten Leberblümchen gehören zu den frühesten Frühlingsboten. Ihr Farbstoff Anthocyan besitzt die Fähigkeit, Licht in Wärme umzuwandeln und schützt damit die zarten Pflanzen vor Frost. Auf der Roten Liste Mecklenburg-

Sammlerleidenschaft
Der begehrte Steinpilz liebt die kalkreichen Böden von Buchenwäldern.

Gefährliche Schönheit
Der Rundblättrige Sonnentau ernährt sich nicht nur über die Wurzeln, sondern fängt mithilfe seiner klebrigen behaarten Blätter auch kleine Insekten.

Vorpommerns wird vor dem Verschwinden dieser Blume gewarnt. Von Mai bis Juni, zeigt die Trollblume ihr gelbes kugeliges Köpfchen. Diese ebenfalls vom Aussterben bedrohten Blumen sind auf feuchte Standorte angewiesen. Sie gedeihen auf humus- und nährstoffreichen Wiesen und Wiesenmooren besonders in Gebieten zwischen Warin, Bützow und Plau. Das 16 ha große Naturschutzgebiet Trollblumenwiese Neukloster ist die westliche Grenze des nordostdeutschen Verbreitungsgebietes.

Fleischfresser im Moor

Moore haben ihre ganz eigene Vegetation. In den Erlenbruch-Wäldern des Müritz-Nationalparks leuchten das Gelb der Sumpfdotterblume und das helle Grün der jungen Seggen. Wie zahllose Wattebäusche tüpfeln von März bis Mai die weißen Schöpfe des Scheidigen und des Schmalblättrigen Wollgrases lichte Moorflächen, bis der Wind die filigranen Früchte, Pusteblumen gleich, davonträgt. Daneben steht der Sumpfporst in voller Blüte, weiß strahlen die Blüten des Fieberklees. Ganz genau muss hinsehen, wer den Rundblättrigen Sonnentau entdecken will. Er versteckt sich gern zwischen Torfmoosen und ist ein wahrer Überlebenskünstler, der sich extremen Standorten in Mooren und Heiden angepasst hat. Seine Blüten öffnet er nur bei Sonnenschein, dann glitzern an seinen Blatträndern scheinbar tausend Tautropfen. Doch der schöne Schein entpuppt sich als tödliche Falle. Es ist ein klebriges Sekret, das die haarfeinen rötlichen Tentakel auf der Oberfläche der rundlichen Fangblätter ausscheiden, um damit Mücken und Fliegen anzulocken. Dann krümmt sich das Blatt und die Beute berührt die Verdauungsdrüsen. Ein Sekret, dem menschlichen Magensaft ähnlich, löst die Weichteile der Insekten auf, übrig bleibt nur die Hülle, die der nächste Windstoß davonweht. So ernährt sich diese Pflanze auf nährstoffarmen Böden. Durch Entwässerung und Torfabbau sind die geeigneten Lebensräume für den Sonnentau knapp geworden. Immerhin konnte mit dem Schutz der Moore der Rückgang der Art gebremst werden.

Königin der Sümpfe und andere Orchideen

Auf nassen Wiesen, in Mooren, Bruchwäldern und an Seeufern wächst die Sumpf-Sitter beinahe 70 cm hoch. Ihr Duft lockt Bienen, Wespen und Schwebfliegen an. Diese Pflanze benötigt viel Licht. Wie alle einheimischen Orchideenarten ist auch die Sumpf-Sitter geschützt. Die größten Probleme bereitet der Stickstoffeintrag durch Dünger. Darüber hinaus wurden viele Lebensräume der Sumpf-Sitter – Feuchtbiotope unterschiedlichster Art – im Laufe der letzten Jahrzehnte durch Trockenlegung zerstört. Dadurch ist die ehemals durchaus weitverbreitete Orchidee auf wenige isolierte Vorkommen zurückgedrängt worden. Die wenigen noch vorhandenen Biotope der Sumpf-Sitter müssen daher besonders geschützt werden. Etwas häufiger trifft man noch auf das im Mai und Juni blühende purpurrote Breitblättrige Knabenkraut. Es wächst auch am Ostufer des Freisnecksees im Müritz-Nationalpark. Auf den Trockenrasen der Steilhänge findet man dort auch noch die farbenprächtige Wiesen-Kuhschelle. Schafe sorgen dafür, dass die Wiesen nicht zuwuchern, denn diese Pflanze gedeiht nur auf trockenen, extensiv beweideten Standorten. Die Grünliche Waldhyazinthe hingegen mag nährstoffreiche Laubwälder, das Kriechende Netzblatt kalk- und nährstoffarme lichte Kiefernforste.

Geschützte Orchideen
Das Breitblättrige Knabenkraut, auch Fingerwurz genannt, liebt feuchte und sonnige Wiesen und ist vor allem im Mai zu finden.

Majestätische Wälder
Buchen hatten einst die Herrschaft über die mecklenburgischen Urwälder; sie können über 300 Jahre alt werden.

Im Zeichen der Eule
Die Waldohreule steht auch für Naturschutz im Feldberger Seengebiet.

Geschützte Natur

In den Schutzgebieten überleben bedrohte Arten – es sind die Archen der Neuzeit.

Es begann im Jahre 1906 mit der Gründung des „Heimatbundes Mecklenburg“. Damals hieß es: „Aber wir dürfen nicht verhehlen, dass unsere Zeit, welche eben in wildem Hasten und Jagen nach Gewinn und materiellen Genuss Befriedigung sucht, geneigt ist, alles Alte und Ehrwürdige, alles Besondere und Eigenartige gering zu achten, und dass deswegen Gefahr droht, dass die Schönheit und Eigenart unseres Landes zugrunde gehen möchte ...“

1917 übertrug Gründungsmitglied Großherzog von Mecklenburg-Schwerin dem Heimatbund das Drispether Moor nördlich von Schwerin als erstes Naturschutzgebiet. Anfang der 1940er-Jahre waren aufgrund des Reichsnaturschutzgesetzes in Mecklenburg 17 Naturschutzgebiete ausgewiesen. Dieses Gesetz hatte bis 1954 Gültigkeit. Dann begann eine Zeit intensiver Landnutzung, in der sich Willkür und Engagement im Umgang mit der Natur kaum die Waage halten konnten.

Kostbares Erbe der Natur

Im September 1990, nur wenige Tage vor der Wiedervereinigung, stellte die letzte Regierung der DDR 14 Großlandschaften zwischen der Ostsee und dem Elbsandsteingebirge unter Schutz: fünf Nationalparks, vier Biosphärenreservate und drei Naturparks. Als „Tafelsilber der deutschen Einheit“ bezeichnete der damalige Bundesumweltminister Klaus Töpfer dieses Erbe. Insbesondere in den 40 Jahre lang gesperrten Grenz- und Militärgebieten wurde eine Vielzahl von Naturschutzgebieten gesi-

Kulturlandschaft
Mensch und Natur leben in den geschützten Landschaften Mecklenburgs in schöner Harmonie.

chert. Inzwischen zählt Mecklenburg-Vorpommern zwölf Großschutzgebiete, davon befinden sich sieben in Mecklenburg: der Müritz-Nationalpark, das Biosphärenreservat Schaalsee sowie die Naturparks Mecklenburgische Schweiz und Kummerower See, Nossentiner-Schwinzer Heide, Sternberger Seenland, Mecklenburgisches Elbetal und Feldberger Seenlandschaft.

Schutzräume in Mecklenburg

Im Nationalpark darf die Natur wieder die Regie übernehmen. Hier geht es weder um die Wiederherstellung idealer Landschaftsbilder noch um Konservierung heutiger Zustände. Es geht überhaupt nicht um ein Wunschbild des Menschen, sondern um einen Prozess, mit all seiner Unberechenbarkeit. Natur Natur sein lassen, lautet die Kurzformel. Nur der Wind darf hier noch Bäume fällen. Jeder Käfer, jeder Kauz darf sich nach Lust und Laune vermehren. So ermöglicht der Mensch die Entwicklung der letzten Paradiese. Unter anderem ist dabei Biodiversität, also biologische Artenvielfalt, das Ziel.

Biosphärenreservate sind Modellregionen für ein harmonisches Zusammenleben von Mensch und Natur. Als Teil des „Mensch und Biosphäre-Programms“, das die UNESCO bereits 1970 ins Leben rief, sind sie international ein wichtiges Instrument, um neben dem Schutz der natürlichen Ressourcen eine nachhaltige, umweltgerechte und zukunftsfähige Regionalentwicklung in einem weltweiten Netzwerk zu entwickeln. Sie sind in verschiedene Schutzzonen unterteilt: Unberührte Kernzonen und durch schonende Landnutzung erhaltene Pflegezonen sollen mindestens 20 % der Gesamtfläche ausmachen. 50 % sind als Entwicklungszonen naturverträglicher Landwirtschaft und umweltgerechtem Wirtschaften vorbehalten.

Naturparks sollen die vom Menschen nachhaltig genutzten und geprägten Kulturlandschaften schützen und bewahren. Dabei wird der Natur möglichst nur das entnommen, was auch wieder nachwächst. Das Ziel ist die Balance von vielgestaltiger Tier- und Pflanzenwelt und regionaltypischen, historisch gewachsenen Siedlungen.

Lebensraum Moor
Die renaturierten Moore des Müritz-Nationalparks sind kostbares Naturerbe.

Die Rettung der Moore

Mit 293 000 ha Moor, das sind fast 13 % der Landesfläche, gehört Mecklenburg-Vorpommern zu den moorreichsten Bundesländern Deutschlands. Die ältesten entwickelten sich vor 10 000 Jahren nach dem Ende der letzten Eiszeit; heute sind die meisten von ihnen in ihrem natürlichen Wasserhaushalt gestört.

Nicht für Jäger
Vom Hochsitz in der Nossentiner-Schwinzer Heide schießen Sammler schöner Landschaftsbilder ihre Fotos.

Naturnahe Moore können in ihrer sensiblen Ökologie weder vom Landwirt noch vom Forstmann intensiv genutzt werden. Das alles hat nicht nur lokale Auswirkungen auf Pflanzen und Tiere, sondern auch globale Folgen. Obwohl Moore und andere Feuchtgebiete nur etwa 3 % der Landoberfläche der Erde einnehmen, speichern Torfe etwa 20 % des in Böden gebundenen Kohlenstoffs. Moore leben von Wasser. Werden sie entwässert, wird die Torfbildung unterbrochen, die Moore geben dann Kohlendioxid sowie andere klimarelevante Gase ab und tragen zum Treibhauseffekt bei. Allein im heutigen Teilgebiet Serrahn des Müritz-Nationalparks entzog der Mensch einst einer Moorfläche von 400 ha das Wasser. Schutz der Moore aber bedeutet, den natürlichen Wasserhaushalt zu erhalten oder, wenn das Moor zuvor künstlich trockengelegt wurde, diesem wieder Wasser zuzuführen. Im MüritzNationalpark zeigen die Renaturierungsmaßnahmen zur Rettung der Moore bereits gute Erfolge: Über 300 ha sind mittlerweile renaturiert.

Therapie für die Seen

Die amtliche Statistik hat es schwer: Seen verändern sich ständig, entstehen neu, manche Wasserflächen verschilfen, verlanden, verschwinden. Andererseits wurden in jüngster Zeit durch Renaturierungsmaßnahmen und durch den Rückbau von Entwässerungsgräben ehemals trockengelegte Gebiete wieder in Wasserflächen umgewandelt. Nach neuesten Messungen zählt Mecklenburg-Vorpommern 2028 Seen mit einer Mindestgröße von 1 ha, 1354 davon in Mecklenburg. Alle zusammen bedecken sie eine Fläche von 738 km2, das sind rund 3,1 % der Landesfläche. Damit ist Mecklenburg-Vorpommern das wasserreichste Bun-

Begegnung zwischen Kind und Tier
Im Güstrower Streichelzoo kommen die Kinder den Tieren ganz nahe, was heutigen Stadtkindern nicht mehr selbstverständlich ist.
.

Erfolgreiche See-Therapie
Der sanierte Tiefwarensee bei Waren zeigt modellhaft ein ausgeglichenes Verhältnis von Mensch und Natur.

desland Deutschlands. 1995 begann man im Umweltministerium Mecklenburg-Vorpommerns im Rahmen des „Seen-Projekts" mit der statistischen Erfassung der Gewässer. Die Seen, lange Zeit Stiefkind der wissenschaftlichen Untersuchungen, wurden nun zum Studienobjekt. Während man bei den Fließgewässern durch ein Einleitungsverbot ungenügend behandelter Abwässer aus Kläranlagen oder aus der Landwirtschaft schnell eine Verbesserung der Wasserqualität verzeichnen konnte, brachte die Analyse der Seen ab 10 ha Fläche zunächst eine ernüchternde Bilanz. Bei vielen ist der Eintrag von Phosphaten aus Haushalten und Landwirtschaft so hoch, dass sich Algen zu stark vermehren und das Gewässer „umkippen" kann.

Doch inzwischen hat sich viel getan. Das Thema Seen ist mittlerweile umweltpolitischer Schwerpunkt in Mecklenburg-Vorpommern. Von den Mitarbeitern des Seen-Projekts wurde ein Sanierungs- und Renaturierungsprogramm erarbeitet, das auch das Einzugsgebiet der Seen mit in Betracht zieht, denn wo ringsum intensiv bewirtschaftete Ackerflächen liegen, wäre eine „Operation" im See nur die Behandlung des Symptoms. Inzwischen konnten mehr als 20 Seen „therapiert" werden. Die Wasserqualität des Schmalen Luzins im Naturpark Feldberger Seenplatte wurde erfolgreich stabilisiert. Seitdem eine Ringkanalisation sämtliche Abwässer Neubrandenburgs vom Tollensesee fernhält, zählt er, mit einer Sichttiefe von über 5 m, zu den gesündesten mecklenburgischen Seen. Viel besser geht es seit 2001 auch dem Tiefwarensee. Der etwa 2,8 km lange und bis zu 700 m breite See, der mit maximal 25 m eine beachtliche Tiefe aufweist, grenzt mit seinen südlichen und westlichen Uferpartien an die Stadt Waren (Müritz). Heute hat der See mit einer Sichttiefe bis zu 6 m seinen „Referenzzustand", also seine optimale Wasserqualität erreicht. Auch der Zierker See bei Neustrelitz und rund 15 weitere stehen derzeit auf der Patientenliste des „Seenprogramms MV", wie es inzwischen heißt. Damit kein falsches Bild entsteht: Fast allen Seen in Mecklenburg bescheinigt das Gesundheitsministerium gute Badewasserqualität – nur ist man in dem Wassertourismusland eben besonders anspruchsvoll.

Klimawald gegen Klimawandel

Einer der wichtigsten Faktoren des Klimawandels ist das Kohlendioxid. Ein wachsender Wald von knapp 700 km² würde jedes Jahr Hunderte Kilotonnen der Kohlendioxidemission aufnehmen.
10 Euro kostet in Mecklenburg-Vorpommern eine Waldaktie: Dafür kann jeweils auf einer Fläche von 10 m² ein Baum gepflanzt werden, der die Kohlendioxidemissionen ausgleicht, die etwa eine vierköpfige Familie im Urlaub verursacht, schätzungsweise rund 200 kg. Diese Aktion richtet sich also an umweltbewusste Urlauber. Ganz gleich, wo man „seine" Bäume pflanzen lässt, auf Rügen, auf der Halbinsel Fischland-Darß-Zingst oder im Gebiet der Mecklenburgischen Seenplatte, diese Kampagne verspricht allen Waldaktionären ein gutes ökologisches Gewissen und 100 Jahre wachsenden Gewinn. In der Nähe von Neustrelitz wurden 2007 auf einer Fläche von 2300 m² die ersten 100 Traubeneichen gepflanzt.
Bei Mirow sollen auf 2,8 ha 2800 Roterlen wachsen. Insgesamt stehen in Mecklenburg-Vorpommern augenblicklich fünf „Klimawälder" mit insgesamt 10,7 ha Aufforstungsfläche zur Verfügung. 2009 entsteht je ein weiterer Klimawald bei Schwerin und an der Ostseeküste.

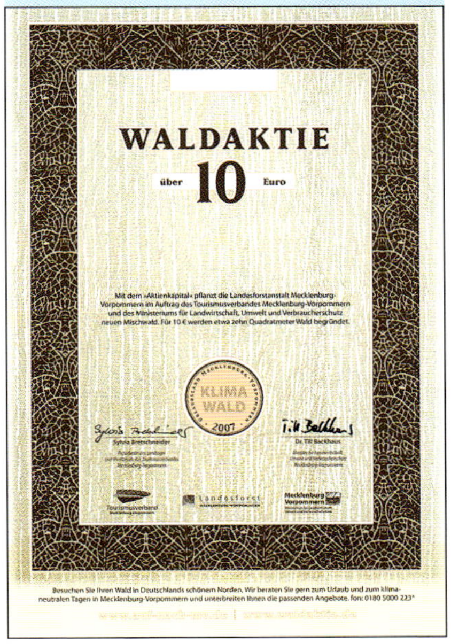

Gefiederte Fischjäger und Co.

In Mecklenburg kann man wie nirgends sonst in Deutschland Vögel beobachten.

König der Lüfte
Mit bis zu 2,5 m Flügelspannweite ist der Seeadler der Herrscher am Himmel. Kein Wunder, dass der Adler schon immer ein stolzes Wappentier war.

Die seenreiche Landschaft Mecklenburgs ist Heimat und Zwischenstation zahlloser Wat- und Wasservögel. Allein im Gebiet der Mecklenburgischen Seenplatte sind gut 1755 km², also über 30 % der Gesamtfläche, als Europäisches Vogelschutzgebiet ausgewiesen. Etwa 50 Vogelarten brüten im Naturschutzgebiet am Nordufer des Plauer Sees. Tausende Grau-, Saat- und Blessgänse sammeln sich hier im Herbst für den Weiterflug in ihre Winterquartiere. Die Halbinsel Großer Schwerin ist bedeutender Brutplatz für zahlreiche Schnepfenvögel, Enten und Gänse. Der Warnker See im Müritz-Nationalpark ist im Juli und August Treffpunkt für nahezu 6000 Tafelentenmännchen. Dann folgen bis zu 25 000 Reiherenten. Selbst von den bislang in Deutschland seltenen Kolbenenten wurden hier schon weit über 1000 Exemplare gezählt. Die sauberen Seen ernähren auch viele gefiederte Fischräuber. So findet der Kormoran hier reichlich Nahrung. Pfeilschnell jagt der zauberhafte Eisvogel seine Beute, und bewegungslos lauert der Graureiher im Schilf, während weit oben am Himmel Fisch- und Seeadler ihre Kreise ziehen.

Fischräuber Kormoran

Der auf dem Land eher plumpe Kormoran wird im Wasser zum flinken Taucher. Da er keine Bürzeldrüse zum Fetten seines Gefieders besitzt, sieht man ihn anschließend auf Bäumen oder den Reusenstangen der Fischer seine ausgebreiteten Flügel trocknen. Der Kormoran ist nicht gerade beliebt bei den Fischern. Schlimmer noch: Der schwarze Geselle ist ihr erklärter Feind. Fast ein Pfund Fisch kann er am Tag verspeisen. Schon Mitte des 19. Jahrhunderts verfolgten ihn die Fischer erbittert. Die Horstbäume wurden gefällt, die Eier zerschlagen oder die Jungvögel getötet. 1935 gab man dem Kormoran mit dem Reichsnaturschutzgesetz wieder eine Überlebenschance, doch den Zorn auf die Fischräuber konnte man damit nicht dämpfen. Dennoch hatte sich ihr Bestand bis zu den 1990er-Jahren fast verzehnfacht. In Mecklenburg-Vorpommern brüten heute etwa 12 000 Paare in 13 Kolonien. Ihr Abschuss ist außerhalb der Brutzeit wieder erlaubt, nur im Nationalpark ist die Jagd auf Kormorane verboten. Die Kolonie ihrer Nistplätze in den Kronen der gespenstisch vom Kot der Vögel verätzten Bäume ist unverkennbar. Zur Balzzeit gehören die sonst eher als hässlich geltenden Kormorane mit ihrem dunkelblau und grün schimmernden Prachtkleid, den weißen Schmuckfedern und den leuchtend türkisfarbenen Augen zu den auffälligsten Vögeln dieser Region.

Graue Eminenz – der Graureiher

In einer Kolonie mit dem Kormoran brütet oft ein graziler, grau-weißer Schreitvogel – der Graureiher. Man kann ihn heute an beinah

Der Nachwuchs ist immer hungrig
Sieben Wochen bleiben die Jungen der Kormorane im Nest und müssen mit Fischen versorgt werden.

Gefährdete Sommergäste
Kolbenenten (o.) lieben Armleuchteralgen und sind an deutschen Seen selten geworden. Uferschnepfen (l.) brauchen feuchte Wiesen in der Nähe von Gewässern.

jedem Gewässer Mecklenburgs beobachten. Noch bis vor etwa 50 Jahren besser unter dem Namen Fischreiher bekannt, musste er lange Zeit das Schicksal des Kormorans als verfolgter Fischdieb teilen. Auch heute darf er leider noch gejagt werden. Dabei ernährt er sich außer von Fischen auch von Mäusen, Insekten und Schlangen. Wie zur Salzsäule erstarrt, lauert er minutenlang auf seine Beute, um sie dann plötzlich mit seinem langen, spitzen Schnabel aufzuspießen.

Bedrohte Schönheit – der Eisvogel

Es gibt ihn wirklich, diesen kleinen, bunt schillernden Vogel, den man wegen seines leuchtend kobaltblauen und orangefarbenen Gefieders auch als „fliegenden Diamanten“ bezeichnet. Damit diese Schönheit nicht im Reich der Legenden verschwindet, wurde der Eisvogel auf die Rote Liste der gefährdeten Tierarten gesetzt. Bereits 1973 wählte man ihn deshalb zum „Vogel des Jahres“. Dass er 2009 erneut diese Auszeichnung erhielt, soll die Debatte um den Gewässerschutz wieder neu beleben, denn der Eisvogel findet nur in naturbelassener Landschaft Lebensraum. In ganz Deutschland soll es etwa noch 8000 Brutpaare geben. Der Eisvogel ist ein äußerst geschickter Fischjäger. Mit großer Ausdauer hockt er auf Pfählen oder Ästen und späht ins Wasser. Hat er seine Beute erblickt, stürzt er wie ein bunter Pfeil nach unten, taucht unter und schießt schließlich mit einem kleinen Fisch im Schnabel wieder aus dem Wasser.

Seine Majestät, der Seeadler

Fisch- und Seeadler sind sicher die spektakulärsten Vögel am mecklenburgischen Himmel. Der Seeadler gilt als der größte heimische Greifvogel. Er erreicht ein für Vögel biblisches Alter von 40 bis 50 Jahren. Im Vergleich zum etwas kleineren Fischadler wirkt er ein wenig behäbig. Manchmal stiehlt ihm sogar der Kolkrabe in der Luft die Beute weg. Trotzdem ist sein Anblick mit einer Flügelspannweite von bis zu 2,5 m und dem großen kräftigen Schnabel majestätisch. Lange gnadenlos verfolgt, gibt es heute deutschlandweit wieder mehr als 450 Brutpaare, knapp die Hälfte davon in Mecklenburg-Vorpommern. Im Müritz-Nationalpark brüteten 2008 insgesamt 10 Paare, die 15 Junge aufzogen. Da er sich auch von Aas ernährt, drohen ihm jedoch immer wieder Vergiftungen wegen bleihaltiger Munition.

Die Große Rohrdommel

Auch die akut in ihrem Bestand bedrohte Große Rohrdommel hat wieder neuen Lebensraum in Auen und Mooren gefunden. Von etwa 600 Brutpaaren lebt etwa die Hälfte in Mecklenburg-Vorpommern. Die größte Brutdichte verzeichnet dabei der Landkreis Müritz. Im Müritz-Nationalpark wurden 17 Brutpaare registriert. Selten wird man den großen Vogel sehen, aber der Balzruf des polygamen Männchens ertönt von März bis Anfang Juni bis zu 5 km weit. Beim Ausatmen hupt er tief und dumpf, was ihm im Volksmund die Bezeichnung „Moorochse“ einbrachte.

Farbenprächtiger Fischjäger
Nur in geschützten, von Menschen unbeeinträchtigten Naturräumen kann der Eisvogel überleben.

Kraniche – Vögel des Glücks

Der Anblick der großen silbrigen Vögel lässt wohl das Herz eines jeden Naturfreundes höher schlagen. Mit wissenschaftlichem Namen heißt der Kranich „Grus grus“, und er war vermutlich seit jeher in der norddeutschen Tiefebene zu Hause. Viele Kraniche brüten im Frühjahr im Binnenland, besonders in der dünn besiedelten Moränenlandschaft östlich von Schwerin, in Gegenden voller Moore, Sümpfe und Erlenbrüche. Tausende dieser Tiere legen auf ihrem Weg von Skandinavien in die südlichen Überwinterungsgebiete in den mecklenburgischen Flachwassergebieten eine Pause ein. Die ist auch bitter nötig, bevor sie ihre bis zu 2000 km lange Reise fortsetzen können. Während sich im August bereits die ersten heimischen Kraniche sammeln, setzt der Zug ihrer skandinavischen Artgenossen etwas später ein. Im Oktober haben sich alle versammelt. Dann ist die beste Zeit, sie auf den Feldern oder beim Anflug auf ihre Schlafplätze im flachen Wasser zu beobachten.

Die Kraniche kommen

Pünktlich bei Sonnenaufgang ziehen die majestätischen Vögel zur Nahrungssuche auf die umliegenden Äcker. Neben Getreide, Mais und Kartoffeln fressen sie sich auch mit Insekten, Larven, Fröschen und Reptilien Winterspeck an. Niemals sollte man versuchen, ihnen über die Felder zu folgen. Kraniche sind scheu; sie haben, wie die Lappländer sagen, „auf jeder Feder ein Auge“.

Wer sie unterwegs nahe der Landstraße entdeckt, sollte möglichst im Auto sitzen bleiben. Während die Fluchtdistanz zum Menschen 300 m beträgt, kommt man auf diese Weise bis auf 100 m heran. In der Dämmerung kehren die Kraniche zurück ins knietiefe Wasser. Gespannt verfolgen die Besucher in den Schutzhütten den keilförmigen Anflug – Fotoapparat und Fernglas im Anschlag. Doch

Grandioses Schauspiel
Wenn ein Kranichschwarm landet, um zu rasten, hat sich das lange Warten auf die schönen Vögel gelohnt.

Zug nach Süden
Zu ihrem 2000 km langen Flug nach Süden formieren sich die Kraniche mittels Stimmsignalen.

noch ehe der Kranich zu sehen ist, trägt der Wind sein archaisches Trompeten, das dank seiner bis zu 1,3 m langen Luftröhre kilometerweit zu hören ist, heran. Schließlich taucht die Vorhut auf und gleitet im Spähflug über das Wasser. Schon neigt sich der Leitvogel zur Seite, das Zeichen für einen beginnenden Landungsversuch. Immer mehr Schwärme gleiten im Sinkflug durch das Abendrot und lassen sich auf dem Wasser nieder.

Kaum ein anderer Vogel hat den Menschen so inspiriert wie der Kranich. „Wenn ein Kranich fliegt, schlägt auch die kleinste Fliege mit den Flügeln", lautet ein japanisches Sprichwort. Auf allen Kontinenten ranken sich Mythen um diesen Vogel. Er gilt als Frühlingsbote, Göttervogel und Sinnbild für Treue. In China symbolisiert er ein langes, glückliches Leben; auch in Mecklenburg sieht man ihn als Glücksfall an, denn immer mehr Touristen kommen im Herbst, um die Kraniche zu beobachten.

Gut gelandet
Der Müritz-Nationalpark ist der größte Binnenrastplatz für Kraniche in Mecklenburg-Vorpommern.

Bitte nicht stören
Kraniche sind immer auf der Hut und fluchtbereit. Sie beanspruchen eine Fluchtdistanz von rund 300 m.

Die besten Beobachtungsstellen

Es gibt wohl kaum ein großartigeres Naturschauspiel in unseren Breiten als der Anflug der Kraniche, die sich an manchen Herbstabenden zu Tausenden am Rederangsee im Müritz-Nationalpark versammeln. Damit die Kraniche dabei ungestört bleiben, werden die Wanderwege in diesem Bereich im September und Oktober gesperrt. Nur wer beim Nationalpark-Service ein Kranichticket erworben hat, kommt jetzt noch mit dem Nationalpark-Bus ab Waren (Müritz) in das Gebiet. Weitere Treffpunkte sind die Informationsstellen in Federow und Schwarzenhof. Erfahrene Ornithologen begleiten jeden Abend Gruppen von nicht mehr als jeweils 20 Teilnehmern zu den Rastplätzen am Rederangsee.

Die Langenhägener Seewiesen am Rand des Naturparks Nossentiner-Schwinzer Heide zwischen Goldberg und Schwerin umfassen einen etwa 40 ha großen Flachsee, der vor allem Wasser- und Watvögeln Lebensraum bietet. Im Herbst sind auf den Seenwiesen bis zu 2500 Kraniche zu Gast, ein überwältigender Anblick. Das Schutzgebiet grenzt auf einer Länge von über 2 km direkt an die Langenhagener Dorfstraße, von der aus die Seewiesen überblickt werden können. Es gibt auch zwei Beobachtungsstationen, und ein ortsansässiger Förderverein bietet Führungen an.

An der Südwestspitze des Malchiner Sees im Naturpark Mecklenburgische Schweiz kann man ebenfalls von einem Beobachtungsturm aus einige hundert Kraniche beobachten. Von Damen oder Ziddorf aus führt ein etwa 2 km langer Fußweg dorthin. Auch am Ostufer des Schaalsees, an dem regelmäßig etwa 80 Kranichpaare brüten, befindet sich ein Rast- und Sammelplatz. Vom Besucherhochstand an der Uferpromenade bei Zarrentin und dem Beobachtungsturm in Klocksdorf am Rögg kann man die scheuen Vögel sehen.

Muntere Kleinbären
Die geselligen und intelligenten Waschbären „waschen" nicht sich selbst, sondern ihre Nahrung, um sie zu prüfen und Unverdauliches zu entfernen.

Biber, Fischotter, Waschbären und blaue Frösche

Nage- und Raubtiere und viele „Quaker" fühlen sich im Seengebiet wohl.

Die Tierwelt des mecklenburgischen Seengebietes ist außerordentlich artenreich. In der dünn besiedelten Landschaft finden viele gefährdete Tierarten noch Überlebensraum. Ausgedehnte Waldgebiete, Feldgehölze und Brachflächen sind aber auch Einstandsgebiete für Rothirsch, Reh und Wildschwein. Fuchs und Dachs sind weitverbreitet, dazu gesellen sich einige Exemplare tierischer Neubürger wie Waschbär und Marderhund. In den Buchenwäldern hat der Siebenschläfer Quartier. Die wasserreiche Landschaft bietet allein im Müritzgebiet etwa einem Dutzend verschiedener Lurcharten günstige Lebensbedingungen. In durchsonnten, krautigen Tümpeln leben Kamm- und Teichmolch. Rotbauchunken zieht es mit Vorliebe in eiszeitliche Wasserlöcher, die Feldsölle.

Die Balz der blauen Frösche

Der Moorfrosch liebt feuchte Wiesen, Bruchwälder, Weichholzauen und Moore. Im zeitigen Frühjahr ist er plötzlich da. Der Winterschlaf ist beendet und die Paarungszeit beginnt. Dann sammelt sich unter der Rückenhaut der männlichen Moorfrösche Lymphflüssigkeit; diese lässt die aufgeblähten Leiber etwa zwei Tage lang in der Mittagssonne himmelblau leuchten. In anderen Jahreszeiten sind sie so braun wie ihre Weibchen. Mit etwas Glück kann man ihre blauen Köpfe auf der Wasserfläche entdecken, etwa im renaturierten Feuchtgebiet rund um den Zotzensee. Sie quaken leiser, eher glucksend, und sind kleiner als die ihnen ansonsten stark ähnelnden Grasfrösche.

Blau vor Liebesglück
Zur Balz wechseln die Moorfrösche ihre Farbe.

Migrant Waschbär

2006 startete im Müritz-Nationalpark ein Waschbär-Forschungsprogramm. Rund 30 Tiere bekamen Halsbänder mit Sendern und liefern so Tag und Nacht Einblicke in ihr Privatleben. Waschbären gelangten in den 1920er-Jahren nach Deutschland, die Population in Ostdeutschland basiert vorwiegend auf Tieren, die 1945 bei Berlin entlaufen waren. Inzwischen leben in Mecklenburg etwa 10 000 – 15 000 Waschbären. In der an Sümpfen, Seen und Totholz reichen Serrahner Gegend finden sie ein breites Nahrungsangebot an Amphibien, Insektenlarven, Schnecken und Muscheln. Tagsüber sieht man die nachtaktiven Tiere selten.

Die Rückkehr der Burgherren

Da bekommt man eher schon mal einen Biber zu sehen, besonders im Gebiet der Peene. Auch an der Warnow haben sie sich inzwischen gut vermehrt und setzen durch den Bau ihrer Dämme und Wasserburgen aus Ästen, Zweigen und Stämmen mitunter weite Teile des Grünlands unter Wasser. Fast hätte man ihn im 19. Jahrhundert ausgerottet. Begehrter als Fell und Fleisch war das Bibergeil, eine ölige Flüssigkeit in den Duftdrüsensäcken des Nagers, mit der er sein Revier markiert. Es wurde als Schmerzmittel, bei Epilepsie und zur Stärkung der Manneskraft eingesetzt. Vielleicht entstand jene Wirkung durch die Winter-Leibspeise der Biber: die Rinden der Weiden. Sie enthalten Salicylsäure, wie es auch in der Acetylsalicylsäure, bekannt als Aspirin, vorkommt. Im Peenetal gibt es etwa 180 Biberreviere.

Flatterhaft – Libellen und Falter

Zahlreiche, teils seltene Libellenarten schwirren über den Gewässern Mecklenburgs. Auffällig sind die roten Männchen der Gemeinen Heidelibelle. Über stillen Waldseen segelt die Braune Mosaikjungfer, und an den Waldrändern jagt der Blaupfeil Insekten. Gemächlich fließende Bäche und Flüsse sind die Heimat der schillernd blaugrünen Gebänderten Prachtlibelle. Mit ca. 5 cm Länge und einer Flügelspannweite von 7 cm ist sie neben der Blauflügel-Prachtlibelle das größte Exemplar der Kleinlibellenarten. Allein 50 der etwa 80 in ganz Deutschland gezählten Libellenarten leben in der Schaalseeregion, 36 davon, darunter Moosjungfer und Torf-Mosaikjungfer, gehören zu den bedrohten Arten. Wie die Libellen sind auch die über 100 Tagfalterarten Mecklenburg-Vorpommerns empfindliche Bio-Indikatoren für eine intakte Umwelt.

Die größte der Kleinlibellen
Die Gebänderten Prachtlibellenmännchen tragen ein blaues Band auf ihren Flügeln.

Flüchtige Fischotter

Ebenso wie der Moorfrosch steht auch der Fischotter auf der Roten Liste der gefährdeten Tierarten. Nachweisen lässt sich die größte heimische Marderart durch prähistorische Funde bei Parchim schon in der Zeit des Mesolithikums, ca. 10 000 bis 5000 v. Chr. Heute gehört der Fischotter zu den am stärksten vom Aussterben bedrohten Säugetieren Mitteleuropas. Von der katholischen Kirche einst zur Fastenspeise erklärt, mit einem warmen Fell ausgestattet und als Fischräuber gefürchtet – all das wurde ihm zum Verhängnis. Später vertrieb ihn die Verunreinigung der Gewässer. In Mecklenburg aber ist er heute wieder heimisch. Spuren der nachtaktiven Tiere findet man vor allem in der Nähe der Flüsse Warnow, Peene, Recknitz und Trebel, am Schweriner See und am Schaalsee. Wie viele Exemplare es insgesamt sind, weiß man noch nicht genau, denn die bis zu 140 cm großen Tiere sind sehr scheu. Ihre größten Feinde sind Autos, denn Otter sind Wanderer, die weite Strecken zu Fuß zurücklegen. Vielerorts wurden deshalb in Mecklenburg Otterstege entlang der Flussufer gebaut.

Flinker Fischer
Fischotter sind ausgezeichnete Schwimmer.

Von Aal bis Zander – das Anglerparadies

Die Seen in Mecklenburg lassen das Herz jedes Anglers höher schlagen.

Aal, Barsch, Blei, Hecht, Plötze, Rotfeder und Schleie schwimmen in fast allen Gewässern Mecklenburgs. Etwa 30 Fischarten gibt es im Müritzgebiet. Für Angler dreht sich fast alles um nur drei davon: den Hecht, den Barsch und den Karpfen. Durch die Verbesserung der Wasserqualität in den letzten Jahren und Besatz haben sich diese Fischarten gut vermehrt. In kleinen Waldseen und auch größeren Gewässern wie dem Kölpinsee lebt die für die Berufsfischerei wichtige Schleie. Im Feldberger Seenland und auch im Schaalsee sind fette Quappen, Verwandte des Dorsches, zu Hause. In der Peene lauert der Wels, Deutschlands größter Süßwasserfisch, auf Beute. Kenner trauen dem Fluss durchaus Fische jenseits der magischen Zwei-Meter-Marke zu. Maränen, in Süddeutschland als Renke oder Felchen bekannt, tummeln sich vor allem in tiefen, sauberen Gewässern. Noch ist sie in ihrem Bestand gefährdet und steht auf der Roten Liste, doch als Nutzfisch hat die Kleine Maräne große Bedeutung. Das Fleisch dieses sauerstoffbedürftigen Kaltwasserfisches ist fett und zart.

Der Hecht – Herr der mecklenburgischen Seen

Herrscher der meisten mecklenburgischen Seen ist der Hecht. Vor 150 Jahren schrieb der Kirchenrat Passow: „In der Müritz findet man diese Fische in seltener Größe und Schwere bis zu 45, ja 50 Pfund." Auch soll 1835 an der Insel Schwerin ein Hecht von 34 Pfund gefunden worden sein, der „einen anderen Hecht von 24 Pfund halb verschlungen hatte, und weil er ihn nicht hatte überschlucken können und auch nicht wieder auszuspeien vermochte, erstickt war". Anglerlatein? Tatsache ist, der Hecht frisst alles, was er überwältigen kann: Fische – auch Artgenossen –, Frösche, Wasser-

Aal frisch
Fischer und Freizeitangler können am Sternberger See auch „auf Aal gehen".

Anglerträume werden wahr
So ein kapitaler Karpfen ist in den Seen und Fischteichen Mecklenburgs keine Seltenheit.

vögel, kleine Säugetiere. Er selbst kennt, bis auf den Menschen, keine Feinde, nur vor dem Wels muss er sich in Acht nehmen. Beinah bewegungslos steht der Hecht im Wasser und wartet auf Beute. Große Gewässer – große Fische. Wer sich an diese Regel hält, für den können in der Müritz, im Schweriner oder im Plauer See mit kapitalen 30-Pfündern Anglerträume wahr werden. Schwerin ist die Hochburg für Hecht-Liebhaber. Der Durchschnittshecht erreicht hier 60 bis 70 cm. Viele Angler zieht es an den Schaalsee, denn die Hechte ernähren sich gern von Maränen, Weißfischen und Barschen, die der See reichlich zu bieten hat.

Der beliebte Barsch

Neben dem Hecht ist der Barsch die dominierende Fischart vieler Gewässer. Man kann ihn ebenso wie in den Tiefen des Schweriner Sees in den urwüchsigen Windungen der Peene fangen. Wer Barsche angeln will, sollte die Wasseroberfläche beobachten. Barsche jagen ab Juli ihre Beutefische bis an die Oberfläche, wo schon die Möwen warten und blitzschnell vom Himmel ins Wasser stoßen. Bis in den Herbst können sich Angler gut an diesen legendären Barschjagden orientieren.

Der dicke Karpfen

Anfang der 1990er-Jahre wurde ein 42-Pfünder aus dem Pinnower See bei Schwerin gezogen. Normalerweise aber wiegen die Karpfen zwischen 15 und 25 Pfund. Überwiegend Spiegelkarpfen, gelegentlich auch schöne Schuppenkarpfen gehen in allen Großseen an den Haken. Gute Adressen sind auch das Sternberger Seenland und das Strelitzer Kleinseengebiet südlich von Mirow. Der Jabelsche See im Naturpark Nossentiner-Schwinzer Heide gilt bei den Müritzfischern als Eldorado für Karpfen.

Aal satt

Der Aal geht von Mai bis September, am besten in der Nacht, an den Haken. Er versetzt Freizeitangler in Begeisterung und zählt zu den wichtigen Nutzfischen der Berufsfischer. Dieser Raubfisch ist nicht selten in den Mecklenburger Seen und Flüssen. Durch Aussatz von Jungaalen konnten die Bestände konstant gehalten werden. Die Aale ernähren sich je nach Größe von Insekten, Flusskrebsen und kleineren Fischen. Die Mindestgröße beträgt 45 cm, eine Schonzeit gibt es in Mecklenburg für den Aal nicht. Als Köder eignen sich Maden, Würmer und kleine Köderfische.

Zander – der im Trüben fischt

Auch der Zander ist mit seinem schmackhaften, grätenarmen und mageren Fleisch ein begehrter Fisch. Er gehört zur Familie der Barsche und macht am liebsten im trüben, flachen Gewässer Jagd auf kleinere Fische, weshalb sein Bestand durch die Sanierung nährstoffbelasteter Seen rückläufig ist. Zur Laichzeit hält er sich in Ufernähe auf, wo er bis zu einer Million klebriger Eier in flachen Laichgruben ablegt. Dann übernimmt das Männchen die Brutpflege und fächelt den Nachkommen sauerstoffreiches Wasser zu. Von Mai bis Mitte Juni darf er nicht geangelt werden.

Ein kleiner Verwandter des Karpfens
Die Rotfeder liebt krautreiche, stehende oder langsam fließende Gewässer.

Petri Heil – die Müritzfischer

Frisch geräuchert
Räucherfisch schmeckt am besten, wenn er noch warm ist vom Rauch der Buchenscheite.

Wer einmal Fischer war, will es immer bleiben", sagt Jonny. Seit mehr als 30 Jahren fischt er in den Wassern der Mecklenburgischen Seenplatte. Wie eh und je steigt er früh am Morgen in einen der 11 m langen Fischerkähne und schippert über die Elde hinaus auf den Plauer See. Hecht, Barsch, Aal und Karpfen gibt es reichlich, zunehmend auch wieder die Maräne. Nur der Zander fühlt sich in den Gewässern, die in den letzten Jahren immer klarer geworden sind, nicht mehr so recht wohl. Die Fischer holen jährlich an die 100 t Fisch aus ihrem auf fast 70 Seen- und Fließgewässer verteilten, über 27 000 ha großen Fangrevier, ein Gebiet größer als die gesamte Binnenwasserfläche Schleswig-Holsteins.

Mit dem Strom geschwommen

Früher arbeiteten Jonny und seine Kollegen in der größten Binnenfischereigenossenschaft der DDR. 1952 gründeten 36 Einzelfischer diese Genossenschaft, aus der 1991 die Fischerei Müritz-Plau GmbH, das größte Unternehmen der Binnenfischerei in Mecklenburg-Vorpommern, hervorging. Nun aber genügte es nicht mehr, sich nur um den Fischfang zu kümmern, denn die Bedeutung der gewerblichen Fischerei war zurückgegangen. Mit einem Konzept, das von Fischzucht und Bestandsaufbesserung der Gewässer über Fangquoten bis hin zu Verarbeitung, Vermarktung und touristischen Angeboten reicht, hat man sich nach etlichen Berg- und Talfahrten den neuen Marktbedingungen geschickt angepasst.

Vom Kahn in den Rauch

Zu den Fängen der aktiven Fischerei kommen noch die Erträge der Karpfen- und Satzfischproduktion der 170 ha großen Teichwirtschaft im Süden des Müritzgebietes hinzu. Hauptabnehmer der Satzfische wie Hecht, Wels, Schlei, Karpfen und Aale sind vor allem die Anglerverbände, die damit den Fischbestand ihrer Gewässer wieder auffrischen wollen. An die 60 t Forellen und 100 t Karpfen gehen zu großen Teilen an Einzelhandel und Gastronomie – mit einem jährlichen Umsatz von etwa 4,5 Mio. Euro. Vom Hamburger Umland bis nach Berlin reicht das Aktionsfeld der Müritzfischer. Ihr zentraler Standort mit einem Fischverarbeitungsbetrieb und der Vertriebszentrale ist Waren an der Müritz. Die einzelnen Betriebsteile im Bereich von Lübz, Dammerow, Dobbertin, Malchow, Neubrandenburg, Röbel, Vipperow, Speck und Plau verkaufen den Fisch auch direkt vor Ort.

Weithin lockt die Aufschrift „Fischverkauf" am großen Fischerschuppen im Stadthafen von Waren. Die alten Bootsschuppen am Ufer der Elde in Plau, dem bedeutendsten Fischereistandort des Unternehmens, sind heute Touristenattraktionen. Vom Kahn aus geht der Fisch gleich in die Räucheröfen oder als Frischfisch über den Ladentisch. Schicke Fischbistros, geführte Angeltouren, Ferien auf dem Fischerhof gehören ebenso zum neuen Image wie das kleine Fischereimuseum in Waren. Mit dem Fischkutter „Professor Wundsch" kann man von Mai bis Oktober mit einem versierten Angelführer täglich vom Fischerhof Eldenburg zu Angeltouren auf die Müritz und den Kölpinsee starten. Die Müritzfischer sind nicht untergegangen. Ihre Geschichte ist eine Erfolgsstory gegenwärtigen mecklenburgischen Wirtschaftsgeschehens.

Frischer Fisch auf den Tisch
Aus den Fischteichen von Boek werden die Fische gleich weiter zu den Großmärkten gebracht.

Das Leben der Fischer
Im Warener Fischereimuseum erfährt man viel Interessantes über die Geschichte des Fischfangs bis heute.

Steinerne Zeugen
Großsteingräber wie dieses in Neu Gaarz zeugen von der Besiedelung Mecklenburgs seit dem Ende der Eiszeit.

Nach dem Eis kam der Mensch

Hügelgräber der Bronzezeit setzen in der weiten mecklenburgischen Landschaft mitunter Akzente.

Die Besiedelung der mecklenburgischen Seenlandschaft begann bereits in der mittleren Steinzeit, vor etwa 7500 Jahren. Nomadisierende Gruppen von Jägern und Sammlern bauten sich Hütten aus Astwerk, Fellen, Moosen und Flechten. Sie hinterließen Geräte und Waffen aus Stein, Knochen, Fischgräten und Holz. Acht Fundgebiete allein im Müritzgebiet lassen auf eine relativ hohe Siedlungsdichte in dieser wild- und fischreichen Region schließen.

Die auffälligsten Hinterlassenschaften der Jungsteinzeit (3000–1800 v. Chr.) sind die zahlreichen Großsteingräber, hauptsächlich in den Endmoränengebieten. Die neolithischen Ackerbauern rodeten die Eichenmischwälder für ihre Siedlungen und Felder. Mit Beginn der christlichen Zeitrechnung schlossen sich die Familienverbände zu germanischen Stämmen und Stammesverbänden zusammen. An der Müritz waren es die Langobarden, Warnen und Semnonen. Mit der Völkerwanderung wanderten viele aus dieser Region ab in Richtung Westen. Der Wald eroberte sich die Siedlungsflächen zurück.

Das Slawendorf

Nach den „alten" Germanen wanderten slawische Volksstämme in das menschenleere Land. Es waren vorwiegend Wenden, zu denen auch der Stamm der Obotriten gehörte. Sie brachten ihre Religion mit, ihre Kultur, ihre Siedlungsgewohnheiten und ihre politische Ordnung. Ihre Dörfer bestanden aus einer Ansammlung von Blockhäusern, die je meist nicht mehr als 20 m^2 groß waren, wie man sie in Groß Raden rekonstruieren konnte. Diese Häuser dienten ausschließlich den Menschen; das Vieh wurde vermutlich abseits der Siedlungen gehalten.

Politische und religiöse Zentren der Slawensiedlungen waren die Burgbezirke. Zumeist in einem Abstand von nur 10 bis 30 km waren sie, oft auf Inseln oder auf Hügeln in unzugänglichen Niederungen erbaut, nahezu gleichmäßig über das Land verteilt. Geschützt durch hohe, mit Balken verstärkte Erdwälle, erreichbar nur über eine Brücke oder einen Bohlenweg, erwiesen sie sich als schwer einnehmbare Wehranlagen.

Die Entstehung der Städte

Die Eroberung und Missionierung des Slawenlandes hatte ihren Ausgangspunkt westlich der Elbe: Es war Heinrich der Löwe, der Ende des 12. Jahrhunderts Ströme landloser Bauern aus Niedersachsen und Westfalen in die Gebiete südlich der Ostsee lenkte. Die Besetzung erfolgte meist kriegerisch, bisweilen kooperierte man auch mit den Slawen, was allmählich zur völligen Assimilierung führte. Die ersten getauften Herrscher Mecklenburgs trugen Namen wie Niklot und Pribislaw. Sie errichteten neue Burgen, Mönche bauten ihre Klöster. Vor allem aber entwickelte sich nun jene Zivilisationsform, die sich der wendischen Gentilordnung – so wird die primitive Form des Zusammenlebens von Sippen bezeichnet, die noch kaum Arbeitsteilung kennt – als eindeutig überlegen erwies: die Stadt.

Schon 1160 gründete Heinrich der Löwe Stadt und Bistum Schwerin und begann ein landesweites Besiedelungsprogramm. Die Zeit der großen Waldrodungen begann. Die Folgen für den Wasserhaushalt der Landschaft waren gravierend. Damit Wassermühlen sich drehten, wurden Bäche verlegt und abflusslose Seen an Fließgewässer angeschlossen. Mit der Errichtung von Mühlstauen stieg der Wasserspiegel. Erst in der ersten Hälfte des 19. Jahrhunderts wurden die Stauhöhen der Wassermühlen verbindlich festgeschrieben. Mit dem Ausbau der Elde zur Wasserstraße und der Verbindung von Seen durch Kanäle sank der Wasserspiegel wieder und wurde regulierbar.

Mächtiger Reichsfürst
Heinrich der Löwe bezwang die Slawen im Ostseeraum und organisierte die Besiedelung Mecklenburgs.

Slawentempel in Groß Raden
Die Slawen rodeten große Waldstücke für den Bau ihrer Siedlungen und Heiligtümer, wie man sie im Freilichtmuseum Groß Raden bestaunen kann.

Mecklenburgisches Waldglas

Dass Mecklenburg einst zu den bedeutenden deutschen Glashüttenlandschaften gehörte, war lange vergessen. 1901 wurde in Alt Schwerin das letzte Mecklenburger Glas hergestellt. Schon hundert Jahre zuvor gingen in Glashagen bei Doberan, einer der ältesten mecklenburgischen Hütten, die Feuer aus. Als Einzelstücke findet man solche grünen, schlierigen, blasigen, schiefen Schüsseln, Flaschen und Gläser (siehe unten) noch in Museen. Seit 2006 gibt es in Langen Brütz bei Schwerin auch das Mecklenburger Waldglasmuseum.

Mönche hatten einst das Wissen der antiken Glasherstellung bewahrt und im Zuge der Ostexpansion im 12. und 13. Jh. mit in das Land gebracht. Für die Glasherstellung sind Quarzsand, Pottasche und Holz erforderlich. Die Pottasche wurde durch Auslaugen aus Holzasche gewonnen, wofür das meiste Holz benötigt wurde. Mindestens 1–3 Festmeter Holz waren erforderlich, um nur 1 kg Glas zu produzieren – nur etwa 5 % davon dienten der Befeuerung des Ofens. Mit seinen riesigen Waldgebieten bot Mecklenburg deshalb die besten Voraussetzungen für die Glasproduktion.

Wenig ist über die Glaskultur des 15. und 16. Jh. bekannt, doch Ausgrabungsarbeiten der letzten beiden Jahrzehnte legten so viele Funde frei, dass die Geschichte des hiesigen Glases neue Facetten bekam. Sicher ist, dass mit dem 17. Jh. unter dem Einfluss ostelbischer Junker, die durch das Abholzen der Forste Ackerflächen gewannen, die große Zeit der Glashütten begann. Rund 200 Hüttengründungen in jener Zeit sind registriert, 30 davon im Gebiet des Naturparks Mecklenburgische Schweiz und Kummerower See. Sie veränderten die Landschaft, schufen die weiten baumlosen Flächen und leisteten, da man mit Vorliebe Buche verbrannte, dem Nadelbaum Vorschub.

Die Glasproduktion lag damals in den Händen hessischer und holsteinischer Glasmachersippen, die mit dem Zerfall des mitteldeutschen Glasmacherbundes im 16. Jh. auch nach Mecklenburg auswanderten. Mecklenburger Waldglas, unverziert und schlicht, war Gebrauchsglas. Im 19. Jh. durch klares Pressglas verdrängt, lange auch von Sammlern gering geschätzt, blieb wenig von dem heute hoch gehandelten Glas erhalten.

Gebrannt und glasiert: Backsteinland

Kaum eine andere Region Nordostdeutschlands hat so viele Zeugnisse mittelalterlicher Backsteinkunst zu bieten wie Ost-Mecklenburg. Die sandigen Gebiete des Südens und Südwestens hingegen besitzen in Ermangelung des Grundstoffes naturgemäß weniger Backsteinbauten als die eiszeitlichen Moränengebiete mit ihren reichen Lehmvorkommen. Den Umgang mit Backstein beherrschten aber auch die Erbauer der Kirchen in Röbel, Sternberg, Marlow, Waren und vielen anderen Orten im Mecklenburger Land. Die Pfarrkirche St. Marien in Parchim, deren Bau um 1250 begann, zählt zu den eindrucksvollsten Beispielen spätromanischer Kirchenbaukunst in Mecklenburg, weist aber schon zahlreiche frühgotische Einflüsse auf.

Stein für Stein

Backstein gehört zu den ältesten Baumaterialien der Menschheit. In Europa sorgten vor allem die Römer für die Verbreitung der Backsteinbaukunst in den eroberten germanischen Gebieten. Bis nach Mecklenburg, einem Landstrich, in dem es außer Granit keine nennenswerten Natursteinvorkommen gab, kamen sie nie. Die Kunst des Ziegelbrennens erreichte erst im 12. Jahrhundert im Zuge der Christianisierung mit den Mönchen aus der Lombardei und anderen Zentren Oberitaliens den Norden Deutschlands. Dann brannte man auch hier aus Tonerde einen Stein, der zwar nicht so formbar wie nordfranzösischer Kalkstein und rheinischer Tuff, doch zumindest feuerfest war.

Die bei 800 bis etwa 1000 °C gehärteten Backsteine erhielten ihre typische Farbe durch die Umwandlung von gelbem Eisenhydroxid in rotes Eisenoxid. Die ersten Backsteine waren noch flach und von unebener Oberfläche. Um 1200 wurden die Ziegel größer – bis zu 30 cm lang, 15 cm breit und 9,5 cm hoch. Mithilfe von Holzkästen, in die der Lehm gestrichen wurde, konnten die Steine nun auch ebenmäßiger geformt werden. Durch Einfügen von profilierten Hölzern gelang es, komplizierte Formsteine herzustellen, die zu Friesen und Gesimsen zu-

Ein Höhepunkt der Backsteinroute
Himmelwärts strebend ist die imposante Neubrandenburger Marienkirche ein steinernes Zeugnis für die Kraft des Glaubens.

Verzierung in Ziegelrot
Auf dem Gutshof Krumbeck kann man Rundfenster mit gotisierenden Formsteinen bewundern.

Prächtiger Einlass in die Stadt
Das Neue Tor in Neubrandenburg auf der Ostseite der Wehranlage entstand in der 2. Hälfte des 15. Jh.

sammengesetzt wurden. Auch frei geformte figürliche Dekore aus Backstein zierten in dieser Zeit Portale und Pfeiler. Mit der Erfindung des Glasursteins etwa Mitte des 13. Jahrhunderts erstrahlten die Giebel der Gotteshäuser schließlich in vollem Glanz, wie es beispielsweise die Kirche in Plau mit schönem Glasurschichtenwechsel vor Augen führt. Am Portal von St. Bartholomäus in Demmin wechseln schwarz glasierte und unglasierte Rundsteine einander ab. Um den stumpfen Tonkörpern Glanz zu verleihen, wurden die Steine nach dem ersten Brennen mit einer Schlämme aus Zinn- oder Bleioxid überstrichen, farbige Erde je nach gewünschtem Farbton beigemengt und schließlich noch einmal gebrannt.

Gebrannte Größe

Die Neubrandenburger Marienkirche, eine der wenigen großen Hallenkirchen im Backsteinland, setzte im 13. Jahrhundert mit ihren fil granen Steinbändern Maßstäbe für den Umgang mit gebackenen Formsteinen. Sie ist eines der ersten stilistischen Meisterwerke ganz im Geist der Gotik. Der imposante Schaugiebel mit Figuren, Ornamenten und Formsteinen zeigt, welche Pracht der Backstein entfalten kann. Neben den Gotteshäusern entstanden auch backsteinerne Burgen wie die Burg Stargard, einer der ersten großen Steinbauten östlich der Elbe. Ein anderes großartiges Beispiel ist die Wehrburg in Neustadt-Glewe. Backstein war auch das Baumaterial für mächtige Stadtbefestigungen, wie man sie heute in seltener Vollständigkeit noch in Neubrandenburg sieht.

Stadtkirche mit Glanz
St. Marien in Plau besitzt bereits Glasursteine und weist einen romanisch-gotischen Mischstil auf.

Europäische Backsteinroute

Die Europäische Route der Backsteingotik verbindet Länder, Regionen, Städte, Kulturen und Menschen in einer gemeinsamen Architektursprache. Backsteingotik, das ist der Name jener spätmittelalterlichen Architekturepoche des Ostseeraums, in der man aus Mangel an Naturstein alternatives Baumaterial aus Lehm brannte. Über Jahrhunderte prägte die Hanse das Leben an der Ostsee. Viele der steinernen Zeugen jener glanzvollen Ära mittelalterlicher europäischer Wirtschaft blieben erhalten: Klöster und Rathäuser, Stadttore und Mauern, Hallenkirchen und Basiliken. Sie sind die historischen Symbole geistlicher und weltlicher Stärke.

Der mittelalterliche Backstein prägt aber auch das Bild vieler Städte im Binnenland. Die Europäische Route der Backsteingotik verbindet die Zeugen der Hansezeit rund um die Ostsee, von Dänemark bis Estland, und führt in mittelalterliche Stadtkerne, in Dörfer und in reizvolle Landschaften. Auf der Route lassen sich die Kulturen aus sieben Ländern erleben, die trotz aller Unterschiede gemeinsam in einer traditionsreichen Geschichte verbunden sind. Bedeutende Stationen in der mecklenburgischen Seenlandschaft sind die Hansestadt Güstrow, Schwerin, Neubrandenburg und Parchim. Die kleinste, aber nicht unbedeutende deutsche Stadt auf dieser europäischen Route ist Neukloster. Initiator der „European Route of Brick Gothic" war 2002 der Deutsche Verband für Wohnungswesen, Städtebau und Raumordnung, unterstützt vom Bundesministerium für Verkehr, Bau- und Wohnungswesen und der Deutschen Stiftung Denkmalschutz. Das Projekt wird finanziell gefördert durch die EU.

Ferien im Herrenhaus
Die Ferienwohnungen von Gutshaus Dalwitz sind besonders für Gäste mit Jagdleidenschaft ein idealer Ausgangspunkt.

Schlösser und Herrenhäuser – die alten Orte des Adels

Nirgends in Deutschland gibt es so viele Landadelssitze wie in Mecklenburg.

Abseits der großen Straßen bestimmen Gutsdörfer die Landschaft Mecklenburgs. 2200 Schlösser und Gutshäuser gab es einst in Mecklenburg und Vorpommern, flankiert von imposanten Wirtschaftsgebäuden, umgeben von weiten Parkanlagen. Etwa 1500 haben 40 Jahre sozialistischer Umgestaltung überlebt, manche nur noch als Schatten ihrer einst glanzvollen Vergangenheit. Mehr als tausend davon stehen unter Denkmalschutz, viele von ihnen wurden inzwischen mit großem persönlichen Engagement und öffentlichen Zuschüssen restauriert.

Wohnen im Junkerschlösschen
Das Gutshaus Leezen, nahe beim Schweriner See, birgt heute Eigentumswohnungen.

Schlafen beim Grafen

Die Bezeichnung „Schloss" steht streng genommen nur den landesherrlichen Residenzen der Großherzöge und Herzöge von Mecklenburg-Schwerin und Mecklenburg-Strelitz sowie der ehemaligen Pommernherzöge aus dem Greifengeschlecht zu. Aber auch davon hat Mecklenburg reichlich. Bis 1701 ging in Mecklenburg die Erbfolge nicht allein auf den erstgeborenen Sohn über, was zur Zersplitterung des Landes und der Entstehung immer neuer Unterdynastien führte. Und schließlich brauchte jeder Regent seine eigene Residenz nebst Sommer- und Jagdschloss. Alles andere sind Guts- oder Herrenhäuser. Aber meist wird das nicht so genau genommen. Eigentümer von heute sind selten die Herren von gestern. Wollten diese Park und Gebäude erhalten, deren Wert als kulturgeschichtliches Zeugnis heute unumstritten ist, mussten sie neue Wege gehen. Mehr als 100 der denkmalgeschützten Herrenhäuser werden in Mecklenburg-Vorpommern touristisch genutzt, für Veranstaltungen oder als Unterkunft. Heute kann man in Gästezimmern und Ferienwohnungen von über 200 mehr oder weniger herrschaftlichen Residenzen schlafen wie „beim Grafen".

Der Stil der Häuser ist so verschieden wie ihre Besitzer. Adelige, Aussteiger, Weltverbesserer und Investitionsjongleure schaufelten sich mittels Bankbürgschaften tapfer durch Bauschutt und gestalten sich ihr Leben nach eigenem Gusto, und so ist für jeden Geschmack und Geldbeutel etwas geboten.

Gutshaus Dalwitz

Heino von Bassewitz, Spross aus mecklenburgischem Adelsgeschlecht, lebt als Landwirt und Ferienhofbetreiber die Symbiose überkommener und moderner Lebenskultur. Rinderherden ziehen über die Wiesen, geführt von Cowboys auf Criollos, diesen kleinen südamerikanischen Pferden aus dem eigenen Reit- und Zuchtgestüt. Ringsum liegen Felder, die im Juni mit einem knallgelben Blütenteppich aus Raps die Landschaft überziehen. Um 1200 hatte sich ein Urahn den Adelstitel erkämpft, als er, auf der Fährte eines Keilers (slawisch: Basse) den damaligen Landesfürsten aus Feindeshand befreite. „Dis Bassevitzen Haus von Vatern fest erbauet und bey dreihundert Jahr den Kindern anvertrauet . . .", steht auf einer Sandsteintafel in der Vorhalle des Herrenhauses. Der alte Familienbesitz, die mittelalterliche Wasserburg, ist längst barock überbaut und später mit vielen Tudorbögen und Zinnen versehen worden. Sogar Prinz Charles stattete vor einigen Jahren dem Ökobauern von Bassewitz einen Besuch ab. Nach Dalwitz kommen Gäste, um in der schönen Hügellandschaft zu jagen oder um sich im Herrenhaus verwöhnen zu lassen.

Kunst im Schloss
Ein Kunstverein bringt heute neues Leben in die restaurierten Hallen von Schloss Wiligrad.

Schloss Wiligrad

Die großen landesherrlichen Schlösser Mecklenburgs, wie das Schweriner, Güstrower und Ludwigsluster, sind museal zugänglich. Schloss Wiligrad am Steilufer des Schweriner Sees aber sah nach der Wende erneut einer ungewissen Zukunft entgegen. Als letzter Bau des Schweriner Landesfürsten Johann Albrecht in den Jahren 1896–98 entstanden, trägt es zu Recht die Bezeichnung Schloss. Der Name „Wiligrad" (große Burg) sollte an die slawischen Wurzeln des Herrscherhauses erinnern. Vor über tausend Jahren gab es eine Burg gleichen Namens, die spätere „Michelenburg" bei Wismar. Sie gilt als die Wiege Mecklenburgs.

Bis 1945 in herzoglichem Besitz, konnten die Räume des Neorenaissanceschlosses „Wiligrad" besichtigt werden. Im Mai machte die 15. Schottische Division unter Generalmajor C. M. Barber das Schloss zu ihrem Hauptquartier. Im Juni 1945 verhandelten hier Vertreter der britischen und der sowjetischen Besatzungsmächte über den Grenzverlauf zwischen Mecklenburg und Schleswig-Holstein. Später diente der Neorenaissancebau der DDR-Volkspolizei als Ausbildungsstätte. Heute bewohnt das Haus das Landesamt für Bodendenkmalpflege; ein Kunstverein bringt mit Ausstellungen, Konzerten und Seminaren Leben in die restaurierten Hallen und veranstaltet Führungen durch die Gebäude und den 210 ha großen Park.

Der Bauherr von Schloss Wiligrad
Johann Albrecht Herzog zu Mecklenburg-Schwerin starb 1920 in seinem Anwesen, mit dem ihn eine besondere Beziehung verband.

Der Sommerhimmel voller Geigen – die Musikfestspiele Mecklenburg-Vorpommern

Am Anfang war ein Wasserschloss
Ulrichshusen steht im Zentrum der Musikfestspiele.

Mit über 100 Konzerten und über 70 Spielstätten sind die Musikfestspiele Mecklenburg-Vorpommern das viertgrößte Sommerfestival Deutschlands. Die Konzertkirche in Neubrandenburg, der Schweriner Dom, die Klosteranlagen Dargun, Dobbertin und Zarrentin, die Stiftskirche in Bützow und die Sternberger Stadtkirche sind nur einige Beispiele schöner Konzertstätten in Mecklenburg. Der seit 2002 amtierende Festivalchef, der Musikwissenschaftler Sebastian Nordmann, verwaltet einen 3,5 Mio.-Euro-Etat, der sich zu über 50 % aus Spenden finanziert. Ein wunderschöner Klangteppich breitet sich aus von Neustrelitz bis zur Insel Rügen. Musiker der internationalen Spitzenklasse spielen hier auf. Manche Spielorte, wie das kleine Dorf Ulrichshusen, haben längst ihren festen Platz in der deutschen Musiklandschaft erobert. Nicht zuletzt dank unvergessener Konzerte von Lord Yehudi Menuhin, David Oistrach, Mstislav Rostropowitsch, Anne-Sophie Mutter und Natalia Gutman sind sie zum Mekka von Klassikliebhabern geworden. Das Renaissanceschloss in der Mecklenburgischen Schweiz war eine Brandruine, als sich Freiherr von Maltzahn entschloss, den Sitz seiner Vorfahren wieder aufzubauen. Es entstand eine der schönsten Herbergen des Landes; das alte Wirtschaftsgebäude wurde die berühmteste Musikscheune. Beim Konzert 1994 mit Lord Yehudi Menuhin war jeder Platz besetzt. Nach ihm gaben sich Stardirigenten wie Kent Nagano, Herbert Blomstedt und Kurt Masur den Stab in die Hand.

Einzige Dissonanz im großen Sommerkonzert war der Streit zwischen den Veranstaltern der Musikfestspiele, einem Ableger des Schleswig-Holstein-Musikfestivals, und denen des landeseigenen Musiksommers. Während der

damalige Festspielchef und Begründer der Musikfestspiele Matthias von Hülsen auf internationale Stars setzte, plädierte das Kurator um des Musiksommers für lokale Musikkultur. 2005 vereinten sich beide, und die Idee, die Musik des Landes mit einheimischen Interpreten vorzustellen, wurde wichtiger Programmpunkt.

Junge Elite in alten Gemäuern

Viele Konzertreihen von Klassik bis Jazz verwandeln, wenn die Saison beginnt, noch heute Scheunen, Kirchen, Klosterruinen und Herrenhäuser in Konzertsäle. Seit 1995 werden auch Nachwuchssolisten engagiert. Einige Musiker dieser „Jungen Elite" haben sich inzwischen zu Stars der Musikszene entwickelt, etwa Julia Fischer oder Viviane Hagner. Sie kommen jedoch nach wie vor jeden Sommer für ein, zwei Termine in den Norden.

Kaffee, Kuchen und Kantaten

Den ganzen Sommer über ertönen Sonaten, Kantaten, Oratorien und Opern. Es sind intime Konzerterlebnisse, frei von den Zwängen und der Hektik des üblichen Konzertbetriebes. Bei den musikalischen Aufführungen kann man Hannelore Elsner, Bruno Ganz, Martina Gedeck, Manfred Krug und anderen Künstlern begegnen. Die Gäste, die sich auf den Wiesen niederlassen – frei nach Beethovens Sechster: „Erwachen heiterer Gefühle bei der Ankunft auf dem Lande"–, kommen aus ganz Deutschland. Ein besonderer Publikumsmagnet sind seit 1998 die „Picknick-Pferde-Sinfonie-Konzerte" in Redefin, in der Reithalle des Landgestüts, das Herzog Friedrich Franz I. 1812 im klassizistischen Stil anlegen ließ. Vor jedem Konzert gibt es Kaffee und Kuchen, hinterher kann man sich, beseelt von den Musikklängen, in der träumerischen Landschaft ergehen.

Musiker aus der ganzen Welt
Internationale Klänge hört man in Ludwigslust.

Musik in der Scheune
Auch bei Opernproben ist Ulrichshusen gut besucht.

Ständchen im Freien
Bei der Picknick-Pferde-Sinfonie in Redefin entspannen sich Musiker und Gäste bestens.

Auf dem Landweg: die Deutsche Alleenstraße

Theodor Fontane nannte die Alleen die „grünen Haine des Reisens".

In Deutschland gibt es 23 200 km Alleen und Baumreihen an Straßen und Wegen – 18 000 km davon in den neuen Bundesländern. Dabei ist Mecklenburg-Vorpommern das nach Brandenburg an Alleen reichste Bundesland. Über eine Länge von 4000 km rahmen außerhalb der Orte Linden, Kastanien oder Eichen beidseitig die Chausseen und versetzen Autofahrer in jene Zeit, als Reisende noch mit Pferd und Wagen durch die Lande zogen. Einseitig sind mehr als 1000 km von Bäumen begrünt. 1993 setzte der ADAC diesen Bäumen als Kulturerbe besonderer Art mit der Deutschen Alleenstraße ein Denkmal. Mitinitiator dieser Aktion waren die Schutzgemeinschaft Deutscher Wald, das Kuratorium „Alte liebenswerte Bäume" und verschiedene regionale Tourismusverbände. Von Rügen bis zum Bodensee soll nun der 2900 km lange „grüne Dom durch Deutschland" außerhalb der touristischen Hauptrouten auf die Naturschönheiten und die an ihrem Rande liegenden Kulturschätze aufmerksam machen.

Die Deutsche Alleenstraße beginnt an der Ostseeküste, in Sellin auf der Insel Rügen. Ihr ursprünglichster Teil führt etwa 200 km durch Mecklenburg-Vorpommern. Etwa 20 km südlich von Demmin zweigt sie von der B 194 ab

Radeln unter Alleebäumen
Die Deutsche Alleenstraße ist ein Gewinn für Landschaft, Tiere und Tourismus.

und durchzieht die Mecklenburgische Schweiz sowie das Gebiet der Mecklenburgischen Seenplatte. Sie führt in alte Städte, zu Herrenhäusern und Badeseen. Doch im Gegensatz zu den meisten touristischen Themenstraßen ist hier der Weg das Ziel.

Alleen und das Auto

Viele der alten Alleebäume wurden vor über 100 Jahren auf fürstlichen Befehl zur Verschönerung der Landschaft, als Schattenspender für Vieh oder als Windschutz für Felder gepflanzt. Im Zeitalter des zunehmenden Verkehrs galten sie aber bald auch als Hindernis. In den 1960er- und 1970er-Jahren wurden viele Alleen begradigt und zu langweiligen Pisten ausgebaut. Naturschützer und Verkehrsplaner gerieten aneinander. Die einen machten die Autofahrer, die anderen die Bäume zum Übeltäter. Wer die Bäume für die zunehmenden Unfälle verantwortlich machte, forderte zwangsläufig deren Abholzung. Mit der „Empfehlung zum Schutz vor Unfällen mit Aufprall an Bäumen" durch das Bundesverkehrsministerium im September 2006 wurde mit dem Pflanzabstand neuer Bäume von 4,50 m zum Fahrbahnrand ein Kompromiss gefunden.

Schön und nützlich

Alleen sind nicht nur dekorativ, sie produzieren Sauerstoff und gewinnen so im Zuge der

Wintermärchen
Alleen haben zu jeder Jahreszeit ihren eigenen Zauber.

Klimadiskussion neuen Stellenwert. Sie nützen auch der biologischen Vielfalt. In einigen alten Alleen konnten mehr als 140 Insekten- und Vogelarten nachgewiesen werden. Insekten nutzen sie bei ihren Balzflügen als „Landmarken", Fledermäuse als Orientierungshilfe. Besonders alten, besonnten Alleebäumen wird eine hohe Bedeutung für bedrohte Arten zugeschrieben.

Mecklenburg-Vorpommern hat als einziges Bundesland den Alleenschutz in der Landesverfassung verankert. Mit der Novellierung des Landesnaturschutzgesetzes wurde 1998 die Verpflichtung zur Neupflanzung von Alleebäumen festgeschrieben. Insgesamt wurden in den letzten beiden Jahrzehnten mehr als 1750 km neue Baumreihen in diesem Land gepflanzt.

Der Mecklenburgische Seen-Radweg

Wer Mecklenburg mit dem Fahrrad erkunden will, kann keinen besseren Weg wählen als diese oder jene Teilstrecke der insgesamt 600 km langen Route. Sie verläuft von Lüneburg bis zur Insel Usedom, meistens abseits des Straßenverkehrs, auf ausgebauten Radwegen, Wirtschaftswegen und ruhigen Landstraßen.

Von Dömitz geht es durch eine wunderschöne Ginsterheide in die alte Residenzstadt Ludwigslust. Bei Neustadt-Glewe taucht der Radweg in die Wiesen- und Teichlandschaft der Lewitz ein. Hinter Parchim begleitet er ein gutes Stück die Elde, um dann über Lübz den Plauer See, einen der großen Seen der Mecklenburgischen Seenplatte, zu erreichen. Von hier aus geht es immer am Ufer entlang bis nach Bad Stuer. Wieder querfeldein, folgt ab Röbel der Weg über 40 km bis Waren, zumeist direkt am Wasser entlang, dem Ufer der Müritz. Auf dem folgenden, ebenso langen Abschnitt bis nach Mirow durchradelt man streckenweise den Müritz-Nationalpark, direkt an der Fischadler-Beobachtungsstation in Federow vorbei. Hohe Kiefern beschatten den Weg durch das Kleinseengebiet bis nach Wesenberg, zahlreiche Badestellen bieten Erfrischung. Am Zierker See entlang, durch die Schlosskoppel, vorbei am Slawendorf, erreicht man Neustrelitz. Bis zu den mittelalterlichen Wehranlagen in Neubrandenburg sind es noch 62 km. Am hügeligen Westufer des Tollensesees heißt es kräftig in die Pedale treten. Bevor der Radweg Mecklenburg verlässt, durchquert er die verträumte Datzenniederung und nimmt Kurs auf den Stausee bei Brohm, führt durch das Landschaftsschutzgebiet Brohmer Berge zum Naturschutzgebiet Galenbecker See.

Auch auf Plattdeutsch – Literatur in Mecklenburg

„Min Liev ward vergahn, min Wark blifft bestahn", steht auf dem Grabstein von Rudolf Tarnow.

Johann Heinrich Voß (1751–1826)
Er war der erste Schriftsteller, der eine niederdeutsche Literatursprache erfand.

Niederdeutsch war die Sprache der Hanse, der Seegesetze, der Seebücher und Seekarten. Mit dem Untergang dieser Wirtschaftsgemeinschaft im 16. Jahrhundert verlor es sich allmählich als Schriftsprache. Daran konnte auch Johannes Bugenhagen nichts ändern, der Luthers Bibel ins Niederdeutsche übertrug. Als regionale „Umgangssprache", in Kalendersprüchen, in Versform allenfalls noch in Jubiläumsgedichten lebte die Sprache im Volk weiter, in höheren Kreisen aber galt sie seit der Reformation als unfein. Hochdeutsch wurde die Sprache der Gebildeten, des Adels und der Fürstenhäuser. Die niederdeutsche Sprache wurde alsbald abfällig als „plattdeutsch" bezeichnet. Schier unmöglich schien es, sie als Literatursprache zu etablieren. Von einer poetischen Tradition Mecklenburgs zu reden, lohnt eigentlich erst ab dem Zeitalter der Aufklärung.

Eine Kindheit im Wirtshaus – Johann Heinrich Voß

Einer der größten Befürworter einer niederdeutschen Literatursprache war Johann Heinrich Voß (1751–1826). In seinen revolutionären Gedichten, volkstümlichen Liedern und auch im Idyllenzyklus *Die Leibeigenen*, *Die Freigelassenen* sowie *Die Erleichterten* schrieb Voß jedoch kein landläufiges Platt, sondern formte eine übermundartliche Literatursprache.

In Sommerstorf bei Waren geboren, kannte er sich mit dem Leben der einfachen Leute aus. Das Wirtshaus seine Vaters in Penzlin war seine Kinderstube. Hier lauschte er den Erzählungen der Handwerker, Kaufleute und Reisenden. Er lernte fromme und freche Lieder, niederdeutsch und hochdeutsch gesungen. Er vernahm die Sorgen um Fron, Flüche über die Obrigkeit und Träume von Gleichheit und Brüderlichkeit. In Neubrandenburg besuchte Voß die Lateinschule und gründete eine griechische Gesellschaft, einen Schüler-Geheimbund, sozusagen ein Vorspiel zum „Göttinger Hain", jenes jungen, enthusiastischen Literatenzirkels, der später unter seiner Führung berühmt werden sollte. Bevor Voß nach Göttingen aufbrach, übernahm er in Ankershagen eine Anstellung als Hauslehrer beim Gutsbesitzer von Oertzen. In dieser mehr als zweieinhalbjährigen Leidenszeit war Voß ständigen Demütigungen ausgesetzt. Dabei keimte sein lebenslanger Hass auf Standesprivilegien und Adelswillkür. Sein Zorn ergoss sich in bitterbösen Versen: „Was, noch Treue verlangt der unbarmherzige Fronherr/Der mit Diensten des Rechts (sei Gott es geklagt) und der Willkür /uns wie die Pferde abquält und kaum wie die Pferde beköstigt?"

Ab 1722 studierte Voß alte Sprachen und Literatur. Sein Versuch, als Redakteur des *Göttinger Musenalmanachs* durch zwei niederdeutsche *Vierländer Idyllen* eine niederdeutsche Literatursprache salonfähig zu machen, scheiterte. Berühmt wurde Voß durch seine Homer-Übersetzungen ins Hochdeutsche, jedoch nicht ganz ohne Fürsprache Goethes: „Ein Mann wie

„Ut de Franzosentid"
1859 erschien Reuters Roman auf Plattdeutsch, zu dem dieser zeitgenössische Holzstich entstand.

Voß wird übrigens so bald nicht wiederkommen ..." Voß besang die Freiheit der Bauern, die amerikanische Unabhängigkeit und die Französische Revolution. Für den Dichter Heinrich Heine war er „vielleicht, nach Lessing, der größte Bürger in der deutschen Literatur".

Salonfähiges Platt – Fritz Reuter

Adolf Glasbrenner (1810–76) und August Heinrich von Fallersleben (1798–1874) sind die Namen zweier Literaten der radikaldemokratischen Vormärz-Generation, die zeitweilig in Mecklenburg vor preußischer Verfolgung Zuflucht fanden. Zu Fallersleben, zu dessen schönsten mecklenburgischen Schöpfungen die Kinderlieder *Alle Vögel sind schon da* und *Auf einer Wiese gehet was* gehören, hatte auch der junge Fritz Reuter (1810-74) Kontakt.

Reuter war der erste Schriftsteller, der als Mecklenburger in Deutschland prominent wurde. Er war zu seiner Zeit der meistgelesene Autor in Deutschland. Seine Werke wurden in elf Sprachen übersetzt. Er schrieb hochdeutsch und platt, seinen Protagonisten „Inspektor Bräsig" lässt er „Missingsch" sprechen, eine Mischsprache aus Nieder- und Standarddeutsch. Unbestreitbares Verdienst seiner Dichtung, die stets im Dienst demokratischer Freiheit stand, ist die Aufwertung des zuvor sozial deklassierten Platt zu einer anerkannten Literatursprache. Da es keine verbindliche Schriftform gab, musste Reuter Vereinheitlichungen finden, und so wurde sein Niederdeutsch zu einem künstlichen Idiom, das von der Mehrheit gleichwohl verstanden und akzeptiert wurde. Plattdeutsch wurde wieder gesellschaftsfähig.

Im Schatten Reuters – John Brinckman

Einer, der im Gegensatz zu seinem erfolgreichen Landsmann Fritz Reuter nie von seiner Dichtung leben konnte, war John Brinckman (1814–70). Er stammte aus Rostock. Als Jurastudent wegen seiner Verbindung zu antimonarchistischen Burschenschaften angeklagt, floh er 1839 zu seinem Bruder nach Nordamerika. Heimweh trieb ihn 1842 wieder zurück nach Mecklenburg. Hier verdingte er sich nun als Hauslehrer in Neukalen und beim Klosterhauptmann in Dobbertin. Doch duldete man den Verfasser satirischer Gedichte gegen den konservativen Landadel nur wenige Jahre. 1849 wurde Brinckman Lehrer an der Güstrower Realschule. Der Erfolg seiner plattdeutschen Gedichte und Erzählungen, die bekannteste ist *Kasper Ohm un ick*, stellte sich erst nach seinem Tode im Jahr 1870 ein.

Die Frage nach dem rechten Weg
„Ja, äwer wecker Weg was de rechte?" lautet eine bedeutsame Frage in *Ut mine Festungstid*, die auf dem Fritz-Reuter-Stein bei Dömitz zitiert wird.

„Voß und Swinegel"
Fuchs und Igel aus John Brinckmans Erzählung zieren den Brunnen in Güstrow, der 1908 von Wilhelm Wandschneider geschaffen wurde.

Lust, Leiw und Sünnenschien – Rudolf Tarnow

Im Gefolge der Schwank- und Farcenliteratur für die Sprechbühne etablierte sich um die Wende zum 20. Jahrhundert eine niederdeutsche Komödientradition.

Rudolf Tarnow (1867–1933) war in jener Zeit der populärste niederdeutsche Volksdichter; der in Parchim geborenen Autor schrieb eher harmlose humoristische und gemütvolle Poesie über die „Leiw" (Liebe), später etwas beeinträchtigt von hurra-patriotischer Gesinnung. Seine ersten plattdeutschen Schriften veröffentlichte Tarnow 1910 zum 100. Geburtstag Reuters. Sein Gedicht *Ein Randewuh im Rathaus zu Stavenhagen* („Ein Rendezvous im Rathaus zu Stavenhagen") ruht noch heute im Fundament des dortigen Reuterdenkmals.

„Der arme Vetter"
Barlachs Drama aus dem Jahr 1918 wurde auch im Staatstheater Schwerin inszeniert.

Der Pflege mundartlicher Dichtung widmeten sich zudem eine Reihe kleiner Verlage. Johannes Gillhoff (1861-1930), Herausgeber der *Mecklenburgischen Monatshefte*, wurde vor allem durch seinen Roman *Jürnjacob Swehn, der Amerikafahrer* berühmt, in dem er das Schicksal mecklenburgischer Auswanderer in Amerika beschrieb. Die Johannes-Gillhoff-Stuv (hochdeutsch „Stube") in seinem Geburtsort in Glaisin, Westmecklenburg, dokumentiert das Leben und Schaffen dieses Dichters.

Die Zugezogenen – Ernst Barlach, Hans Fallada, Brigitte Reimann

Nicht nur als Bildhauer und Grafiker, auch als Dramatiker fand der vielseitige Künstler Ernst Barlach (1870–1938), der 1910 nach Güstrow kam, in Mecklenburg seinen Stoff. Zwischen 1912 und 1927 entstanden in Güstrow seine Dramen *Der tote Tag*, *Der arme Vetter*, *Die echten Sedemunds*, *Der Findling*, *Die Sündflut* und *Der blaue Boll*. In seinem Romanfragment *Der gestohlene Mond*, verfasst 1936/37, stellte der Künstler, der bei den Nationalsozialisten als „entartet" galt, das dialektische Verhältnis von Gut und Böse dar. „Mein Jahrhundertbuch", schrieb der Schweizer Schriftsteller und Literaturwissenschaftler Adolf Muschg über dieses Werk, „weil es ebenso hilflos wie schonungslos zeigt, was im trüben Innern jener deutschen Jahre und ihrer Teilnehmer abgelaufen ist und was aus Walt und Vult, aus Faust, Mephisto und Gretchen in der dicken Luft einer mecklenburgischen Kleinstadt werden konnte. Barlach, das Opfer dieses Miefs, bezeugt: Mit Moral war dem nicht beizukommen, sie löste das Rätsel der Verstrickung nicht."

Auch Hans Fallada wurde berühmt als Romancier der kleinen Leute. Er war ein Zugereister, wie viele Jahre später Brigitte Reimann (1933–73), die in ihren letzten Lebensjahren in Neubrandenburg wohnte. Dort beschrieb sie in ihrem letzten und wichtigsten Buch, dem Fragment gebliebenen Roman *Franziska Linkerhand*, den Alltag in einer Plattenbausiedlung und das Scheitern der Träume vom humanen Wohnungsbau. Sie wollte mit ihrem Schreiben am Aufbau der DDR teilnehmen, verzweifelte aber zunehmend an der Wirklichkeit. Das Haus, in dem die Schriftstellerin bis zu ihrem Tode gelebt und gearbeitet hat, dient heute als Literaturhaus.

Uwe Johnson – Spurensuche

Der Schriftsteller Uwe Johnson (1934-84) lebte von 1947 bis 1952 in Güstrow. Er schilderte die Problematik der Menschen im geteilten Deutschland und beschrieb in seinem letzten großen Roman *Jahrestage – aus dem Leben von Gesine Cresspahl* jüngere politische Geschichte im Rahmen einer Familiensaga. Scharenweise begeben sich heute Literaturfreunde und Journalisten auf Spurensuche nach Güstrow. Güstrower treffen sich zu Vorträgen über den Dichter in der Uwe-Johnson-Bibliothek. Spurensuche: Da steht am Pferdemarkt, der Einkaufsstraße, der Name Papenbrock über dem Haushaltswarengeschäft; über dem Musikhaus ist der Name Abs zu lesen, und im Telefonbuch gibt es noch eine Babendererde. Das Hotel Erbgroßherzog aus den *Jahrestagen* am Markt heißt heute Hotel Stadt Güstrow. Die Adressen der Wohnungen lauten: Landeskinderheim Goldberger Straße, Prahmstraße 30, Rostocker Chaussee 20, Spaldingplatz, Ulrichplatz 19, Lange Stege 36. Die Wossidlo-Schule an der Hafenstraße besuchte Johnson ein Jahr lang und machte sie später zur Brückenschule von Gneetz. Im John-Brinckman-Gymnasium am Domplatz, wo seit 31. Juli 2007 eine vom Bildhauer Wieland Förster gefertigte Johnson-Büste steht, hatte Johnson 1952 das Abitur mit „gut" bestanden. Dieses Gymnasium wurde in den *Jahrestagen* zur Gneetzer Fritz-Reuter-Schule und im erst 1958 veröffentlichten Roman *Ingrid Babendererde. Reifeprüfung 1953* zur Gustav-Adolf-Schule von Wendisch Burg. Als Abiturient trug Johnson noch das FDJ-Blauhemd. In den Augen seiner Mitschüler war er streberhaft und streitbar zugleich, ein Genie, ein Spinner, ein Unnahbarer, dessen Ironie man fürchtete, ein Heimlichtuer und Witzbold, auf jeden Fall ein Außenseiter. „Spitta" wurde Uwe Johnson von einigen seiner Schulkameraden genannt. Irgendeiner hatte das aufgebracht, vielleicht nachdem die Klasse im Stadttheater Gerhart Hauptmanns Komödie *Die Ratten* gesehen hatte: Hauptmanns Spitta ist ein hagerer Mensch mit Brille und schiefer Haltung, der immer etwas Besonderes werden will.

Überlebensgroß in Bronze
Im Sommer 2007 wurde die über 2 m große Bronzestele des Schriftstellers vor dem John-Brinckman-Gymnasium in Güstrow enthüllt.

Pflege des literarischen Erbes
Der Uwe-Johnson-Literaturhaus in Klütz im Nordwesten Mecklenburgs kümmert sich in besonderer Weise um Johnsons literarisches Vermächtnis.

Mit Ernst Barlachs Werken hatte Uwe Johnson schon als 14-Jähriger Berührung. Die Klasse besuchte eine Aufführung von Barlachs *Die Sündflut*, und ähnlich wie Gesines *Betriebsbesichtigung Barlach* ist der Besuch einer Ausstellung zum zehnten Todestag des Künstlers haften geblieben. Johnson schleppte einen Abguss von Barlachs *Schlafenden Vagabunden* mit sich, Jahre später schrieb er in Leipzig seine Diplomarbeit über den Roman *Der gestohlene Mond.*

Uwe Johnson, 1973
In diesem Jahr erschien der dritte Band der *Jahrestage*, der in der frühen Nachkriegszeit spielt.

Am Heidberg ist nicht nur der Barlachweg kulturhistorische Wanderstrecke. Wer auf den Heidberg kommt – und von Johnson weiß –, sucht die Stelle, „wo ein Abhang sich öffnet, Güstrower Kindern wohl bekannt als Schlittenbahn, auch dem Auge freien Weg öffnend über die Insel im See und das hinter dem Wasser sanft ansteigende Land, besetzt mit sparsamen Kulissen aus Bäumen und Dächern leuchtend, als die Sonne gerade düstere Regenwolken hat verdrängen können: welch Anblick mir möge gegenwärtig sein in der Stunde meines Sterbens".

1959 verließ Uwe Johnson die DDR, in seinem Haus im britischen Sheerness-on-Sea hing eine große Mecklenburg-Karte: „Es ist wahr, aufgewachsen bin ich an der Peene von Anklam, durch Güstrow fließt die Nebel, auf der Warnow bin ich nach und in Rostock gereist (...) Aber wohin ich in Wahrheit gehöre, das ist die dicht umwaldete Seenplatte Mecklenburgs", schrieb der 49-jährige Uwe Johnson kurz vor seinem Tod 1984.

Göttlicher Nachtisch
Echte Mecklenburger Götterspeise wird aus Früchten, Schwarzbrotkrümeln und Sahne zubereitet.

Kross und deftig
Gänsebraten mit süß-saurer Füllung ist eine mecklenburgische Spezialität.

Tüften un Plum – was Mecklenburgs Köche so auf der Pfanne haben

Die Mecklenburger Küche mag es herzhaft und gern auch süßsauer.

Kloppschinken, Tollatschen, Pannfisch, Appelgriebsch, Tüften un Plum – die traditionelle mecklenburgische Küche hat ihre eigene Sprache. Auch wer kein Plattdeutsch versteht, ahnt hinter diesen Worten zu Recht deftige Speisen. Kartoffel, Kohl, Gans, Schwein und vor allem Fisch, aber auch Wild sind heute noch die Grundlagen der mecklenburgischen Küche. Ob Schlossrestaurant oder Fischerstube, ob Vier-Sterne-Hotel oder Landgasthof – kaum eine gastliche Stätte, die sich nicht hie und da auch von der kulinarischen Historie des Landes inspirieren lässt. Wo sich Bodenhaftung, Experimentierfreudigkeit und moderne Kochkunst ergänzen, kann man sich ruhig niederlassen. Dem Agrarland Mecklenburg mangelt es nicht an Gemüse, Fisch und Vieh. Gaumenfreude für alle Feinschmecker ist die aromatische Wildküche im Herbst.

Fette Speise für magere Jahre

Ein Morgenbrot um 5 Uhr mit Milchsuppe und Speckkartoffeln, ein Imbiss gegen 8 Uhr, dazu Brot und Speck und selbstgebrautes Bier, Mittagessen um 12 Uhr – Zusammengekochtes mit Speck oder Schinken, das Abendbrot gegen 16 Uhr mit Butterbrot und Speck und ein Kartoffelgericht gegen 20 Uhr – eine mecklenburgische bäuerliche Speisefolge von 1860. Nicht Raffinesse, nicht Nachtigallenzungen und Kapaun, nicht edle Weine kitzelten den Gaumen, sondern kräftige Ernährung war das Ziel der herkömmlichen Küche in dem rauen norddeutschen Klima. Das kollektive Unterbewusstsein der Mecklenburger hat den Hunger der vergangenen Jahrhunderte gespeichert, und so füllt man gern noch heute die Teller bis zum Rand mit deftigem und gehaltvollem Essen.

Der Duft von Räucherfisch
Über Buchenscheiten frisch geräucherter Fisch ist eine Delikatesse für Nase und Gaumen.

Süßes oder Saures – der Mecklenburger liebt beides

Vorpommersche und mecklenburgische Küche zu unterscheiden, ist für Fremde unmöglich. Die Vorliebe für Süßes, einst von den Schweden in die norddeutschen, vornehmlich die vorpommerschen Kolonien gebracht, hat sich inzwischen über das ganze Land verteilt. In Mecklenburg heißen die Lieblingsspeisen eben Mecklenburger Quarkspeise, Mecklenburger Schwarzbrotpudding oder Malchiner Götterspeise. Auch der Hang zum Süßen in verdauungsfördernder Ambivalenz zum Sauren teilen beide. Backobst, dessen Säure beim Verdauen der deftigen Speisen hilft, Backpflaumen an Gänse- und Rippenbraten, Rosinen im Grünkohl kennt man hier ebenso wie den süß-sauren Geschmack gezuckerter Soßen mit Zitrone oder Senf.

Vitaminreiche Früchte
Auf sandigem Boden wachsen die dornenreichen Sanddornbüsche, deren Früchte Gesundheitsspender sind.

Königin Kartoffel in vielfältiger Zubereitung

Kartüffel, Kantüffel, Ketüffel, Tüften und Tüffel – wie immer der Name des Erdapfels sich auch wandelte, die Kartoffel haben Mecklenburger und Vorpommern gleichermaßen gern. Sie kommt zu Speckstippe, Pökelfleisch, Schinkenbraten, gekochtem Fisch oder als Suppe auf den Tisch. Auch als warmen Kartoffelsalat oder mit Pflaumen und Äpfeln zu Himmel und Erde gekocht, gestampft und gematscht. „Tüften un Plum", das ist eine dicke Kartoffelsuppe mit Pflaumen und Speck. Die Kartoffel wird sogar in Pudding, Torte und Flammeri verwendet. Dabei „wull se kein Hund freten" („wollte sie kein Hund fressen"), als der preußische König Friedrich II. den Erdapfel in seinen Provinzen einführte. Heute hält man sich lieber an Goethes Spruch: „Morgens rund, mittags gestampft, abends in Scheiben, so soll es bleiben, es ist gesund."

Ein saures Früchtchen

Ein ganz besonderer Saft hier im Norden stammt von den orangefarbenen Früchten des Sanddorns. Ihr Vitamingehalt soll bis zu siebenmal höher als der einer Zitrone sein. Außerdem verbergen sich noch neun weitere Vitamine und 15 Spurenelemente in den herbsauren Früchtchen, die zu Nektar, Tee, Bonbons, Marmelade und Likör verarbeitet werden. Seit 1980 wird in Ludwigslust, auf der ältesten und größten Sanddornplantage Deutschlands, der allerorten auch auf kargem Sandland wildwuchernde Strauch angebaut und kultiviert.

Mecklenburger Landwein

Zwischen Feldern und Seen im südöstlichen Mecklenburg liegt das seit 2004 offiziell anerkannte nördlichste Weinbaugebiet Deutschlands. Dass hier bereits vor 800 Jahren Wein angebaut wurde, war lange Zeit in Vergessenheit geraten. 1996 sanierte ein Bremer Rechtsanwalt den klassizistischen Herrensitz Schloss Rattey im Stargarder Land und gestaltete ihn zum Hotel um. Ein Jahr später ließ er auf den vom Kontinentalklima begünstigten Südhängen der Brohmer Berge die ersten Weinstöcke pflanzen. Damals wurde ein „Verein der Privatwinzer zu Rattey e.V." gegründet. Auf 3,5 ha gedeihen nun rund 1500 Rebstöcke, darunter Sorten wie Regent, Blauer Portugieser, Spätburgunder oder auch Müller-Thurgau, deren Trauben im Keller von Schloss Rattey zu trockenem und halbtrockenem „Mecklenburger Landwein" gekeltert werden.

Rund um die Müritz

Weiße Boote tummeln sich auf dem blauen „Kleinen Meer"; Freizeitkapitäne genießen die Weite der Müritz. In Waren und Röbel gehen sie gerne auf Landgang – Restaurants, Geschäfte sowie schöne historische Gebäude und Plätze locken. Im Müritz-Nationalpark dagegen ist man ganz in der Natur. Nur manchmal unterbricht der Ruf des „Moorochsen" im Schilf die Stille. Seeadler kreisen über den Specker Fischteichen.

Die Müritz bei Röbel
Bei schönem Wetter sieht die Müritz von oben tatsächlich beinahe wie ein Meer aus, bei Sturm ist sie fast so gefährlich.

Wind, Wellen und am Ufer kleine Städte

Die Slawen nannten die Müritz „Morcze" – Kleines Meer.

Die Müritz ist der Mittelpunkt der Mecklenburgischen Seenplatte und mit 116,8 km² der größte deutsche Binnensee. Sie ist 28 km lang und bis zu 13 km breit, und an einigen flachen Stellen fehlt ihr ein klar abgegrenztes Ufer. An heißen Sommertagen flimmert die Luft über dem weiten blitzblauen Wasserspiegel. Ein englischer Reisender schwärmte 1891 von der „blauen Weite der Königin der deutschen Seen". Bei plötzlichem Nordostwind aber kann sie ihr Antlitz rasch verdunkeln. Dann schäumt das Wasser auf mit kurzen, steilen Wellen und droht für kleine Boote lebensgefährlich zu werden. Die Kapitäne der großen Ausflugsschiffe kennen die Untiefen des Sees. Sie wissen, wenn sich, vom Wasser aus gesehen, die beiden Röbeler Kirchtürme decken, befinden sie sich in der Fahrwasserlinie vom Bolter Kanal nach Waren (Müritz) direkt über einer solchen Untiefe, einem unter Wasser liegenden Geröllstreifen.

In der Draufsicht erinnern die Umrisse des Sees an ein fossiles Ungeheuer, einen Dinosaurier, der auf den Hinterbeinen steht und seine Vorderläufe nach Röbel und Sietow ausstreckt. Der kleine Kopf ist die Binnenmüritz, genau an der tiefsten Stelle (33 m) sitzt das Auge, auf seiner Nase tanzt die Hafenstadt Waren/Müritz. All die kleinen Seen, die im Osten am Rücken des Dinos herabzugleiten scheinen, liegen im Müritz-Nationalpark, einige von ihnen waren vor Absenkung des Wasserspiegels um 1800 Teil der Müritz. Der Hauptsee ist mit etwa 28 m am tiefsten im „Kuckuks Düp" bei der Bucht Sietow. Vom Ostufer fällt der Grund sehr langsam ab, sodass erst nach fast 0,5 km eine Tiefe von 2 m erreicht wird. Im Westen hingegen ziehen sich

Blick vom Kirchturm
Vom Turm der Marienkirche in Röbel aus kann man die Ausflugsschiffe gut beobachten.

Ein kleines Abenteuer
Nur mit Muskelkraft dürfen sich die Besucher des Müritz-Nationalparks auf den Wasserwegen bewegen – das kann durchaus etwas abenteuerlich sein.

Rinnen von teils deutlich über 10 m Tiefe in Ufernähe entlang.

Die Müritz ist Dreh- und Angelpunkt für Wasserwanderer und Freizeitskipper. Sie wird von der Elde durchflossen, die den See über den Reeckkanal verlässt und auf ihrem Weg Richtung Elbe die Oberen Seen, den Kölpinsee, den Fleesensee, den Petersdorfer, den Malchower und den Plauer See miteinander verbindet. Von der Kleinen Müritz im Süden zweigt die Müritz-Havel-Wasserstraße in das Klein-Seengebiet und verbindet so die Mecklenburgische Seenplatte auch mit Berlin.

Die Sage vom See

Geologisch gesehen ist die Müritz eine Kombination aus Rinnen- und Eisstausee, aus Schmelzwasserrinne und ausgehobelten Vertiefungen. Einer Sage zufolge soll es hier anstelle der großen Müritz einst sieben kleine Seen gegeben haben, die nicht miteinander in Verbindung standen. Die Seen seien umgeben gewesen von hohen und alten, den Göttern geweihten Bäumen. Doch Fremde wären gekommen und hätten die Bäume gefällt. Aber als sie sich dem größten und stärksten näherten, hätte sich eine Quelle aufgetan, deren Wasser nach allen Seiten hin strömte, bis alle sieben Seen vereinigt waren. Geologisch hat diese schöne Geschichte keine Grundlage. Immerhin verweist bereits der griechische Astronom und Geograf Claudius Ptolomäus im 2. Jh. n. Ch. in seinem Werk „Geographia" auf einen bemerkenswert großen See südlich der Ostsee.

Der Mensch und das „Kleine Meer"

Die Müritz ist zwar ein Erbe der Eiszeit, doch sie wurde auch wesentlich vom Menschen geprägt. Deutsche Siedler machten seit dem 11. Jahrhundert das Land urbar, bauten Wassermühlen, stauten und veränderten Bachläufe. Dieses künstliche Aufstauen hatte immer wieder Auswirkungen auf den Wasserspiegel der Müritz. 1273 ließ Ritter Nicolaus von der Werle nahe der Boeker Mühle einen Kanal von der Müritz zum heutigen Caarpsee anlegen, wodurch erstmals die natürliche Wasserscheide zwischen Müritz und Havel durchbrochen wurde. Durch einen Stau im 17. und 18. Jahrhundert drohte „das Land zu ersaufen", wie es in einer Klageschrift der Anwohner hieß. Zwischen 1789 und 1803 wurde die Elde-Wasserstraße bei Eldenburg schiffbar gemacht. In den Jahren von 1832 bis 1837 entstand mit dem Bolter Kanal die erste schiffbare Verbindung zwischen der Müritz und Berlin. Durch den Ausbau der Elde-Schifffahrtsstraße erreichte die Müritz das heutige Niveau von etwa 62 m über dem Meeresspiegel. Sie verlor dabei rund 50 km^2 ihrer Fläche. Vor allem betroffen war die flache östliche Uferzone, wo eigenständige Gewässer und ausgedehnte Bruchwälder entstanden.

Der Bau der Kanäle änderte auch die Entwässerungsrichtung der Müritz, die ursprünglich nur über die Elde und Elbe erfolgte. Heute entwässert sie auch über den Bolter- und den Mirower Kanal über die Havel und Elbe in die Nordsee.

Freizeitkapitäne
Auch mit Segel- und kleinen Motorbooten kann man auf der Müritz und den dafür freigegebenen Wasserstraßen tage- und wochenlang unterwegs sein.

Unberührte Natur
Der Kleine Zillmannsee am Fuß des Käflingsbergs ist so unzugänglich gelegen, dass die Fische darin nur die Vögel fürchten müssen.

Müritz-Nationalpark – der geordnete Weg in die Wildnis

Nirgendwo brüten mehr See- und Fischadler als im Müritz-Nationalpark.

Eine Million Menschen besuchen zwar jährlich den Müritz-Nationalpark, doch ist hier trotzdem kein Gedränge zu befürchten: Mit insgesamt 322 km² ist der Müritz-Nationalpark der größte Binnen-Nationalpark Deutschlands. Man kann sich von Rangern führen lassen oder auf eigene Faust den gut beschilderten, insgesamt rund 600 km langen Rad- und Wanderwegen folgen. Es lohnt, sich die Zeit zu nehmen, die verschiedenen Landschaften kennenzulernen und die Stellen zu finden, wo noch das klebrige Fettkraut oder der fleischfressende Sonnentau blühen. Aus dem Wald hallen die Rufe der Käuze und das Klopfen der Spechte. Es riecht nach Waldmeister und Pilzen, und Ringelnattern schlängeln sich durch das Gras. Die Seen, Moore und der Wald, der den größten Raum im Nationalpark

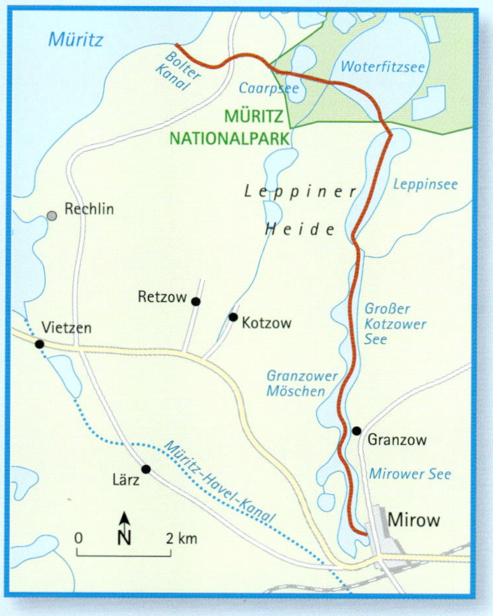

Der Wildnis ganz nahe beim Wasserwandern

Die etwa 16 km lange Paddeltour über die Alte Fahrt zwischen der Müritz und Mirow führt als eine der schönsten Paddelstrecken auch in das Kerngebiet des Müritz-Nationalparks. Man startet vom Campingplatz am Bolter Ufer an der Müritz. An der Bolter Schleuse müssen die Boote umgesetzt werden, Bootswagen stehen zur Verfügung. Im Kanal wimmelt es von kleinen Fischen, der Steilhang des Ufers bietet Eisvögeln gute Nistmöglichkeiten. Nur das Schmatzen der Wellen und das Schnattern der Enten sind hier zu hören, denn der 4 km lange Abschnitt im Nationalpark ist für Motorboote gesperrt. Nach der Weite der Müritz genießt man hier die schmalen, windgeschützten Rinnenseen der Mirower Gewässer. In der Kernzone des Nationalparks, im Caarpsee, weisen gelbe Tonnen den Weg. Anlanden ist hier und auch am Ufer des nächsten Sees nicht erlaubt. Der Kanal zum wesentlich größeren Woterfitzsee führt durch völlige Wildnis. Mit Glück kann man vielleicht einen Fisch- oder Seeadler sehen, der über den Boeker Fischteichen des großen Sumpfgebietes ringsum kreist. Birken, Weiden, Erlen und Eichen überdachen den etwa 500 m langen Kanal zum Leppinsee. Dort trägt im Juli die Krebsschere, eine seltene, sternförmige Wasserpflanze, weißgelbe Blüten. An der Badestelle an der östlichen Hälfte des Leppinsees ist endlich der Sprung ins Wasser erlaubt. Weiter geht es über den von Wald umgebenen Großen Kotzower See und das Granzower Möschen (Wasserwanderrastplatz bei Granzow); nach etwa 7 km hat man Mirow erreicht.

einnimmt, geben einer Vielzahl von Pflanzen und Tieren Lebensraum.

Der Müritz-Nationalpark besteht aus zwei Teilen, einem kleineren Gebiet um Serrahn und einem größeren, das sich mit 260 km² östlich der Müritz zwischen Waren (Müritz) und Neustrelitz erstreckt. 12 km dieses Nationalparkteils grenzen an das Ufer der Müritz. Dort gibt es weit und breit kein einziges Haus und keinen Bootssteg. Bojen halten auf 500 m die Bootsführer vom Schilfrand entfernt. Am Ufer, in einem Unterstand aus Holz, warten bei jedem Wetter mit Fernrohren gewappnete Vogelliebhaber auf Seeadler, Bekassinen und Rohrdommeln; sie werden selten enttäuscht.

Das Gebiet des Müritz-Nationalparks war noch vor 12 000 Jahren – erdgeschichtlich ein Wimpernschlag – von einer dicken Eisschicht bedeckt. Die Moore, Seen und Flüsse sind darüber hinaus erst seit kurzer Zeit der menschlichen Nutzung entzogen. Noch ist der Wald vor allem ein Forst aus stramm stehenden Kiefern, Nachfahren der Bäume, die nach jahrhundertelangem Kahlschlag vor etwa 150 Jahren in den für die Landwirtschaft ohnehin untauglichen Sandboden gepflanzt wurden. Nun soll wieder Urwald daraus entstehen. Dann wird hier die für die Naturwälder Mitteleuropas typische Buche dominieren.

Ein seltener Kauz
Der Raufußkauz gehört zu den gefährdeten Höhlenbrütern. Im Müritz-Nationalpark ist er seit einiger Zeit wieder heimisch.

Eleganter Flieger
Der Grau- oder Fischreiher kommt im Müritz-Nationalpark dank optimaler Lebensbedingungen recht zahlreich vor.

Sumpfbiotop bei Blankenförde

Seit Jahrhunderten machen Menschen die Wildnis für sich nutzbar, dabei wurden auch viele Moore entwässert. Heute ist die Renaturierung solcher Gebiete ein wichtiges Anliegen im Nationalpark. Wie sich die Landschaft seit 2003 mithilfe des EU-Life-Projekts „Moore und Große Rohrdommel an der oberen Havel" allmählich verändert, lässt sich gut am Wanderweg mit dem Symbol „Rote Rohrdommel" östlich von Blankenförde beobachten.

Der Weg führt in einer 1,5 km langen Runde vom Parkplatz an der Straße Blankenförde-Babke durch renaturiertes Gebiet. Beiderseits des Holzstegs wächst üppige Moorvegetation, und auch das nahe Erlengehölz ist nun wieder ein richtiger Bruchwald mit hohen Wasserständen. Die Havel plätschert in ihrem ursprünglichen Bett. Mit etwas Glück hört man im Frühjahr das Rufen der Kraniche, die in dem feuchten Erlenbruchwald brüten. Ende März, wenn die Gewässer eisfrei geworden sind, beginnt die Laichzeit der Moorfrösche, dann färben sich die Männchen himmelblau und machen sich lauthals bemerkbar. Auch der nachtaktive Fischotter fühlt sich hier wohl. Im Röhricht lässt die gefährdete Rohrdommel (siehe Foto unten) wieder ihren dumpfen Ruf ertönen, der ihr den Namen „Moorochse" eingebracht hat.

Seen und Moore

Rund 8 % des Nationalparks bestehen aus Moor, 13 % aus zumeist flachen Gewässern. Die 117 Seen, von ganz unterschiedlicher Gestalt und Herkunft, sind die Seele der sandigen Landschaft. In flachen Mulden schimmern Himmelseen; so nennt man Gewässer, die einzig von Regenwasser gespeist werden. In den nährstoffarmen, aber kalkhaltigen Durchströmungs- und Quellseen wachsen Laichkräuter, Tausendblätter und Armleuchteralgen, und die fischreichsten Gewässer im Nationalpark, die Flussseen, schmücken sich mit Seerosen.

Einige Moore im Müritz-Nationalpark entstanden durch die Verlandung flacher Seen, ein Prozess, oft unterstützt und beschleunigt durch künstliches Absenken des Wasserspiegels. Doch auch der umgekehrte Fall kann eintreten: Manche Moore beruhen auf Versumpfung, also einem allmählich ansteigenden Grundwasserspiegel. Sogenannte Kesselmoore bilden sich in Vertiefungen, die vom hangabwärts fließenden Bodenwasser gespeist werden. Alle im Nationalpark liegenden Moore gehören zum Typus der Niedermoore, also der vom Grundwasser abhängigen Moore. Zu den großen Moorlandschaften des Nationalparks zählt auch das Gebiet um den Specker See. Dort kann man von zwei Beobachtungstürmen aus diese sonst unzugängliche Landschaft genießen.

Der weite Weg zur Nationalparkgründung

Vor allem der Ausdauer der Naturschützer ist es zu danken, dass die Gegend am Ostufer der Müritz heute vor schädigender Einflussnahme durch den Menschen geschützt ist. Das war nicht immer so, der Weg zur Gründung des Nationalparks war ausgesprochen langwierig: Als der Leipziger Großverleger Kurt Herrmann in den 1920er-Jahren Lust auf Gänsejagd bekam, kaufte er weite Gebiete am Ostufer der Müritz und baute in der Waldsiedlung Speck ein Jagdschloss. Gegen den Widerstand vom Landrat und dem Warener Bürgermeister holte er sich Schützenhilfe beim Reichsjägermeister Hermann Göring, umzäunte 7000 ha Land und ging hier auf die Jagd, bis er 1945 im Zuge der Bodenreform enteignet wurde. Dann zermalmten Panzer der sowjetischen Armee das Gelände zwischen Krienke und Klockow zur Sandwüste. 1969 requirierte der DDR-Ministerpräsident Willi Stoph ein 20 000 ha großes Areal als Staatsjagdgebiet und baute sich am Specker See seinen persönlichen Wochenend- und Jagdsitz.

Doch allen Widrigkeiten zum Trotz konnte sich hier eine Naturschutzbewegung entwickeln, die später weit über die Grenzen dieses Naturraumes hinaus wirken sollte. Der große Vogelreichtum südlich von Waren (Müritz) führte bereits 1931 zur Errichtung eines Naturschutzgebietes. Unter dem Namen „Ostufer der Müritz" wurde dieses bereits 1949 von 3000 auf 5000 ha erweitert und damit zum größten Naturschutzgebiet der DDR. Fünf Jahre später, 1954, wurde erstmals öffentlich über die Gründung eines Nationalparks nachgedacht.

Zurück zum Ursprung
Wenn der Wasserspiegel im renaturierten Moor bei Blankenförde steigt, sterben die Erlen und Birken, doch die Landschaft gewinnt wieder ihr natürliches Gesicht.

Ein gutes Zeichen
Wo von Mai bis Juli die Krebsschere blüht, ist die Wasserwelt noch in Ordnung.

1989 entlud sich der Volkszorn in dieser Region vor allem beim Thema Staatsjagd. Die Forderung einer Warener Bürgerinitiative, das Areal zu einem Nationalpark umzuwidmen, war Initialzündung zum letzten Beschluss der DDR-Regierung. Unmittelbar nach der Wende, als es noch unbürokratisch zuging, gelang den Naturschützern der ehemaligen DDR ein unglaublicher Coup: Am 12. September 1990, in der letzten Sitzung des DDR-Ministerrates, wurde ein Gesetz über 14 große Schutzgebiete verabschiedet. Dazu gehörte auch der Müritz-Nationalpark – die jahrzehntelange Abgeschiedenheit und die dünne Besiedelung dieser Landschaft boten die besten Voraussetzungen. Doch die Geschichte ist noch nicht zu Ende, der Müritz-Nationalpark ist jung, und es gilt noch einige alte Wunden zu heilen, etwa beispielsweise durch die Renaturierung der Moore.

Der Müritzhof

Der Müritzhof, 7 km südlich von Waren (Müritz), ist das Symbol der Naturschutzbewegung an der Müritz. 1850 baute die Stadt Waren (Müritz) auf dem durch die Absenkung der Müritz entstandenen flachen Vorland eine Ziegelei, die später samt Weidewirtschaft als „Müritzhof" verpachtet wurde. 1931 wurden die Koppeln um den Müritzhof unter Naturschutz gestellt; 1954 richteten hier die Naturschützer Karl Bartels und Kurt Kretschmann die erste Lehrstätte für Naturschutz in Europa ein. Bis 1989 wurden mehr als 11 000 ehrenamtliche Naturschützer auf dem Müritzhof ausgebildet.
Heute wird das Anwesen vom Lebenshilfswerk Waren bewirtschaftet, einer gemeinnützigen Einrichtung zur Betreuung und Förderung von geistig Behinderten. In der Pflegestation

Die besten Vogelbeobachtungsstellen

Vor allem die großen Vögel haben den Nationalpark bekannt gemacht: Seeadler, Fischadler und Kranich. Von den 16 Greifvogelarten in Deutschland ziehen zwölf im Müritz-Nationalpark ihre Jungen auf. Aus dem Schilf singen auch Rohrsänger und Schwirle, der Balzruf des Rohrdommelmännchens klingt dumpf wie das Nebelhorn ferner Schiffe. Mehr als dreißig Singvogelarten brüten auf Wiesen, Weiden und im Wald. Wer sie erleben will, sollte sich ihnen im Schutz der Beobachtungsstände nähern. Fischadler haben eine Fluchtdistanz von 300 m. Gut getarnt aber lässt sich ihr Nistverhalten auf den Strommasten bei Federow, zwischen Babke und Granzin, bei der Zartwitzer Hütte und den Boeker Fischteichen beobachten. Die Boeker Fischteiche garantieren die beste Vogelschau. Die im Frühjahr und Herbst abgelassenen Teiche ernähren vor allem Watvögel. Der Aussichtspunkt „Adlerblick" am abgelegenen Amalienhof hält meist, was er verspricht. Seeadler, Fischadler, Graureiher und Kormoran machen hier Beute. Der Fischadler kann dabei bis zu 1,2 kg schwere Fische durch die Luft tragen (siehe Foto links). Auf alten Eichen rasten auch der Rote und der Schwarze Milan.

Der flache Rederangsee in der Nähe des Müritzhofes, mit 200 ha einer der größten Seen des Nationalparks, ist Kranichrastplatz. Bis zu 7000 Kraniche finden von September bis November hier ihren Schlafplatz. Am Südwestufer des Warnker Sees kann man Reiher- und Tafelenten beobachten. Nirgendwo in Deutschland rasten so viele Kolbenenten wie an diesem See.

kümmert man sich um verletzte Tiere aus der Region, in der kleinen Gastwirtschaft um müde Wanderer. Es gibt köstlichen, frisch gebackenen Kuchen und Gerichte aus eigenen Bio-Produkten, gratis ist natürlich der herrliche Ausblick auf die Müritz.

Auf den Wiesen der Müritzterrasse, die durch die Absenkung des Wasserspiegels entstanden ist, weidet wie vor rund 200 Jahren Vieh; heute sind es hauptsächlich hornlose Fjällrinder, Gotlandschafe und Shetlandponys. Ihr Verbiss schützt die artenreiche Weide- oder sogenannte Hutungslandschaft vor Überwucherung. Dank dieser ökologischen Bewirtschaftung konnte die historische Kulturlandschaft erhalten werden, in der sogar noch Orchideen blühen. Unterhalb des Müritzhofes wachsen bis zu 12 m hohe Wacholdersträucher; es sind die bedeutendsten Bestände in Norddeutschland.

Federow – die Kinderstube der Fischadler

Die 300-Seelen-Gemeinde 7 km südöstlich von Waren (Müritz) ist einer der beliebtesten Ausgangspunkte in den Nationalpark. Die ursprünglich frühgotische Feldsteinkirche, lange ungenutzt und vom Verfall bedroht, rettete 2005 die Idee, sie zur „Hörspielkirche" umzufunktionieren. Auf den schlichten Holzbänken kann der Besucher in der Saison nun täglich Geschichten vom Band lauschen. Außerdem werden Lesungen angeboten. Das alte Gutshaus dahinter, am westlichen Ufer des Hofsees, ein rot verputzter, zweigeschossiger Barockbau, gehörte zeitweilig Hermann von Maltzahn, dem Naturforscher und Stifter des Warener Müritzmuseums, und wird heute als Hotel genutzt.

Die meisten Besucher kommen nach Federow, um Fischadler zu sehen. Eine Kamera liefert Einblicke in den Adlerhorst auf dem nahe gelegenen Hochspannungsmast und überträgt die Bilder des luftigen Familienlebens ins Informationszentrum. Anfang April legt das Weibchen zwei bis drei Eier. Die Brut beginnt erst nach dem Legen des letzten Eis und dauert 38 bis 41 Tage. Sind die Jungvögel geschlüpft, werden sie sofort mit kleinen Fischstücken gefüttert. Nach sieben Wochen beginnen die ersten Flugübungen.

Rund sechzig Fischadlerpaare leben inzwischen im Landkreis Müritz, der somit, auf die Fläche bezogen, die höchste Brutdichte in ganz Europa aufweist. Tendenz steigend, denn dank der vielen Seen ist die Speisekammer für die Fischadler gut gefüllt. Am liebsten mögen sie frischen Fisch, Aas steht selten auf dem Speiseplan. Natürliche Feinde haben sie keine. Allerdings kommt es vor, dass Nebelkrähen den brütenden Vögeln die Eier stehlen, auch können Kolkraben, Habichte und auch Seeadler den Jungvögeln gefährlich werden. Doch das Fischadlerweibchen ist auf der Hut und stößt gegen Störenfriede einen schrillen Warnruf aus. Das Männchen ist auf Futtersuche unterwegs.

Der Nestbau auf den Gittermasten von Überlandleitungen wird mit Nisthilfen vom

„Vögel des Glücks"
In vielen Kulturen gelten Kraniche als „Vögel des Glücks". Meist bleibt ein Kranichpaar ein Leben lang zusammen.

Energieversorger unterstützt. Die Vorliebe der Müritz-Nationalpark-Fischadler für solche „modernen Komfortwohnungen" hat sich aus Mangel an hohen frei stehenden Bäumen entwickelt und wurde inzwischen von vielen Fischadlern in Westdeutschland und Westeuropa übernommen. Obwohl den Vögeln an der Müritz 2001 versuchsweise zehn Nisthilfen auf Bäumen eingerichtet wurden, dachten sie nicht daran, ihre sicheren, gut erreichbaren Nistplätze auf den Hochmasten aufzugeben. Das Spannungsfeld von 22 und 110 KV wird ihnen nicht gefährlich. Wer die Nistplätze in Natura sehen möchte, kann sich an der Straße nach Speck hinter einer Palisadenwand in Deckung begeben und so die stattlichen Vögel beim Anflug auf ihre Nester beobachten.

Scheinbar schwerelos schweben die großen Vögel bis zu 50 m hoch am Himmel, bevor sie sich auf ihre schwimmende Beute stürzen. Die sprichwörtlichen Adleraugen sind sehr sensibel, sie verfügen über siebenmal mehr sehempfindliche Zellen als der Mensch, selbst aus großer Entfernung entgeht ihnen kein Detail. Im Flug erkennt man die Adler an den langen, meist gewinkelten Armschwingen sowie an der weißen Unterseite. Anders als Seeadler gehören die Fischadler zu den Zugvögeln. Im Frühjahr kehren sie aus ihrem afrikanischen Winterquartier zurück und sind dann bis Oktober die unangefochtenen Herrscher der Lüfte. Kein Wunder, dass die Fischadler nicht nur Symboltier des Müritz-Nationalparks sind, sondern auch Wahrzeichen für den Naturschutz.

Botschafter der Natur
Nach amerikanischem Vorbild begleiten Park-Ranger die Besucher.

Schutz für den Wacholder
Auch der Gemeine Wacholder, in freier Natur sehr selten geworden, hat im Müritz-Nationalpark seinen Rückzugsort.

Schwarzenhof bis Ankershagen – Pforten ins Naturparadies

Beschaulichkeit und Idylle prägen diesen Landstrich.

Der Müritz-Nationalpark hat zwar mit Waren einen zentralen Eingang, aber es gibt auch etliche Pforten, durch die der Besucher in das Naturparadies am Ufer der Müritz gelangt. In jedem der Dörfer am Rande des Nationalparks geben eigens eingerichtete Informationsstellen praktische Hinweise für eine Wanderung durch die werdende Wildnis. Dazu gehören die Orte Federow, Boek, Ankershagen und Blankenförde. Mittendrin liegen wenige kleine Ansiedlungen, besonders zu nennen sind hier Speck, Kratzeburg und Schwarzenhof. Federow, Speck und Schwarzenhof sind heute Ortsteile der Gemeinde Kargow.

Schwarzenhof, etwa 3,5 km südlich von Federow, hatte als kleines Gutsdorf im Staatsjagdgebiet des ehemaligen DDR-Ministerpräsidenten Stoph ein schweres Los. Es gab Versuche, die Dorfbewohner zu vertreiben, ihre alten Häuser sollten verfallen und wurden stellenweise schon durch Neubauten für die Staatsdiener ersetzt. Erst mit dem Nationalpark erwachte das Dorf zu neuem Leben. Im Informationszentrum in der Dorfmitte wird die Entwicklung des Ostufers der Müritz dargestellt und die Geschichte der ehemaligen Staatsjagd aufgearbeitet. Ein Radwanderweg führt nach Süden in das größte zusammenhängende Moorgebiet des Nationalparks.

Östlich davon liegt Speck, eine kleine Gemeinde mit neugotischer Kirche, uralten Eichen im Schlosspark und einer alten Schmiede, in der sich heute das Informationszentrum befindet. Der Ort wurde bereits 1274 urkundlich erwähnt. Fürst Nikolaus von Werle verkaufte damals der Stadt Röbel/Müritz den zwischen Specker See und der Müritz gelegenen „Düsteren Whold“. Im 18. Jahrhundert wurde aus dem Flecken ein Gutsdorf. Das alte

Rast im Grünen
Wie hier in Speck locken im Müritz-Nationalpark viele idyllisch gelegene Gutshäuser zu einer gemütlichen Pause.

Gutshaus ließ der Verleger Herrmann in den 1930er-Jahren zum Jagdsitz umbauen. Nach Kriegsende war es sowjetische Kommandantur, ab 1954 Erholungsheim des Ministeriums des Innern und zwischen 1990 und 1998 Sitz der Nationalparkverwaltung. Vom Gutspark aus öffnet sich der Blick auf eine Fläche, die einst Teil des Specker Sees war, der mit der Absenkung der Müritz in drei eigenständige Seen zerfiel: den Specker See, den Hofsee und den Priesterbäker See. Der mit einem Wildschwein gekennzeichnete Wanderweg führt zum Käflingsberg am Nordwestufer des Priesterbäker Sees. Dort bietet eine 32 m hohe Aussichtsplattform einen guten Überblick über die sanften Höhenzüge, die stille Zeugen der Eiszeit sind, als Gletscher bis hierher vorstießen und Geröll vor sich herschoben. Auch die beiden Zillmannseen, zwei Rinnenseen, sind Überbleibsel dieser Zeit, allerdings durch Verlandungsprozesse schon im Rückzug begriffen, denn noch auf einer Karte von 1786 waren sie eins. An klaren Tagen reicht die Sicht bis nach Waren (Müritz), Röbel/Müritz und Neustrelitz.

Baden in Boek und mehr

Von der Südspitze des Priesterbäker Sees geht es nach Boek am südwestlichen Rand des Nationalparks. Das ehemalige Gutshaus ist heute ein Informationszentrum. Hotels, Gaststätten, ein Gehege mit einheimischem Rot- und Damwild, ein Pferdehof, ein Bootsverleih und die Badestelle am Ostufer der Müritz machen aus dem Ort einen touristischen Treffpunkt. Wanderwege führen vom nordöstlichen Ortsausgang in ein eigentümliches, bis zu 6 m hohes Dünengebiet, ein Überbleibsel aus der Eiszeit. Als die Landschaft hier noch unbewaldet war, türmte der Wind eine sogenannte Binnendüne auf. Das Gutshaus von Boek stammt aus dem 19. Jahrhundert, seine Besitzer waren die Barone Le Fort. Die Schriftstellerin Gertrude von Le Fort (1871–1976) verbrachte hier einige Jahre ihrer Kindheit.

Das beschauliche Blankenförde im Süden, eigentlich mit Kakeldütt ein Doppelort, ist beliebtes Ausflugsziel für Wasserwanderer und Radtouristen. Die Namen der Orte beziehen sich sowohl auf eine Furt als auch auf einen Strudel in der Havel, die die beiden Ortsteile verbindet. Die Nationalpark-Information befindet sich in der ehemaligen Dorfschule gleich neben der hübschen Fachwerkkirche von 1702.

Etwa 11 km weiter nördlich, mitten im Havelquellbereich, liegt Kratzeburg. Die Havelquelle ist eines der Themen der Ausstellung in der Kratzeburger Nationalpark-Information. Kratzeburg hat sich ansonsten dem Leitthema „Fledermäuse im Müritz-Nationalpark“ verschrieben, in der Ausstellung des „Kratzeburger Flatterhus“ dreht sich alles um die fliegenden Säuger. Im Ort sehenswert ist die kleine Fachwerkkirche mit barock geschwungenem Turmhelm, die 1786 erbaut wurde. Kratzeburg tauchte bereits 1256 erstmals urkundlich auf. Damals stand hier ein Burgturm, der dem Ort seinen Namen gab. Später war Kratzeburg Zollstation an einer alten Poststraße.

Klapperstorch, mein Bester ...

Auf den Wiesen bei Ankershagen und in der Umgebung des Nachbardorfes Friedrichsfelde waten im Frühjahr viele Störche. Da die Storchpopulation in den letzten Jahren dramatisch zurückgegangen ist, nimmt man sich in der Nationalpark-Information Friedrichsfelde vor allem dieses Vogels an. Über eine Kamera wird das Geschehen aus einem Storchennest sogar life auf einen Monitor übertragen. Ankershagen ist ein typisches Angerdorf, im Norden umgeben von Äckern und im Süden von Weiden, die allmählich in die Wälder des Nationalparks übergehen. Die im Kern frühgotische Kirche gegenüber dem Elternhaus des Archäologen Heinrich Schliemann wurde im 15. Jahrhundert zu einer zweischiffigen Hallenkirche umgebaut. Besonders beeindruckend sind die frühgotischen Fresken im Innern, die Teufel und Dämonen zeigen, vermutlich Darstellungen alter slawischer Gottheiten. Sie wurden erst Ende der 1980er-Jahre während eines Umbaus des Chorraums entdeckt und freigelegt. Auf dem Friedhof fand die Mutter Schliemanns ihre letzte Ruhestätte.

Das Kratzeburger Flatterhus

Mit den kühler und kürzer werdenden Tagen wird es für die Fledermäuse (Foto oben) Zeit, sich in ihr Winterquartier zurückzuziehen. Sie hat sich im Sommer und Herbst eine ordentliche Fettschicht angefuttert und reduziert nun ihren Stoffwechsel auf ein Minimum. Man darf sie nicht stören, denn einmal aufgeweckt, reichen ihre Energiereserven nicht mehr bis zum Frühjahr. Wie sich diese geheimnisvollen Jäger der Nacht über den Winter bringen, wie ihre Orientierung per Echo-Ortung funktioniert und wie es sich mit dem Kopf nach unten lebt, erfährt der Nationalparkbesucher im Kratzeburger Flatterhus.

Blick ins Storchennest
Der Weißstorch braucht amphibienreiche Gewässer. Heiße, trockene Sommer gefährden seinen Nachwuchs.

Heinrich Schliemann – der Traum von Troja

Was wäre Troja ohne Ankershagen? In dem kleinen Dorf am Nordrand des heutigen Müritz-Nationalparks verbrachte Heinrich Schliemann, eine der schillerndsten Persönlichkeiten der Altertumsforschung, seine Kindheitsjahre. Hier las er Homers „Ilias", deren Übersetzer Johann Heinrich Voss mehrere Jahrzehnte vor Schliemann als Privatlehrer in Ankershagen weilte; hier soll er bereits davon geträumt haben, fremde Kulturen zu entdecken. „Hacke und Schaufel für die Ausgrabung Trojas und der Königsgräber in Mykene wurden schon in dem kleinen deutschen Dorf geschmiedet und geschärft, in dem ich acht Jahre meiner ersten Jugend verbrachte", schrieb er später in seiner Autobiografie.

1823, ein Jahr nach Schliemanns Geburt im mecklenburgischen Neubuckow, wurde dem Vater die Pfarrstelle in Ankershagen, einem kleinen Dorf im Quellgebiet der Havel, übertragen. Die Familie zog in das Fachwerkhaus gegenüber der 1266 geweihten Feldsteinkirche. Geschichten vom Raubritter, der einst in dieser Gegend sein Unwesen getrieben haben soll, faszinierten den Knaben Heinrich wohl ebenso wie die traurig-schöne Sage von der verzauberten Jungfrau im „Silberschälchen", dem Teich, den er von seinem Kinderzimmerfenster aus sah. Auch das Schloss aus dem frühen 16. Jahrhundert und die Hügelgräber am Rande des Nachbardorfes Friedrichsfelde beflügelten Heinrichs Fantasie.

Sensationeller Fund
Homers „Ilias" führte Schliemann 1776 zur „Totenmaske des Agamemnon". Das Original befindet sich heute im Nationalmuseum Athen.

Vom Kaufmannslehrling zum Archäologen

Nach dem frühen Tod der Mutter musste Heinrich Ankershagen verlassen. Er schloss die Realschule in Neustrelitz ab und begann eine Kaufmannslehre in Fürstenberg. Mit 18 wollte er von Hamburg nach Venezuela auswandern, doch sein Schiff strandete vor der holländischen Küste. In Amsterdam legte er den Grundstein für eine erfolgreiche Kaufmannskarriere. Außerdem entpuppte er sich als Sprachgenie. In langen Nächten lernte er Niederländisch, Spanisch, Italienisch und Portugiesisch – und ab 1844 Russisch. Dabei entwickelte er eine Methode, mit der er angeblich jede Sprache in nur wenigen Wochen erlernen konnte. 1846 gründete er in St. Petersburg ein eigenes Handelshaus, 1850 eine Goldhandelsbank im amerikanischen Sacramento. In der Mitte seines Lebens studierte er Latein und Altgriechisch und verwendete sein Vermögen fortan für

Geschichte zum Anfassen
Das berühmte trojanische Pferd ist die Attraktion für Kinder, denn sie dürfen darauf herumklettern, und der Schweif ist eine Rutsche!

den alten Traum von Troja. Nach dem Scheitern seiner ersten Ehe mit einer russischen Kaufmannstochter heiratete er 1852 in Griechenland die 17-jährige Sophia. Die gemeinsamen Kinder nannte er Andromache und Agamemnon. Im Jahr 1868 lokalisierte Schliemann – gestützt auf Vorarbeiten eines britischen Amateurarchäologen und die genauen Beschreibungen Homers – die Überreste des antiken Troja. Nachdem er zwischen 1870 und 1882 neun Siedlungsschichten in der Nähe des türkischen Dorfes Hissarlik freigelegt hatte, konnte er den legendären „Schatz des Priamos" bergen.

Das Museum

Die große Nachbildung des trojanischen Pferdes weist den Weg zum Museum in Ankershagen und stimmt auf Schliemanns Erbe ein. Seit 1980 beherbergt das ehemalige Elternhaus Heinrich Schliemanns ein Museum. Im Erdgeschoss werden Originalfundstücke aus Troja, Keramikgefäße und Bronzefunde, gezeigt. Der „Schatz des Priamos" und die Goldfunde aus den Schachtgräbern von Mykene sind natürlich Nachbildungen. Anliegen der Dauerausstellung ist es, „Leben und Wirken Heinrich Schliemanns (1822–1890) nach dem neuesten Stand der wissenschaftlichen Erkenntnisse der Schliemann- und der Troja-Forschung darzustellen, und zwar kritisch, objektiv, seine Verdienste würdigend, auf seine Irrtümer und Fehler hinweisend". Am 26. Dezember 1890 starb Heinrich Schliemann als weltweit bekannter Altertumsforscher in Neapel an den Folgen einer Operation. Zwei Jahre später wurde er nach Athen überführt und in einem von ihm selbst entworfenen tempelartigen Mausoleum beigesetzt.

Das Elternhaus
Das Haus auf dem denkmalgeschützten Pfarrhof ist das einzige Schliemann-Personalmuseum weltweit.

In memoriam
Die Gedenktafel am Museum.

Wanderung zur „Goldenen Wiege"

Hinter dem Heinrich-Schliemann-Museum führt der etwa 5,5 km lange Rundwanderweg „Ocker Reh", ein anfangs von Hecken gesäumter Landweg, zur „Goldenen Wiege", einem sagenumwobenen bronzezeitlichen Hügelgrab auf dem Glockenberg. Die Sage, nach der ein Fürst hier sein Lieblingskind in einem Bett ganz aus Gold begraben haben soll, hatte schon Heinrich Schliemann zum Träumen angeregt. Vor dem über 100 m hohen Warensberg biegt der Weg nach Süden ab und erreicht das Ostufer des Mühlensees mit einer schönen Badestelle.

Am südlichen Ende weist ein Schild auf die hier verlaufende Wasserscheide zwischen Ost- und Nordsee hin. Eine Brücke überquert den künstlich angelegten Abfluss des Sees. Seit dem Mittelalter hat der Mensch den Ursprung der Havel und somit die Wasserscheide zwischen Nord- und Ostsee mehrfach verändert. Ein Durchstich am Mühlensee ermöglichte den Betrieb einer Wassermühle in Ankershagen. Dadurch versiegte der Ablauf in Richtung Süden. Heute entwässert der Bornsee über den Mühlensee in das Einzugsgebiet der Ostsee. Versteckt in den moorigen Wiesen des Diekenbruchs liegt die heutige Havelquelle, markiert durch eine Stele mit den Namen der Städte des Durchflussgebietes. Nur wenige Meter nördlich befindet sich das historische Quellseengebiet. Hinter dem Parkplatz und der Informationstafel führt der Weg nach rechts über eine sandige Steigung durch Felder, vorbei an Hügelgräbern, zurück ins Dorf. Der Radweg macht einen Bogen zu den Wällen und Ruinen der alten Raubritter-Wasserburg.

Weithin sichtbar
Wer mit dem Schiff über die Binnenmüritz Waren ansteuert, wird von der mächtigen Marienkirche begrüßt.

Ferienstimmung
In der sorgfältig restaurierten Altstadt nehmen Einwohner und Touristen das vielfältige Angebot gern an.

Waren – ein Schmuckstück an der Müritz

Das lebhafte Städtchen ist Tor zum Nationalpark Müritz.

Waren, auf einer Landzunge zwischen dem Tiefwaren, der Binnenmüritz und dem Feisnecksee gelegen, wird gerne auch als „Interlaken des Nordens" bezeichnet. Hier pulsiert mehr als andernorts in der Mecklenburgischen Seenplatte das touristische Leben. Eine bunte gastronomische Szene belebt den Stadthafen, ehemalige Lagerschuppen und Kornspeicher wurden in den letzten beiden Jahrzehnten zu Hotels, Restaurants und Boutiquen umgebaut. Gesellig geht es auch in der Langen Straße zu, die als „Bummelboulevard" die beiden Altstadtkerne um Georgen- und Marienkirche verbindet. Schon 1848 gab es eine „Trottoir-Ordnung", laut der es verboten war, auf der Langen Straße zu fahren, zu reiten oder mit großen Körben und gefüllten Säcken die Passage der Fußgänger zu stören.

Der Spruch, der im Durchgang der „Torgalerie“ (Nr. 56), hängt, wurde schon 1920 vom Warener Fremdenverkehrsamt erfunden: „Baden, Wandern, Wasserfahren – nirgends schöner als in Waren“.

Auch der Dichter Theodor Fontane, der 1896 Logis in den Warener Ecktannen nahm – seine Tochter hat dort bis zu ihrem Tode 1917 gewohnt – liebte Ort und Landschaft so sehr, dass er versuchte, vor allem die Berliner auf „dieses prächtige Stückchen Erde aufmerksam zu machen“. Die Müritz sei nämlich „so was wie ein Meer, wie der Victoria-Njanza oder der Tanganjika“. An seinen Freund Friedrich Stephanz, den Chefredakteur der Vossischen Zeitung in Berlin, schrieb er 1896: „Waren an der Müritz – Hoffentlich geht es Ihnen gut. Sollte aber umgekehrt Ihre Gesundheit einer Aufbesserung bedürfen, so kann ich Ihnen auf der ganzen Gotteswelt keinen besseren Platz empfehlen, als, um mit Storm zu sprechen, diese graue Stadt am Meer ... Die Luft ist wundervoll und je nachdem der Wind steht, bin ich auf unserem Balkon von einer feuchten Seebrise oder von der Waldseite her von Tannenluft- und duft umfächelt.“ Nach der Jahrhundertwende stieg die Besucherzahl, 1910 wurde der erste „Warener Verkehrsverein“ gegründet; heute kann sich das Städtchen, das eher bunt als grau zu nennen ist, über Gästemangel nicht beklagen. Dabei ist ihm seine Funktion als „Tor zum Müritz-Nationalpark“ von großem Vorteil. Schon am südlichen Stadtrand von Waren, Richtung Ecktannen, beginnen Rundwanderwege um den Moorsee und den Warnker See. Viele Radler steigen an der Steinmole in den Pendelbus mit Fahrradanhänger und fahren bis zur Nationalparkinformation nach Federow. Dieser Ort ist ein ebenso idealer Ausgangspunkt zur Erkundung des Nationalparks wie Boek am Westrand sowie die kleinen Dörfer Speck und Schwarzenhof innerhalb des Nationalparkgebietes.

Der schönste Ausblick

Die 54 m hohe barocke Turmspitze der Marienkirche prägt die Silhouette von Waren. Seit 1995 ist eine Aussichtsplattform auf 45 m Höhe unterhalb des Turmhelms eingerichtet. Von dieser Plattform aus hat man die beste Aussicht auf die Stadt und über die Müritz. Der Turm ist allerdings nur gut 200 Jahre alt, während Waren auf eine über 800-jährige Stadtgeschichte zurückblicken kann. Das Stadtrecht wurde ihr vom Werleschen Fürsten Nikolaus I. verliehen. Die Gründungsurkunde ging jedoch

Maritimes Spektakel
Im Mai dreht sich im Hafen von Waren alles um die Müritz Sail, ein großes maritimes Volksfest.

Altstadtromantik
Die Löwenapotheke am Neuen Markt stammt aus der Zeit um 1800 und ist eines der schönsten Fachwerkhäuser der Stadt.

verloren. Aufgrund von Altersbestimmungen von Baugehölzen, die bei Ausgrabungen in der Innenstadt freigelegt wurden, datiert man Warens Entstehung heute auf das Jahr 1220. Die Burg der Fürsten von Werle stand einstmals auf dem höchsten Punkt der späteren Stadt. Der Chorraum aus Feldsteinen und die Sakristei der gotischen Marienkirche dienten vermutlich als Burgkapelle. Noch um 1488 sprach man von „unser lieven frowen capelle“: Somit gilt der romanische Teil dieser Kirche als das älteste Baudenkmal der Stadt. 1637 brannte die Marienkirche aus und blieb über 150 Jahre lang Ruine. Erst 1793 erhielten das Bauwerk wieder ein Dach und der Ostgiebel ein neues Fachwerk. Die Sanierung des Innenraums im klassizistischen Stil erfolgte 1789 nach Plänen des Baumeisters und Hofbaudirektors Johann Joachim Busch. Er setzte um 1800 auf den mittelalterlichen Stumpf auch den achteckigen Turm mit der mächtigen Haube, auf dem sich ein Schwan als Wetterfahne dreht. Doch die Leidensgeschichte von St. Marien war noch nicht zu Ende. Während der napoleonischen Besatzung musste das Gotteshaus drei Jahre lang den französischen Truppen als Stroh- und Heuspeicher dienen. Erst 1818 konnte der Kirchenbau fertiggestellt werden.

Rundgang durch Waren

Wer mit dem Auto anreist, lässt es am besten auf den Parkplätzen des Müritzeums (links und rechts der Straße zum Amtsbrink) stehen. Von hier aus sind es nur wenige Schritte über die Kiez- und die Mühlenstraße zum Alten Markt, einem lauschigen Platz mit Kopfsteinpflaster und Linden, beschattet auch von der Georgenkirche. Am Ende der Kirchenstraße liegt der Neue Markt. An der Westseite befinden sich typische Giebel- und Traufenhäuser aus dem18. und 19. Jahrhundert, darunter die Löwenapotheke, neben der sich das „Haus des Gastes“ befindet. Das Gebäude gehörte Anfang des 20. Jahrhunderts dem Sozialdemokraten Hans Hennecke, der 1920 in den Mecklenburg-Schwerinschen Landtag gewählt wurde. Er und seine Apotheke wurden während der Unruhen des rechtsgerichteten Kapp-Putsches (1920) Ziel von militärischen Angriffen. Hennecke war damals Finanzminister des Freistaats Mecklenburg-Schwerin; die ihm zugedachten Geschosse trafen das Rathaus, das Einschussloch wird noch heute bei jeder Stadtführung gezeigt. Das Ratsgebäude wurde 1797 aus den Steinen der abgetragenen Stadtmauer erbaut und im 19. Jahrhundert im Tudorstil verkleidet. Im dritten Geschoss befindet sich das Stadtgeschichtliche Museum. Von hier aus ist der Turm der Marienkirche zu sehen, die 1225 aus den Steinen der Burgkapelle des Fürsten von Werle-Waren errichtet wurde. Die Marktstraße führt direkt zum Hafen. Die wasserspeiende Schiffsschraube an der Hafenpromenade (siehe Foto links) wurde von der Mecklenburger Metallguss GmbH installiert, die in Waren die größten Schiffspropeller der Welt baut. Über die Seepromenade führt der Weg wieder zum Ausgangspunkt zurück.

Zwischen Arche Noah und Ufo: das Müritzeum

Das architektonisch eigenwillige Gebäude am Ufer des Herrensees informiert auf 2000 m² über die Natur der Müritzregion unter und über Wasser. Dafür wurde hier sogar das größte Süßwasseraquarium Deutschlands installiert. Schon die Architektur des neuen „Schaufensters der Region" ist eine Sensation. Die schrägen, um 60 Grad geneigten Wände aus Sichtbeton sind mit angesengten Lärchenbohlen verkleidet, womit der schwedische Star-Architekt Gert Wingårdh auf die alte mecklenburgische Tradition des Teerschwelens anspielt.

Schaufenster der Region
Das Müritzeum am Herrensee bietet einen Streifzug durch das blau-grüne Herz der Müritz-Landschaft.

Hauptsache Fisch

Fische nehmen im Müritzeum den meisten Raum ein. Die multimediale Naturschau beginnt im großen Forum. Hinter der mächtigsten bisher in Europa gefertigten Aquarienscheibe zieht ein Schwarm von etwa 600 silbrigen Maränen durch ein zwei Etagen hohes 100000-Liter-Aquarium seine Bahn. Eine Etage tiefer gibt eine über 20 m lange Aquarien-Flusslandschaft in sieben Becken Einblick in das Leben der Fließgewässer. Zwölf Aquarien simulieren die Lebenswelt der Stillgewässer. Hier können Fische und Krebse aus nächster Nähe beobachtet werden. Hecht und Wels lauern auf Beute. Nebenan sucht ein Aal Deckung im Sand. Ein fantastisches Wassertheater gewährt scheinbar den Blick unter die Wasseroberfläche des zu zwei Drittel in den Herrensee ragenden Gebäudes, so geschickt sind die Aquarien voller Spiegelkarpfen in das Seepanorama hinter den großen Fensterscheiben integriert.

Faszinierendes Leben unter Wasser
Europas größte Aquariumsscheibe ist 36 m² groß, 27 cm dick und 10,5 t schwer.

Mit den Vögeln fliegen

In der Etage darüber, im Vogelsaal, stehen die Zugvögel im Mittelpunkt. Hier können die Besucher sogar einmal mit den Augen eines Seeadlers sehen, ein Fernglas simuliert dessen scharfen Blick. Auf Knopfdruck ertönt im „Konzertsaal" der Gesang von Buntspecht, Grasmücke, Star und anderen einheimischen Vögeln. Und was im Wald geschieht, wenn Rothirsch, Wildschwein, Igel und Waldkauz erwachen, lässt sich mithilfe einer Taschenlampe im „Nachtraum" erkunden. Auch dem Wald ist ein eigener Raum gewidmet. Dieser zeigt riesige Eichen, knorrige Kiefern, grazile Erlen, erhabene Buchen – die typischen Bäume der Region, die, auch wenn sie am Boden liegen, noch immer nicht für den Wald verloren sind, sondern vielen Tieren weiterhin Deckung, Unterschlupf, Nahrung und Nistraum bieten.

Vom Sammeln und Forschen

Ein Naturlehrpfad führt vom Müritzeum zum Backsteinbau, in dem der naturhistorische Teil der Ausstellung untergebracht ist. Die 1866 von Hermann von Maltzahn begründete Ausstellung ist Grundlage der heute rund 280 000 Objekte umfassenden Sammlung. Auch wenn nur ein geringer Teil davon gezeigt wird: Vögel, Eier, Pflanzen, Insekten, Schneckengehäuse und Muschelschalen, wohin man blickt. Ein 7 m hoher Bohrkern zeigt Segmente aus 250 Millionen Jahren Erdgeschichte. Außerdem erfährt der Besucher hier, wie Adler, Grashüpfer, Schnecke und Miesmuschel präpariert werden. Noch tiefere Einblicke bietet die digitale Bibliothek. Im Forscherkabinett können Interessierte ihrem eigenen Forschungsdrang folgen und beispielsweise Schneckengehäuse oder geologische Objekte bestimmen.

Orte mit wechselhafter Geschichte

Rund um die Müritz findet man ganz unterschiedliche Zeugnisse der Vergangenheit.

Die meisten Ansiedlungen an der Müritz sind slawischen Ursprungs. Doch schon bald nach der Eroberung Mecklenburgs durch die Deutschen entstand eine Reihe neuer Dörfer und Städte. Weite Marktplätze, hohe Kirchtürme und prächtige Gutsherrenhäuser sprechen von großen Plänen der kleinen Orte, die nach einer oft rauen Vergangenheit heute Beschaulichkeit und gepflegte Idylle bieten.

Ein gutes Beispiel dafür bietet Schloss Klink, das nordwestlich von Waren am Ufer der Müritz steht. Klink wirbt als „Traumschloss" für sich – nicht zu Unrecht, denn die Bauherren Arthur und Hedwig von Schnitzler haben sich bewusst an den Renaissanceschlössern der Loire orientiert. 1889 beauftragten sie den Berliner Architekten Hans Griesebach mit dem Bau. Zu Füßen des mit Erkern und Türmchen aufgeputzten Palais plätschert die Müritz. Nachts trägt der Wind das Rauschen der Wellen in die Träume der Gäste. Der verspielte Neurenaissancebau, der sich mit Rundtürmen trutzig in den Himmel reckt, ist ein ungewöhnlicher Anblick in einem Landstrich, in dem sonst ein eher nüchterner Baustil vorherrscht. Nach 1945 teilte Klink das Schicksal der meisten Herrenhäuser Mecklenburgs und wurde Flüchtlingsunterkunft. Ab 1971 wurde es von der DDR als Schulungs- und Erholungs-

Stilvolles Ambiente
Im König-Artus-Keller kann man speisen wie die Ritter der Tafelrunde.

Traumschloss Klink
Noch komfortabler als die adligen Herrschaften früher kann man heute im Schlosshotel logieren, wenn die Reisekasse stimmt …

Geschichte der Luftfahrttechnik
Überschalldüsenbomber, Transporthubschrauber, ein Agrarflieger, der Rumpf einer IL-2 und vieles mehr kann man im Rechliner Luftfahrtmuseum besichtigen.

heim genutzt. Vandalismus zerstörte nach der Wende Reste der einstigen Pracht. 1996 wurde es aus seinem Albtraum wach geküsst und 1998 als Schlosshotel wieder eröffnet.

Vipperow, die älteste Siedlung

Der Ort Vipperow ist slawischen Ursprungs. 1178 wurde er erstmals urkundlich erwähnt, als Papst Alexander III. das Bistum Schwerin bestätigte. Als Zentrum des „terra Veperowe" war diese älteste Ansiedlung der Region einst bedeutender als Waren und Röbel. Reste von Burganlagen nördlich des Dorfes sowie die Reste des Burgwalls auf der Insel in der Kleinen Müritz zeugen noch von dieser Zeit. Heute ist Vipperow ein beschauliches Dorf mit einer denkmalgeschützten Dorfstraße, die zur Feldsteinkirche aus der Zeit um 1300 führt.

Rechlin – ein Dorf im Griff des Militärs

Die Geschichte Rechlins ist vor allem Militärgeschichte. Zwar wurde das Dorf an der Südspitze der Müritz schon 1374 erwähnt, doch Bedeutung bekam es erst 1916, als das Preußische Kriegsministerium ein geeignetes Gelände zum Test neuer Flugzeugprototypen suchte und am Ortseingang Rechlin-Nord ein Hauptflugfeld anlegte. Unter den Nationalsozialisten wurde daraus Mitte der 1930er-Jahre die „Erprobungsstelle der Deutschen Luftwaffe", eine Außenstelle des Technischen Amtes des Reichsluftfahrtministeriums in Berlin. Neue Flugzeuge von Focke-Wulf, Junkers, Heinkel, Messerschmidt und Dornier wurden hier inklusive Bewaffnung getestet. Für die Mitarbeiter wurden im heutigen Rechlin-Nord und in Vietzen Wohnhäuser gebaut. Am Ende des Zweiten Weltkrieges quartierten sich die Luftstreitkräfte der Sowjetarmee ein – 1990 hatte die Gemeinde Rechlin 2403 Einwohner, in der ummauerten Garnisonsstadt lebten 4000 Sowjetsoldaten. Auf dem gleichen Gelände am Claassee entstand ab 1948 die Schiffswerft Rechlin, die zunächst Ackergeräte, Fischerei- und Sportboote herstellte und sich ab 1963 auf den Bau von Rettungsbooten spezialisierte; sie bot 1100 Arbeitsplätze.

Nach dem Abzug der Russen und dem Konkurs der Werft begannen harte Zeiten für Rechlin, die Arbeitslosigkeit ist groß. Vom alten Dorf blieb nur die Kirche erhalten, die mehrfach zweckentfremdet wurde: So diente sie als Munitionslager der Roten Armee, Kornspeicher der LPG und Leichtmetallglätterei der Schiffswerft. Auf dem ehemaligen Fluggelände befindet sich heute ein luftfahrttechnisches Museum.

Das Oktogon von Ludorf

Umgeben von Wasser, Moor und Schilf breitet sich das Gut Ludorf auf einer Halbinsel aus. Der Ort ist ein typisch mecklenburgisches Gutsdorf, in dessen Zentrum das Gutshaus von 1698 liegt (heute ein Hotel).

Am 8. Mai 1346 wurde die Kirche zu Ludorf durch den Bischof Burkhard von Havelberg zu Ehren der Heiligen Jungfrau Maria und des heiligen Märtyrers Laurentius eingeweiht. Der ungewöhnliche Grundriss soll dem der Grabkirche Jesu in Jerusalem entsprechen.

Heute zählt der restaurierte achteckige Zentralbau (siehe Foto unten) zu den Raritäten unter den mittelalterlichen Backsteinkirchen von Mecklenburg.

Geteiltes Röbel – Neustadt gegen Altstadt

Dem Streit der Stadtteile verdankt Röbel zwei schöne Kirchen.

Die heute knapp 6000 Einwohner zählende Stadt entstand bereits im 10. Jahrhundert als Siedlung vor einer der Hauptburgen des slawischen Stammes der Morizaner. Diese später als Altstadt bezeichnete Siedlung gehört zu den frühen Stadtgründungen von Heinrich Borwin II., Urenkel Niklots, des Stammvaters der mecklenburgischen Herzöge.

Mitte des 13. Jahrhunderts wurde die Burg Röbel zum Residenzschloss des Landesfürsten Nikolaus von Werle ausgebaut. Die Villa nova wuchs zunächst mit der älteren slawischen Burgstadt zur „Neuen Stadt Robole“ zusammen. Doch dann begann ein Jahrhunderte währender Zwist, genährt auch durch den Grenzstreit zwischen den Bistümern Havelberg und Schwerin, der 1252 in der bistümlichen Trennung der Stadt resultierte. Der Versuch des Fürsten Nikolaus I. von Werle, in seiner Residenzstadt Röbel ethnische und soziale Konflikte zwischen den niederfränkisch-westfälischen Neusiedlern und der ortsansässigen slawischen Bevölkerung durch Vereinigung von Alt- und Neustadt anno 1261 zu beseitigen, hatte nur kurzzeitig Erfolg. Während andernorts die deutschen und slawischen Siedlungen miteinander verschmolzen, trennte sich im späten Mittelalter die Neustadt, in der vor allem Kaufleute und Handwerker lebten, wieder von dem alten slawischen Ort der Pachtbauern und Fischer.

Hafenblick mit Kirche
Röbels mittelalterliche Marienkirche prägt mit ihrer neugotischen Turmspitze das Stadtbild.

Himmlischer Anblick
Die schönen Kreuzrippen- und Sterngewölbe der Marienkirche wurden sorgfältig restauriert.

Stadtmauer, Tor und Wallgraben vollzogen 1485 die Ausgrenzung der Altstadt, der nur noch der Stolz und das überlieferte Wissen um einstmals vorhandene Stadtrechte blieb.

Den armen Altstädtern, nun meist auch deutscher Herkunft, wurden noch bis in das 19. Jahrhundert verschiedene Bürgerrechte, wie das Bierbrauen und das Ansiedeln von Handwerkern, verweigert; die Neustädter hingegen wurden von ihren Landesherren mit Hausäckern belehnt – daher die Bezeichnung „Ackerbürger". Während des 400 Jahre dauernden Rechtsstreites häuften sich die Prozessakten. Der Kampf um Gleichberechtigung fand erst mit dem letzten Prozess von 1855 zumindest juristisch ein Ende. Die Trennung der beiden Kirchengemeinden blieb bis 1999 bestehen.

Alt-Röbel – Kirchturm und Hafen

Auch wenn die „Neustädter" einst ihre verschmähten Nachbarn in allem zu übertrumpfen suchten, einen neuen Marktplatz anlegten, eine noch größere Kirche bauten – der schlanke, 58 m hohe, in der Mitte des 19. Jahrhunderts im neugotischen Stil renovierte Alt-Röbeler Marienkirchturm auf dem ehemaligen slawischen Tempelberg stiehlt ihnen die Show – zumindest vom See her gesehen. Seitdem die Sturmflut im Frühjahr 1712 der damals noch um einiges höher gelegenen Müritz die Fundamente unterspülte, stützen starke Pfeiler den schon um 1235 erbauten Chor. Der Stadtteil um die Marienkirche ist gemütlich, Sommergäste flanieren zum kleinen Stadthafen. Dieser wurde 1840 hauptsächlich für die Verschiffung von Schüttgut und Holz gebaut, bald aber auch für den Personenverkehr genutzt, denn seit Ende des 19. Jahrhunderts nahm der Fremdenverkehr in Röbel stetig zu. Wer nach Röbel kommt, findet Ruhe und Kleinstadtromantik. Heute ein anerkannter Erholungsort, hieß es schon in einem Prospekt aus den 1930er-Jahren: „Röbel eignet sich besonders für Erholungsbedürftige aller Art ... (auch) hervorragend als Ruhesitz für ruhebedürftige Großstädter." Viele der ein- und zweigeschossigen Fachwerktraufenhäuser der Stadt wurden in den letzten Jahren restauriert, die alten Feldsteinsockel wurden freigelegt, Fassaden farbenfroh gestrichen.

Neu-Röbel – Handwerker und Händler

Im Zuge der deutschen Kolonisation ließen sich ab etwa 1180 auf einem südwärts gelegenen Hochgelände niederfränkisch-westfälische Handwerker und Händler nieder. Nach der bistümlichen Aufteilung Röbels entstanden hier ein neuer Marktplatz und eine größere Kirche. Der Neubau des Alt-Röbeler Kirchturms, des ersten neugotischen im Land Mecklenburg überhaupt, schürte erneut den Wettstreit mit der Neustadt, die ihre Nicolaikirche daraufhin ebenfalls mit einem 70 m hohen neugotischen Turm schmücken ließ. Im Zentrum der Röbeler Neustadt, zwischen Kirche und dem quadratischen Marktplatz steht das klassizistische Rathaus.

Ahoi!
Eine Skulptur am Ufer der Binnenmüritz in Röbel: Kapitäne gehören hierher, seit 1845 der erste Dampfer den neuen Hafen anlief.

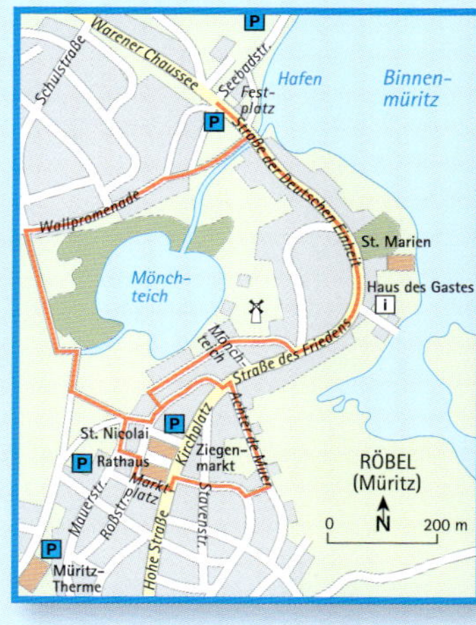

Spaziergang durch Röbel

Vom Parkplatz beim Hafen aus kann man bequem der Hauptstraße folgen, die erst Straße der deutschen Einheit und dann Straße des Friedens heißt. Gleich ist man bei der frühgotischen Marienkirche. Ein Besuch im Haus des Gastes hilft, die eigenwillige Geschichte Röbels zu verstehen. Weiter geht es Richtung Neustadt, zwischen der Straße des Friedens und dem Mönchteich. Dort erhebt sich auf dem ehemaligen Burghügel eine Windmühle. Geht man über den Mühlengraben, stößt man auf Reste der alten Stadtmauer, zu der noch ein Teil der einstigen Klostermauer gehört.

Die beiden Ringe der Röbeler Stadtbefestigung entstanden ab der zweiten Hälfte des 13. Jh., im 18. Jh. begann der Raubbau am wehrhaften Mauerwerk. Die Flächen des heutigen Kirchplatzes von St. Nicolai und der dreieckige Ziegenmarkt waren einst Teil des Geländes der Burg Röbel, das 1485 samt Burgberg auf die Neustadt übertragen wurde. Dadurch konnten der Mauerring geschlossen und die Abgrenzung gegenüber der Altstadt gefestigt werden. Teile dieser Stadtmauer sind noch in der Mauerstraße und Achter de Muer zu sehen. Über die Wallpromenade geht es zurück zum Parkplatz.

Die großen Seen

In beschaulichen Landstädtchen mit alten Kirchen und Klöstern verstummt der Lärm der Welt. Die Seen im Naturpark Nossentiner-Schwinzer Heide sind für Wasservögel reserviert. Auf den Oberen Seen aber, der Müritz, dem Kölpin-, dem Fleesen- und dem Plauer See, tummeln sich Urlauber. Diese Seen gehören zum größten zusammenhängenden Wassersportgebiet Europas.

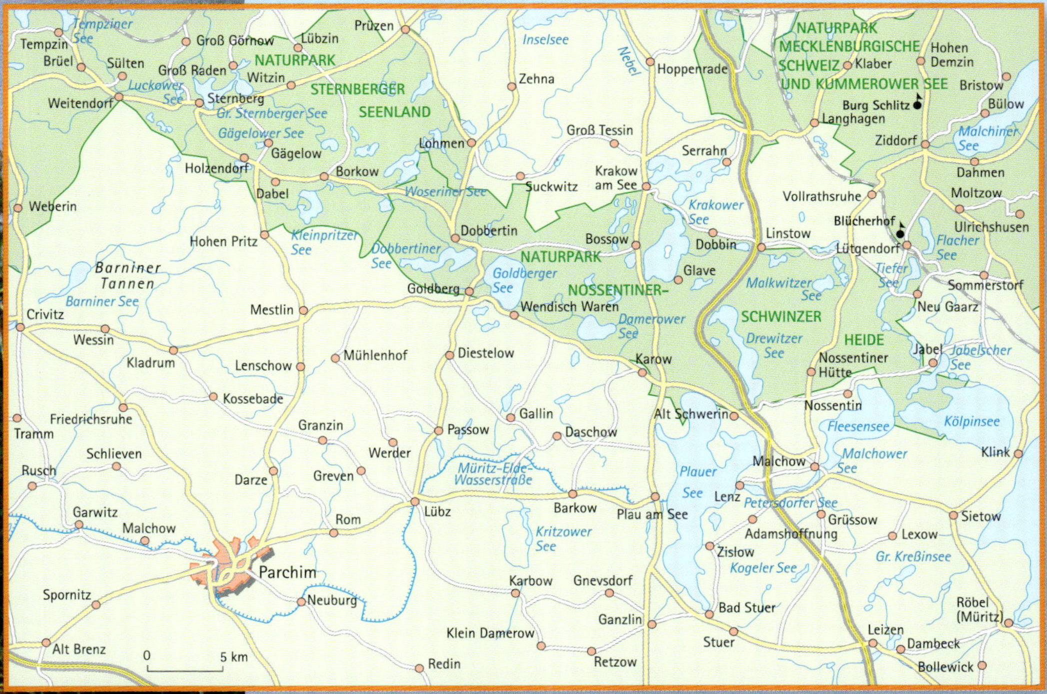

Vorrang für die Natur
Der Krakower See mit seinen vielen stillen Buchten und Inseln ist das Zuhause unzähliger Wasservögel.

Naturpark Nossentiner-Schwinzer Heide – eine alte Kulturlandschaft

Singdrossel, Zilpzalp und Waldlaubsänger zwitschern im großen Chor der Waldvögel.

Nördlich der großen Seen, Teile von diesen und viele andere kleine Gewässer einschließend, liegt das Gebiet des Naturparks Nossentiner-Schwinzer Heide. Es ist ein 36 500 ha großes Mosaik von Feldern, Wiesen, Heide, Gewässern, Siedlungen und Wald. Dreiviertel der Naturparkfläche ist heute Landschaftsschutzgebiet, in der das charakteristische Landschaftsbild nicht verändert werden darf. 19 % des Naturparks unterliegen als Naturschutzgebiet strengeren Regeln, die vor allem den Lebensraum für Flora und Fauna bewahren helfen. Die Seeadler sind die Stars des wasserreichen Naturparks; etwa 15 Seeadlerbrutpaare leben hier. Nachweislich 143 Vogelarten brüten in dem vielgestaltigen Naturraum, 90 weitere nutzen dieses Europäische Vogelschutzgebiet als zeitweilige Gäste. Weite Sanderflächen, eiszeitliche Sand- und Kiesablagerungen der uralten Schmelzwasserströme, sind das erdgeschichtliche Kernstück des von Hügeln gerahmten Gebietes, das zu 60 % aus Wald besteht. Vor allem Kiefern wurzeln auf den einst heruntergewirtschafteten Sandböden.

Vor etwa 5000 Jahren begannen die Menschen, den Wald zu roden und Äcker anzulegen. Die Rodungen hatten bis zum Ende des 18. Jahrhunderts den ursprünglichen Wald weitgehend vernichtet, und an seiner Stelle waren Heideflächen entstanden. Um der Holznot zu entgehen, gründete die Klosterverwaltung

Stilles Jagdrevier
Am Nordzipfel des Drewitzer Sees macht der Fischotter noch gute Beute.

Alles unter einem Dach
Im Karower Meiler sind Naturphänomene aller Art ganz aus der Nähe zu sehen – vom Seeadlerhorst bis zum Fuchsbau.

Radeln durch Wald und Wiesen
Über einen Trockenrasenhügel geht es ins Naturschutzgebiet Obere Nebelseen.

Dobbertin 1760 den ersten Forsthof in Schwinz. Die Aufforstung mit der schnell wachsenden Kiefer begann. Heute wachsen dort, wo der Boden es zulässt, auch wieder Buchen und Eichen.

Die Seen

Von der insgesamt 4400 ha großen Seenfläche im Naturpark steht knapp die Hälfte unter Naturschutz. Wie ein „Auge Gottes“ blinkt der winzige, fast kreisrunde Laschensee in der Sonne. Mit nur einem Hektar ist er der kleinste See im Naturpark; den größten Umfang weist mit 843 ha der Krakower Obersee auf. Etwa die Hälfte der insgesamt 60 Seen im Naturpark wird befischt. Vor allem Maränen, Karpfen, Aale, Hechte, Zander und Barsche fangen die Fischer der vier Fischereibetriebe in ihren Reusen und Netzen. Auch der Fischotter findet in den Fließgewässern und Seen des Naturparks reichlich Nahrung. Die nährstoffarmen Sandböden des Parks bilden eine gute Grundlage für blitzsaubere Seen. Einige von ihnen werden durch die Nebel, die im Naturschutzgebiet „Obere Nebelseen“ in der Nossentiner Heide entspringt, miteinander verbunden. Seen, die von der Mildenitz durchflossen werden, weisen meist einen höheren Nährstoffgehalt auf, denn der Fluss nimmt seinen Weg durch intensiv bewirtschaftete landwirtschaftliche Flächen.

Der Karower Meiler

Die schrägen Kiefernstamm-Wände des Naturpark-Informationszentrums sollen an die alten Kohlenmeiler erinnern, in denen, solange hier noch Holz in Hülle und Fülle vorhanden war, aus Bäumen Holzkohle wurde. Der Wald als Lebensraum und prägendes Element des Naturparks ist auch das Thema der Ausstellung im Karower Meiler. Die Entwicklung der Kulturlandschaft wird in all ihren Stadien verdeutlicht, beginnend bei der ersten Besiedelung in der Jungsteinzeit (3000–1800 v. Chr.) bis zur hochindustriellen Kulturlandschaft ab Mitte des 20. Jahrhunderts. Auch zahlreiche Tierpräparate können die Besucher im Karower Meiler ganz aus der Nähe betrachten.

Ein scheuer Vertreter der Marder
Nachts wird der Fischotter aktiv, den Tag verschläft er am liebsten unter den Wurzeln alter Bäume im Uferbereich.

Im Schoß der Kirche
Noch heute lebt das kleine Dorf vom einstigen Ruhm des Klosters Dobbertin.

Stadt und Kloster im Naturpark

Von der Terrasse des Klostercafés hat man einen herrlichen Ausblick auf den See.

Als slawische Volksstämme vor 1300 Jahren das Gebiet des heutigen Naturparks besiedelten, war es fast vollständig von Buchenwäldern bedeckt. Im Zuge der Christianisierung musste der Wald weichen – Klöster entstanden, und zahlreiche Städte wurden gebaut. Mit der Gründung des Klosters Dobbertin begann auch für das Gebiet des heutigen Naturparks eine neue Ära.

Das Klosterdorf am Dobbertiner See

Wer über die Landstraße von Crivitz nach Goldberg fährt, kann die markanten Türme der Klosterkirche schon von Weitem erkennen. Über holpriges Kopfsteinpflaster geht es durch das Dorf, das stark vom Kloster geprägt wurde, vorbei an vielen denkmalgeschützten Backstein- und Fachwerkhäusern, darunter die Klosteramtscheune, das Doktorhaus, das Forst- und Posthaus und der ehemalige Klosterbauhof. In Letzterem versah einst der Amtsreiter als „Klosterpolizist" seinen Dienst. Hier arbeitete auch der Kirchen-Maurermeister mit seinen Gesellen. Hinter dem schmiedeeisernen Tor des Klosterfriedhofs stehen die alten Grabsteine adeliger Klosterdamen. Eine schattige Allee führt am Friedhof vorbei zur Klosteranlage an das Nordufer des Dobbertiner Sees. Der etwa 5,4 km lange See mit seinen bewaldeten Ufern ist ein stilles Gewässer, denn Motorboote sind nicht erlaubt, und selbst Segelboote erreichen den Dobbertiner See wegen der Unschiffbarkeit der Mildenitz nicht.

Vom Kloster zur Diakonie

Das Kloster, um 1220 von Benediktinermönchen gegründet, ab 1234 von Nonnen des gleichen Ordens geführt, war eines der reichsten Klöster im Land. Es besaß zeitweise Ländereien, Gewässer und Wald mit einer Fläche von über 25 000 ha. Neben 26 Klostergütern gehörten auch 19 Kirchen und 43 Schulen, Ziegeleien, Kalkbrennereien, Förstereien, eine Stärkefabrik, ein Sägewerk und mehrere Mühlen dazu. Der Einfluss des Klosters auf die Entwicklung dieser Region war also sehr groß. Kein Wunder, dass sich die Nonnen heftig gegen die Reformationsbestrebungen wehrten. Doch 1572 zogen 32 adlige Fräulein ein, aus dem Kloster wurde ein Damenstift „zur christlichen Auferziehung inländischer Jungfrauen“. Während der folgenden Jahrzehnte entstanden um den Klosterhof herum spätbarocke und klassizistische Wohngebäude.

1837 erhielt die Klosterkirche eine neue Gestalt. Aus dem nüchternen Putzbau wurde ein Wunderwerk neugotischer Ziegelsteinarchitektur, aufgeputzt mit zahlreichen, von Ornamenten geschmückten Ziergiebeln und Filialtürmchen. Der Umbau erfolgte nach Plänen des Berliner Baumeisters Karl Friedrich Schinkel und wurde ausgeführt vom großherzoglichen Schlossbaumeister Georg Adolf Demmler. 1857 wurde sie als einzige doppeltürmige Kirche Mecklenburgs eingeweiht. 1918 dem Freistaat Mecklenburg-Schwerin unterstellt, wurde die Anlage im Laufe der Jahre unterschiedlich genutzt. Seit 1991 betreut das Diakoniewerk in den denkmalgeschützten Gebäuden Behinderte. Für Besucher gibt es Führungen.

Goldberg am Goldberger See

Das Städtchen mit dem klangvollen Namen liegt zwischen vielen Seen: dem Großen Medower See, dem Woostener, dem Goldberger und dem Dobbertiner See, wobei die letzten beiden durch die Mildenitz verbunden sind. Die geschützte Natur ist der Reichtum der kleinen Stadt; Gold und Berge sucht man vergebens. Vermutlich leitet sich ihr Name von dem slawischen Wort „Gols“ für „Hügel“ ab; 1248, als Pribislav I. ihr das Stadtrecht verlieh, lautete der Name, vielleicht nicht ohne Ironie, gar „Goltberch“.

Heute liegt über dem mittelalterlichen Kern der Altstadt ein Hauch von Melancholie. Die in den letzten Jahrzehnten des 13. Jahrhunderts im frühgotischen Stil erbaute Stadtkirche wurde nach einem Blitzschlag 1643 neu aufgebaut und im Jahr 1842 grundlegend restauriert und baulich verändert. Ein Haus, das offenbar von allen Unbilden der Zeit verschont blieb, ist die etwa 300 Jahre alte ehemalige Wassermühle an der Mildenitz. Das kleine backsteinrote Fachwerkhaus bewahrt den Nachlass des Kunstmalers und zugleich Museumsbegründers Heinrich Eingrieber (1896 bis 1979). Hinter dem Haus gedeiht ein idyllischer Museums-Bauerngarten mit Obstbäumen, Wildblumenwiese, Kräuter- und Gemüsebeeten.

Fern vom Weltengetriebe
Sonntägliche Stille herrscht in Goldberg nicht nur am Tag des Herrn.

Beschauliche Buchten
Im dichten Schilfrand des Goldberger Sees findet man romantische Angelplätze.

Vogelparadies und idyllisches Städtchen am Krakower See

Mit dem Fahrgastschiff „Frauenlob“ erschließt sich der ganze Charme des Krakower Sees.

Auch der buchtenreiche Krakower See gehört, obwohl ohne direkte Verbindung, zur mecklenburgischen Großseenlandschaft. Südlich von Krakow teilt er sich in zwei fast gleiche Hälften – in den 798 ha großen Obersee und den nur wenig kleineren Untersee. Der Krakower Obersee ist ein Paradies für Wasservögel. Schon 1939 wurde diese Seefläche im Naturpark Nossentiner-Schwinzer Heide unter Schutz gestellt. Im Jahr 2000 erweiterte man das Schutzgebiet um die angrenzenden Wald-, Wiesen- und Moorflächen auf 1189 ha. Inzwischen erhielt das Gebiet den Status als ein „Feuchtgebiet von internationaler Bedeutung“. Im südöstlichen Teil ist der Obersee, der 1844 vom eigentlichen Krakower See durch einen Damm getrennt wurde, ein von der Nebel durchflossener Klarwassersee. Seine maximale Tiefe beträgt 27 m im Westen, im östlichen Teil ist er höchstens 3–5 m tief. Nur die Fischer dürfen mit ihren Booten zu den Reusen fahren.

Von der Glaver Koppel am Südufer kann jeder den herrlichen Blick über den See genießen. Acht kleine Inseln ragen aus dem Wasser. Auf dem Großen Werder grasen Rinder, Schafe und Ziegen und beugen dadurch der Verwaldung der Insel vor, die zahlreichen Bodenbrütern Heimat bietet. Auf dem höher gelegenen Magerrasen blühen Wiesenprimel und Ehrenpreis, in feuchteren Lagen wachsen Sumpfsitter und Steif- sowie Breitblätteriges Knabenkraut. Viele Fluss-Seeschwalben und die größte Lachmöwenbrutkolonie im Binnenland Mecklen-

Kleine Stadt am See
Am grünen nordwestlichen Ufer des Krakower Sees kuscheln sich die Häuser von Krakow, deren ältestestes Bauwerk die Stadtkirche ist.

burg-Vorpommerns finden am Krakower Obersee ideale Bedingungen. Auf den Wiesen der Glaver Koppel ziehen Graugänse ihre Jungen auf. Auf dem Linden-, Laub- und Rauwerder hingegen gedeiht prächtiger Naturwald aus Rotbuchen, Stieleichen, Eschen und Linden.

Gepflegte Kleinstadtidylle

Krakow am (Unter-)See entstand vor rund 800 Jahren in der Nähe einer slawischen Burg, von der nur noch der Name „Kraca", das bedeutet Raben- oder Dohlenort, übrig geblieben ist. Im Mittelalter war Krakow Zentrum des Fürstentums Werle-Güstrow. Heute ist es ein adrettes Landstädtchen mit 4000 Einwohnern. Am denkmalgeschützten Marktplatz steht die um das Jahr 1230 geweihte Kirche, die, von Stadtbränden heimgesucht, barock überbaut wurde. An einem Rundbogen im Altarraum finden sich noch Spuren der Renaissance-Ausmalung. 1893 wurde eine Orgel der berühmten mecklenburgischen Orgelbauerdynastie Friese eingebaut. Etwa 200 m weiter erinnert am Schulplatz die aus gelbem Backstein erbaute ehemalige Synagoge an die frühere jüdische Gemeinde. 1920 wegen Mitgliedermangel an die Stadt verkauft, überstand das Gebäude die nationalsozialistische Zeit als Turnhalle. Inzwischen wurde die einzige ursprünglich erhaltene Synagoge im Nordosten Deutschlands zur Kulturhalle restauriert.

Beliebter Treffpunkt ist auch die Seeuferpromenade. Von dort aus kann man mit dem einzigen für den Krakower See zugelassenen Fahrgastschiff über das Wasser schippern oder unter Weiden sitzen und den Ausblick genießen. In den Hälterbecken unter dem Rohrdach des Fischerhüden, eines denkmalgeschützten Fischereigebäudes von 1936, zappeln Aale und Karpfen, im Restaurant der Binnenfischerei wird frischer Fisch serviert.

Glück gehabt!
Im Sturzflug jagt die Fluss-Seeschwalbe nach ihrer Beute – kleinen, in Schwärmen umherflitzenden Fischen.

Im Paradiesgarten

Am Westufer des Krakower Sees weht seit 1998 die Blaue Flagge und signalisiert beste Badewasserqualität. Von der denkmalgeschützten „Historischen Badeanstalt" (1938) mit rohrgedeckten Umkleidegebäuden ist es nicht weit zum Aussichtsturm auf dem Jörnberg. Wer die 126 Stufen erklimmt, dem liegt der Krakower See zu Füßen. Ende des 19. Jahrhunderts wurden die Promenaden bis zum Ehmkenwerder mit Fichten umsäumt. 1906 folgte die parkartige Aufforstung des anschließenden Lehmwerders. Weit ragt die Halbinsel in den Krakower Untersee. Auf ihrer Südspitze wurde 1909, zum 100. Geburtstag des Dichters Fritz Reuter, ein Gedenkstein aufgestellt. Schließlich hat er Krakow als „Paradisgoren" – Paradiesgarten – bezeichnet.

Baden wie anno dazumal
An der denkmalgeschützten „Historischen Badeanstalt" weht die Blaue Flagge für beste Badewasserqualität.

Still ruht der See
Wenn man bei solch einer Stimmung am Drewitzer See die Seele baumeln lassen kann, fühlt man sich eins mit der Natur.

Von grünen Schätzen im See und „schwarzen" Geheimnissen

Wald säumt die sandigen Ufer des Drewitzer Sees, der nicht nur für seltene Libellen ein Paradies ist.

Von kalkhaltigem Grundwasser durchströmte Seen, wie der Drewitzer See, sind von bezaubernder Klarheit. Solch reine Wasserwelt, mit Sichttiefen von über 6 m, ist ein Dorado für selten gewordene Tiere und Pflanzen: Keiljungfer und Zangenlibelle schwirren mitunter hier noch umher. Unter Wasser gedeihen ungewöhnlich artenreiche Armleuchteralgen-Rasen, die in Deutschland heute zu den stark gefährdeten Vegetationsformen zählen, und im bis zu 30 m tiefen sauerstoffreichen Gewässer fühlt sich auch die Große Maräne wohl. Nicht weit von hier hat der Fischadler seinen Nistplatz. Mit etwas Glück trifft man Rot-, Dam- und Schwarzwild. Um diese Perle des Naturparks zu schützen, wurde das Gebiet, zusammen mit dem Lübow- und Dreiersee, zum Naturschutzgebiet erklärt.

Auch der 7,5 km lange Drewitzer See verdankt seinen Ursprung den gewaltigen eiszeitlichen Kräften von Gletschern und Schmelzwasserströmen. Wegen seiner Klarheit ist er einer der beliebtesten Badeseen im Naturpark, doch die mit der touristischen Nutzung verbundene Gewässerbelastung hält sich in Grenzen: Baden ist nur im Südabschnitt bei Sparow, einem Ortsteil der Gemeinde Nossentiner Hütte, erlaubt.

Die „schwarze Kunst" – der Teerofen Sparow

Holzteer wurde bereits in der Jungsteinzeit verwendet: als Klebstoff, zum Imprägnieren von Schiffsplanken, Fischernetzen und Seilen, zum Verdichten von Gefäßen, zur Herstellung von Hustensaft und für Wundpflaster. Lange vor Neonröhre und Energiesparlampe spendeten Pechfackeln dem Menschen Licht. Um Teer herstellen zu können, brauchte man viel Holz und einen doppelwandigen Ofen, aus Lehm oder Ziegelsteinen. Tagelang musste dieser angeheizt werden, bis die Hitze Wasser und Holzessig aus dem Schwelholz trieb. Bei einer Temperatur von 270 bis 400° C zersetzte sich das Holz, und es bildeten sich unter anderem Holzteer und Holzgas. Der Holzteer floss durch den Teerkanal ab und konnte aufgefangen werden. Das Holzgas entwich in den umgebenden „Heizraum" und verbrannte, sodass aus den Rauchabzugslöchern bis zu 1 m lange Flammen schlugen. Nach dem Brand brauchte der Ofen zwei bis drei Wochen, um abzukühlen. Das ausgehende 17. und 18. Jahrhundert waren Blütezeiten der Teerschwelereien. Auch im heutigen Naturpark gab es nachweislich Dutzende Teeröfen. Der alte Sparower Teerofen wurde 1792 stillgelegt. Im 20. Jahrhundert gingen allmählich überall die Feuer aus. Um diesen Teil der Geschichte nicht in Vergessenheit geraten zu lassen, wurde in Sparow nach alter Bauanleitung ein neuer Teerofen aufgebaut. Sparow ist ein produzierendes Museum, denn was hier an Teer hergestellt wird, können die hiesigen Jäger und Förster wie früher gut als Lockstoff für Schwarzwild gebrauchen. Und bei jedem gelungenem Brand fallen darüber hinaus fast 3 t Holzkohle an. Auch Teerseife kann man im rohrgedeckten Schwelerhaus kaufen.

Blick in Europas größten aktiven Teerofen
Bei näherem Hinsehen erkennt man den doppelwandigen Aufbau des Ofens: In den Innenraum kommt das zu schwelende Holz, im Raum zwischen den Wänden brennt das eigentliche Feuer.

Fahrradtour um den Drewitzer See

Die Naturparkstation Karower Meiler ist ein guter Ausgangspunkt für eine etwa 37 km lange Radtour durch Wald und Heide, zu Dörfern und zu interessanten Museen im Naturpark. Zunächst geht es über den Radweg neben der B 192 in Richtung „Moorochse". Die Aussicht auf das geschützte Nordufer des Plauer Sees (siehe Foto unten) mit den alten Torfstichen und der Kormorankolonie sollte man nicht verpassen. Zum Aussichtsturm geht es rechts ab und über einen etwa 200 m langen Holzsteg. Hier ist die Chance groß, einen Seeadler zu sehen. Das Agrarmuseum in Alt Schwerin (siehe auch Seite 80) und der Teerofen in Sparow sind die nächsten Stationen. In Silz geht es beim Kreisverkehr nach links in das Straßendorf Nossentiner Hütte. Dieser Ort verdankt seine Entstehung 1795 einer Glashütte. Später verdingten sich hier Kleinbauern als Holzfäller und Handwerker. Dem Wegweiser nach Bornkrug und Linstow folgend, radelt man über eine Asphaltstraße durch die Nossentiner Heide. Bei einer Schranke führt der Radweg Bornkrug-Linstow nach Bornkrug. Mit dem Gasthaus „Alte Poststation" am Kreuzpunkt alter Post- und Handelsstraßen ist ein guter Ort zur Rast erreicht. Auch am Linstower See gibt es beschauliche Plätze. Linstow besteht aus dem Kirchdorf und dem Gutsdorf, dem über 1000-jährigen Stammsitz derer von Linstow, die einst dort, wo seit 1863 das schlichte Herrenhaus steht, ihre Burg bauten. Aus diesem Geschlecht sollen auch die Afrikaforscher Charles und David Livingstone hervorgegangen sein. Das rohrgedeckte Holzhaus in der Hofstraße 6 illustriert seit 1993 als Umsiedler-Museum die Geschichte der Deutschen, die seit dem 13. Jh. nach Russland auswanderten und im Zweiten Weltkrieg erst nach Polen, dann weiter Richtung Westen vertrieben wurden. 73 Familien der Wolhynier-Deutschen aus der westukrainischen Region fanden in Linstow eine neue Heimat. Das wolhynische Bauernhaus der Emma Hirschfeld wurde mithilfe des Heimatvereins zum Museum ausgebaut. Über Dobbin geht es durch den Wald zurück nach Karow.

Und sie dreht sich noch
Diese Erdholländermühle stammt aus Jarmen und wurde 1843 erbaut. Sie ist das Wahrzeichen des Museumsdorfes.

Das Agrarhistorische Museum Alt Schwerin

Von vielen Generationen geprägt, bilden Landschaft und Dörfer im Naturpark Nossentiner-Schwinzer Heide eine untrennbare Einheit. Am südlichen Ende des Drewitzer Sees spiegelt ein ganzes Dorf – vom Herrenhaus bis zum Plattenbaublock „Typ Brandenburg" – die Historie mecklenburgischer Guts- und Landwirtschaft wider: Alt Schwerin. Eckpunkte der technischen Entwicklung sind Ochsenpflug und Großtraktor. Besonders anschaulich illustrieren Landarbeiterkaten bis hin zu einer originalen LPG-Bauern-Wohnung die Sozialgeschichte zwischen 1870 und 1965 auf dem Lande. Die Präsentation in der 1904 erbauten Schnitterkaserne über „5000 Jahre Landwirtschaft in Mecklenburg" trägt bewusst noch den Duktus aus DDR-Zeiten – dieser Aspekt ist damit selbst Teil der Ausstellung. In der Tagelöhnerkate gegenüber zeugt ein Schulraum von 1878, in dem Kinder von der ersten bis zur achten Klasse gleichzeitig unterrichtet wurden, vom Bildungsnotstand auf dem Lande. 1906 gab es in Mecklenburg-Schwerin 473 ritterschaftliche Schulen mit 482 Klassen, das heißt, beinah jede Schule war eine einklassige Dorfschule.

Besonders ins Auge fällt ein prächtiges schmiedeeisernes Tor vor dem barocken Herrenhaus. Auf der Weltausstellung 1893 in Chicago hatte diese Meisterleistung mecklenburgischer Handwerker einen Sonderpreis gewonnen. Ursprünglich schmückte es das Gutshaus Vollrathsruhe und ist somit eines der wenigen Ausstellungsstücke in Alt Schwerin, die nicht an ihrem Originalplatz stehen. Als das Museum 1963 gegründet wurde, setzte man in kurzer Zeit vorhandene Gebäude für die museale Nutzung instand, wenige andere stammen aus anderen Dörfern, so auch die Marxhagener Schmiede. Kulinarisch Regionaltypisches wie Honig, Sanddorngelee und Sanddornschnaps gibt es im Museumslädchen. In der Saison finden Aktionstage mit Vorführungen alten Handwerks statt. Dabei werden Honig und Milchprodukte hergestellt, Korn wird in der Windmühle gemahlen und Brot im alten Steinbackofen gebacken. Viel Spaß gibt es beim Chauffieren der Oldtimer-Traktoren.

Für Technikfreunde
Das Internationale Oldtimer- und Traktorentreffen ist im Sommer der Renner in Alt Schwerin.

Am Kölpinsee – die Wisente vom Damerower Werder

Der Kölpinsee ist mit 20 km² der siebtgrößte See der Mecklenburgischen Seenplatte. Eingebettet in dichte Laubwälder scheint das Ufer völlig unverbaut. Im Nordwesten liegt das Naturschutzgebiet Damerower Werder. Es ist ein archaischer Anblick, wenn im flachen Wasser vor dem Damerower Werder zottige Wisente stehen, denn eigentlich waren diese Urrinder längst schon ausgerottet. In Deutschland starben sie durch die Besiedelung weiter Landstriche und das Abholzen der Wälder bereits im 16. Jahrhundert aus, weltweit verschwanden sie in den 1920er-Jahren und waren zumindest in freier Wildbahn nicht mehr zu sehen. Die letzten frei lebenden Wisente wurden 1919, bedingt durch die Wirren des Ersten Weltkrieges, im polnischen Urwald von Bialowieza erlegt. 1923 nahm sich die von Zoologen in Frankfurt am Main gegründete „Internationale Gesellschaft zur Rettung des Wisents" der Urrinder an, denn von der vom Aussterben bedrohten Population der europaweit größten Landtiere gab es jetzt nur noch 54 Exemplare in Gefangenschaft. Nicht alle taugten zur Zucht, so dass die etwa 3000 heute wieder weltweit lebenden Tiere von gerade einmal zwölf Vorfahren abstammen.

Die Eltern der Wisente von Damerow kamen 1957 als Regierungsgeschenk aus dem polnischen Urwald bei Bialowieza. Schon 1959 wurde, nach 254 Tagen Tragzeit, das erste Kalb geboren. Die Hauptbrunftzeit liegt in den Monaten zwischen August und November. Wisente sind Herdentiere, die eine strenge Rangordnung, aber kaum abgegrenzte Reviere besitzen. Im Sommer ernähren sie sich hauptsächlich von Gräsern, Kräutern, Knospen, Zweigen, Rinden und Flechten; im Winter werden Heu, Kraftfutter und Rüben zugefüttert. Als Leckerbissen gibt es Kastanien. Heute leben auf dem etwa 320 ha großen Damerower Gelände etwa 30 Wisente, in Gemeinschaft mit Füchsen, Rehen, Rot- und Schwarzwild. Wer Glück hat, kann sie vom Boot oder dem Ausflugsschiff aus beobachten. Wer sicher gehen will, sie nicht zu verpassen, sollte sich ihnen von der Landseite aus nähern, wenn die Tiere im Schaugatter gefüttert werden.

Auf Tuchfühlung
Wisentkühe und -kälber bilden kleine Gruppen.

Fellpaket
Dichtes Wollhaar schützt den Wisent vor Kälte.

Mit dem Boot auf Pirsch
Mit etwas Glück lassen sich bei einer ruhigen Bootsfahrt in der Dämmerung Wisente beobachten.

Abendliche Stille
Die Elde ist die Lebensader von Plau, doch am Abend vor der nächsten Ausfahrt ruhen die Boote und die Menschen.

Stadt, Land, Fluss und Burgturm – Plau am See

Der Plauer See ist der drittgrößte See Mecklenburg-Vorpommerns.

Plau besitzt mit seiner über 750 Jahre alten Stadtkirche, dem dickem Burgturm, den schmalen Gassen und der Lage am Wasser eine der interessantesten Altstädte der Region. Schon die alten Slawen wussten den Ort zu schätzen, wo die Elde den mit 38,4 km² drittgrößten See der Mecklenburgischen Seenplatte verlässt. Sie bauten am Westufer des Plauer Sees ihre Siedlung und nannten sie „Plawe", den Flößort. Wer heute über die Müritz-Elde-Wasserstraße auf die großen Seen der Mecklenburgischen Seenplatte schippern will, kommt um Plau nicht herum. Die Plauer Schleuse ist 41,5 m lang, 5,10 m breit und hat ein Schleusengefälle von 0,80–1,20 m. Sie ist die letzte der insgesamt 17 Schleusen dieser Wasserstraße. Bereits um 1650 soll es an dieser Stelle eine Schleuse gegeben haben, der jetzige Bau wurde 1834 errichtet und zuletzt 1998 modernisiert. Bis zu 5000 Boote und Schiffe lassen sich pro Saison über die Wasserschwelle heben – ein immer wieder faszinierender Vorgang, den man gut von der "Hühnerleiter" aus beobachten kann, einer hölzernen Hochbrücke, die seit 1945 anstelle einer gesprengten Schleusenbrücke die Elde überspannt.

Trotz Neubau im Jahr 2003 trägt sie noch immer den Spottnamen aus der Nachkriegszeit, da ihr damals anstelle von Stufen Leisten aufgenagelt wurden. Etwa einen Kilometer weiter flussaufwärts passieren die Schiffe das „Blaue Wunder“ von Plau, eine schöne, gusseiserne Hubbrücke, ein technisches Denkmal aus dem Jahr 1916, die sich automatisch bei Bedarf bis zu 1,86 m hoch hebt, um den Schiffsverkehr, vorbei an den Schuppen der Fischer, auf den Plauer See ziehen zu lassen. Der bis zu 33 m tiefe, im nördlichen Teil einen Mulden- und im südlichen einen Rinnensee bildende Plauer See ist beliebtes Wassersport- und Angelgebiet. Ausgenommen davon ist das Nordufer mit einem 314 ha großen Naturschutzgebiet, ein Brutvogelgebiet, in dem sich im Herbst auch viele Saat- und Blessgänse sammeln. Scharen von Reiherenten suchen die Muschelbänke des Sees nach Nahrung ab.

Bewehrter Ausguck
Vom Plauer Burgturm hat man in alle vier Himmelsrichtungen einen guten Überblick über Land und Wasser.

Letzter Zeuge – der Burgturm

Man sieht dem friedlichen Städtchen Plau nicht mehr an, dass es schon schlimme Zeiten erlebt hat. Das Schicksal des 1287 auf einem Hügel erbauten Schlosses der Landesfürsten spiegelt Glanz und Elend der Stadt wider. Begünstigt durch die Lage an der „Bernsteinstraße“, einem gut frequentierten Handelsweg in Nord-Süd-Richtung, kam Plau zu ansehnlichem Wohlstand. Das weckte den Neid vor allem der brandenburgischen Nachbarn. 1448 wurde das Schloss zur Burg ausgebaut. 1548 befahl Heinrich der Friedfertige, daraus eine der größten Festungen Norddeutschlands erstehen zu lassen. Im Dreißigjährigen Krieg litt die Stadt abwechselnd unter den schwedischen und den kaiserlichen Truppen. Plünderungen, Brände und Seuchen suchten die Bewohner heim. Die Schweden beschossen den Burgturm vom Kirchturm aus; fünf Jahre später entschied der kaiserliche Hauptmann Warasiner, den Kirchturm niederreißen zu lassen, um Material für den Ausbau der Festung zu gewinnen. Sein General hinderte ihn daran; stattdessen wurden 50 Bürgerhäuser geopfert. Als die Bürger 1651 ihre Steine zurückforderten, machte der Herzog gute Miene zum bösen Spiel und gab die Festung zur Schleifung frei.

Mit der Regulierung der Elde um 1800 fiel der Burggraben trocken. Das Burggelände fand nur noch als „wüster Amtsplatz“ Erwähnung, bis sich ein Postmeisterehepaar 1822 auf den Gewölben der Burg ein Haus erbaute. Vom alten Burggelände blieb nur der Burgturm mit seinen 3 m dicken Wänden und einem 11 m tiefen Verlies erhalten. Hier wird heute die ältere Stadtgeschichte dokumentiert. In einem ehemaligen Wirtschaftsgebäude betreibt der Heimatverein ein kleines Museum zum Handwerk und zur Industriegeschichte Plaus. Es zeigt eine Schusterwerkstatt und Druckereimaschinen, erzählt von Tuchfabriken, einer Ziegelei, vom Maschinenbauwerk und einer Pelztierfarm. Nach der Wende mussten beinahe alle Betriebe schließen, heute sind Krankenhaus und Reha-Klinik die größten Arbeitgeber im Luftkurort Plau am See.

Das „Blaue Wunder“
Die Plauer Hubbrücke ist ein technisches Wunderwerk, das man sich in Aktion anschauen sollte.

Das Wilhelm-Wandschneider-Museum

Der 1866 in Plau geborene Bildhauer Wilhelm Wandschneider war ein Schüler der Berliner Bildhauerschule. Ein Stipendium des Großherzogs Friedrich Franz III. erlaubte ihm ein Studium an der Akademischen Hochschule für Bildende Künste. Nach einem Preis der Rohr'schen Stiftung 1895 gewann er auf der Weltausstellung in St. Louis, USA, 1904 für seinen römischen Helden *Coriolan* eine Goldmedaille, 1914 wurde er dort für das beste Kunstwerk des Jahres prämiert. Mit dem Kaiserreich endete seine Glanzzeit. 1925 zog er an den Plauer See. Das kleine Wandschneider-Museum wurde gegründet, im Juni erhielt er die Ehrenbürgerwürde. Der Nationalsozialismus, zu dessen Menschenbild seine naturalistischen Skulpturen gut passten, führte zu einer letzten Schaffensphase. 1942 starb der Bildhauer. 1947 wurde das Museum geschlossen, viele Werke sind heute verschollen. Erst 1994 wurde in Plau ein neues Wandschneider-Museum mit zahlreichen Bilddokumenten und etwa 30 Originalplastiken eröffnet. Dort ist auch ein Gipsmodell der *Lethe* (1908, Foto unten) zu sehen. Auch der Hechtbrunnen in Teterow, das Fritz-Reuter-Denkmal in Stavenhagen und der John-Brinckmann-Brunnen in Güstrow stammen von Wandschneider.

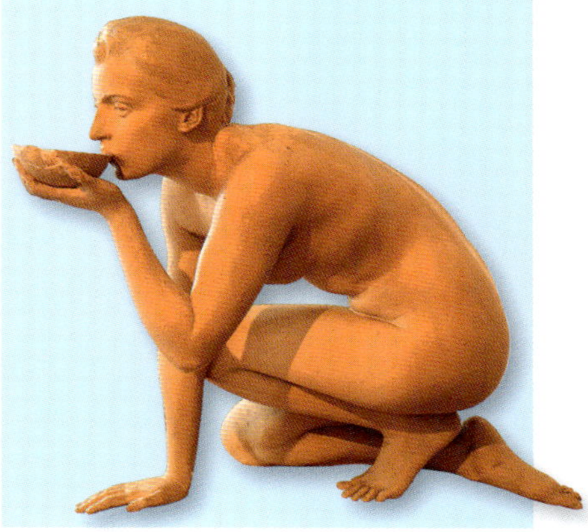

Kostbar erleuchtet
Drei schön verzierte Metallleuchter aus drei verschiedenen Jahrhunderten erhellen St. Marien unter dem gotischen Kreuzrippengewölbe. Der jüngste stammt von 1885.

Die Plauer Stadtkirche

Nach allen Himmelsrichtungen kann man vom Turm der Marienkirche aus über das Städtchen schauen, wenn man die 120 Stufen nach oben nicht scheut. Das untere Feldsteingeschoss entstand schon im 13. Jahrhundert; der obere Teil erhielt seine Gestalt nach dem Brand von 1696. Die dreischiffige Hallenkirche im gemischt romanisch-gotischen Stil bietet 1100 Besuchern Platz. Von den Gläubigen, die früher hier ihren festen Sitz hatten, künden stellenweise noch alte Bankbeschriftungen wie „Lehrer-Stuhl", „Schneider-Innung" oder „Schlachter-Frauen". Seit ihrer Renovierung 1877/79 wird St. Marien im Innern vom Stil der Neugotik dominiert. Aus jener Zeit stammt auch die 1980 überarbeitete Friesen-Orgel, die noch heute zu den alljährlichen Sommerkonzerten gespielt wird. Zu den ältesten und kostbarsten Ausstattungsstücken der Kirche gehören Teile eines spätgotischen Schnitzaltars und das bronzene Renaissance-Taufbecken, das 1570 in der Geschütz- und Kanonengießerei der Plauer Burg gegossen wurde. Darüber hängt der noch aus vorreformatorischer Zeit stammende „Marienleuchter", der älteste der drei kunstvollen Kronleuchter, die den Kirchenraum schmücken.

Technischer Erfindungsgeist
Ernst Alban bezeichnete sein Dampfschiff als „eines der größten Wagnisse meines Lebens". Hier eine Konstruktionsskizze.

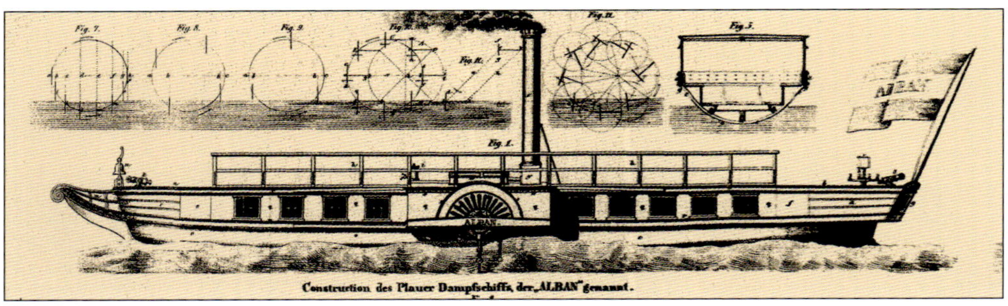

Die Schwingenden Ruder

1845 fuhr der erste Dampfer über den Plauer See, konstruiert von Ernst Alban, dem Erfinder der Hochdruckdampfmaschine. Im Heimatmuseum auf dem Plauer Burggelände steht ein Modell des Seitenraddampfers „Alban". Ernst Alban wurde 1791 in Neubrandenburg geboren. Auf Wunsch seines Vaters studierte er nicht Maschinenbau, sondern Medizin. Aber obwohl er später als Chirurg und Augenarzt Karriere machte, ließ ihn die Leidenschaft für den Maschinenbau nicht los. 1825 gab er seine Arztpraxis auf und widmete sich nur noch der Entwicklung einer Hochdruckdampfmaschine, die mit mindestens 50 Atmosphären Druck arbeiten konnte – ein kühnes Projekt, zumal man damals selbst 5 bis 7 Atmosphären kaum sicher beherrschte. Entscheidend bei Albans Experimenten war die Entwicklung eines explosionssicheren Wasserkessels – und dieser gelang. Er entwickelte die Hochdruckdampfmaschine mehrfach weiter und nutzte sie vor allem für die Produktion landwirtschaftlicher Geräte. 1840 baute er seine Maschinen in der Plauer Tuchfabrik ein. Im selben Jahr gründete er an der Elde eine Maschinenbaufabrik und Eisengießerei.

Die Landwirte rissen ihm seine Produkte aus der Hand, mehr als tausend Mal verkaufte er eine breitwürfige Sämaschine. Die Fischer allerdings fürchteten, Albans Dampfschiff könnte ihnen die Fische vertreiben. Dank seiner Erfindung der „Schwingenden Ruder", die senkrecht in das Wasser eintauchten und sich beweglich dem Wasserwiderstand anpassten, machte das Ungetüm weniger Wellen als befürchtet. Das System wurde allerdings nicht weiter verfolgt.

Dicht am Wasser erbaut
Bei einem Spaziergang entlang der Uferpromenade erlebt man Plau von der gemütlichsten Seite.

Bad Stuer – Tal der Eisvögel und Braunbären

Wildromantisch zeigt sich die sanft gewellte Waldlandschaft an der Südspitze des Plauer Sees.

Mein ganzer Lebenslauf ist Wasser, ich werde damit begossen wie ein Pudel, werde darin ersäuft wie junge Katzen, sitze darin wie ein Frosch und saufe wie ein Ochs ...", schrieb Fritz Reuter in einem Brief an seinen Freund Fritz Peters. In den Wintern 1847/48 und 1868/69 weilte der mecklenburgische Dichter – mit mäßigem Erfolg – in der Kaltwasserheilanstalt in Bad Stuer, die versprach, Krankheiten wie chronische Nervenleiden, Neuralgien, Gicht, Zucker und Trunksucht mithilfe der Kneipp'schen Methode zu heilen. Auch Fritz Reuter war nicht zum Vergnügen hier, er trank zwar gern, zu gern, aber kein Wasser: „Wasser auswendig ist schlimm, sehr schlimm, aber inwendig, da hat es eine grausame Wirkung." Der Experte für Wasserheilkunde, Heinrich Friedrich Francke, Begründer der Stuerschen Heilanstalt, aber glaubte nach eigener Wasserkur in Schlesien fest an die Kraft des Wassers. 1839 schrieb er unter dem Pseudonym Johann Heinrich Rausse die Abhandlung „Wasser thut's freilich" und wurde damit zum Kritiker bisheriger Heilverfahren. 1862 brachte Gustav Bardey als leitender Badedoktor neuen Schwung in den Heilbetrieb – bei seinem letzten Aufenthalt logierte Reuter in dessen Haus am Seeufer 11. Es wurden Promenaden und 16 km Wanderwege angelegt. Bis zu 120 Kurgäste konnten betreut werden. Mit dem Ersten Weltkrieg endete der Kurbetrieb. Russische und französische Kriegsgefangene fanden hier Quartier. 1923 wurde das Inventar versteigert und ein Teil der Gebäude abgerissen. Bei einem Spaziergang am Seeufer erinnern noch die prachtvollen Villen der einstigen Kurdirektoren an die glanzvolle Zeit.

Im Tal der Eisvögel

Der kleine Ort inmitten von waldigen Hügeln ist von alters her Standort einer Kornmühle mit Schankwirtschaft. In der Nähe der Stuer'schen Hintermühle – heute ein Hotel – beginnt der 2,5 km lange Wanderweg in das Tal der Eisvögel. Schon nach wenigen Schritten entlang des alten Mühlbachs hebt sich eine steile, helle Bergwand vor dem Dunkel des Waldes ab. Wo einst Mergel abgebaut wurde,

Aus glanzvollen Tagen
Feine Villen zeugen vom einst florierenden Kurbetrieb in Bad Stuer.

Bärenstark
Im Bärenwald Müritz findet Meister Petz artgerechte Lebensbedingungen.

findet der Eisvogel heute ein ideales Brutrevier. Man muss genau hinschauen, um die kleinen Löcher in der Wand zu sehen. Meist verraten weiße Kotspuren, wo genistet wird. Der Eisvogel gräbt mit seinem Schnabel eine bis zu einem Meter lange, leicht ansteigende Röhre in den Berg und legt am Ende sechs bis acht Eier im Brutkessel ab. In der Regel brütet der Eisvogel zweimal im Jahr. Manchmal aber brütet und füttert er in verschiedenen Nestern gleichzeitig. Diese Reproduktionsfreudigkeit des zarten Vogels, der selten älter als drei Jahre wird, ist angesichts der hohen Sterblichkeitsrate der Jungvögel auch überlebensnotwendig, denn etwa 80 % der Jungvögel erleben den nächsten Sommer nicht.

Der Eisvogel liebt klares Wasser und kleine Fische. Kalte Winter, in denen das Eis den Zugang zur Speisekammer verwehrt, bedrohen den Vogel mit den eisblauen Rückenfedern; der Bestand kann sich dann bis zu 90 % dezimieren. Vor allem aber zerstörten die Regulierung von Flüssen und Bächen sowie die Trockenlegung von Feuchtgebieten seinen Lebensraum. In dem von Bächen durchzogenen Tal an der Südspitze des Plauer See aber findet der schillernde Vogel noch reichlich Nahrung. Auch wurde nicht weit von dort, wo noch vor 20 Jahren Äcker waren, der Stuerer See renaturiert und ist Lebensraum für 130 Vogelarten.

Der Bär ist los

Wer in den Fischteichen von Bad Stuer angelt und plötzlich einen Bären sieht, braucht sich nicht zu fürchten. Es ist Lothar, der Braunbär, der gern Fisch frisst, und zwischen ihm und den Teichen steht ein unüberwindbarer Zaun. Bald trollt sich Lothar, um mit einem seiner Gefährten zu balgen. Im Wald von Bad Stuer haben Braunbären neuen Lebensraum geschenkt bekommen. Der Wanderweg durch das Tal der Eisvögel führt zu einem knapp 8 ha großen Gehege, in dem seit 2006 acht Bären wohnen. Lothar und Sindy waren die Ersten, denen das Bärenschutzprogramm der österreichischen Tierschutzorganisation „Vier Pfoten" zu besseren Lebensbedingungen verhalf.

In Deutschland lebt noch eine große Anzahl von Braunbären unter nicht artgerechten Bedingungen. Wenn solche Tiere schließlich abgegeben oder beschlagnahmt werden, weiß man oft nicht, wohin mit ihnen. Nachdem die Tierschutzorganisation mit Bärenschutzzentren in Österreich und Bulgarien Erfahrungen gesammelt hatte, begab sie sich auf die Suche nach einem geeigneten Gelände in Deutschland. Hier, in dem Mischwald auf hügeligem Terrain, lernen die Braunbären wieder wie in freier Wildbahn zu graben, zu klettern und zu schwimmen. Sie können zum ersten Mal in ihrem Leben den Tag nach ihrem eigenen Rhythmus gestalten. Allmählich verschwindet das Käfigsyndrom. Die Bärin Maja erinnerte sich sogar daran, dass „echte" Bären auch Winterschlaf halten. Auf einer etwa zweistündigen Wanderung kann man das Gelände, das noch um 8 ha für zehn weitere Bären vergrößert werden soll, gefahrlos durchschreiten – hohe, tief im Erdboden verankerte Maschendrahtzäune und Elektrodraht grenzen die Gehege sicher ab.

Fliegende Edelsteine
Nur wenn sein blaues Gefieder im Sonnenlicht wie ein Saphir aufblitzt, kann man kurz den flinken Eisvogel vorbeifliegen sehen.

Neugotische Backsteinbaukunst
Die himmelwärtsstrebende Klosterkirche am Malchower See gehört bei Schiffsausflügen zu den beliebtesten Fotomotiven.

Zwischen vielen Wassern – Malchow

Kaum ein anderer Ort liegt so malerisch inmitten der Seen wie Malchow.

Die Lage der Stadt zwischen Plauer und Malchower See, einer Ausbuchtung des Fleesensees, ist herrlich und verwirrend zugleich – Wasser ringsum und zwischendurch. Mitten im Malchower See liegt das alte Malchow, das als Neu-Malchow 1235 das Stadtrecht erhielt. Alt-Malchow war der Ort mit dem ehemaligen Kloster auf dem südöstlichen Festland. Das neue Neu-Malchow wiederum entstand ab 1723 auf dem nordwestlichen Ufer. Seitdem spricht man von der Neustadt (Festland) und der Altstadt (Insel).

Die heutige Altstadt, deren Bauten auf in schlammigen Boden getriebenen Pfählen errichtet wurden, war 200 Jahre lang eine Inselstadt. Erst im 15. Jahrhundert verband sie eine 230 m lange Holzbrücke mit dem gegenüberliegenden Kloster. Im Dreißigjährigen Krieg zerstörten die Schweden den Übergang, und die Malchower mussten bis zum Bau eines Erddamms im Jahre 1846 die Fähre benutzen. Als die Insel zu klein wurde, gab Herzog Carl Leopold dem Drängen des Stadtrates nach und genehmigte 1723 die Bebauung des nordwestlichen Ufers. Beide Stadtteile wurden zuerst durch eine Holz-, dann durch eine Hub- und später durch eine stählerne Drehbrücke verbunden, die zwischen 1989 und 1991 vollkommen neu gebaut wurde und ein technisches Denkmal ist. Über 18000 Schiffe passieren sie jährlich. In den Monaten April bis September staut sich zu jeder vollen Stunde der Verkehr an dem Nadelöhr zwischen Insel und Festland, aber die Schiffe auf der Müritz-Elde-Wasserstraße haben Vorfahrt.

Technisches Denkmal
Mit einem Obstpflücker wird an der Malchower Drehbrücke freiwillig entrichteter Brückenzoll eingesammelt.

Der neue Stadthafen

Malchows wichtigster Erwerbszweig war über Jahrhunderte das Tuchmacherhandwerk, was der Stadt den Beinamen „Mecklenburgisches Manchester" einbrachte. Heute spielt der Tourismus, vornehmlich von der Wasserseite her, die bedeutendste wirtschaftliche Rolle. So wurde nach mehr als zwei Jahren Bauzeit im Juli 2008 direkt im Zentrum von Malchow ein neuer Stadthafen eröffnet. Viele Millionen Euro hat man in dieses Projekt investiert. Heute finden im etwa 3700 m^2 großen und 2 m tiefen Hafenbecken 35 Freizeitschiffe gleichzeitig Platz. Restaurants, Geschäfte und Ferienwohnungen reihen sich entlang der Uferpromenade. An der Hafenmole starten Ausflugsschiffe zu Touren über die Mecklenburgischen Seen.

Das Kloster Malchow

Viele Feriengäste kommen nach Malchow, um die alte Klosteranlage am Malchower Seeufer zu besuchen. Die Klosterkirche, die von fern als schöne Silhouette über dem Wasser steht, erweist sich aus der Nähe als dringend sanierungsbedürftig. Doch zunächst werden die drei noch erhaltenen Klostergebäude – zwei davon stammen in Teilen noch aus dem 13. Jahrhundert – Schritt für Schritt mit Hilfe der Deutschen Stiftung Denkmalschutz saniert und einer kulturellen Nutzung zugeführt. Als 1298 die ersten Nonnen aus dem Orden der Büßerinnen von Röbel nach Malchow kamen, fanden sie bereits eine kleine Kirche vor, die angeblich hier einst anstelle eines heidnischen Heiligtums erbaut worden war. Eine neue Kirche entstand von 1844 bis 1849 nach Plänen des damaligen Neustrelitzer Landesbaumeisters Friedrich Wilhelm Buttel. Nach einem Brand von 1888, verursacht durch neue Öfen, die man im Kirchenschiff ausprobiert hatte, baute Georg Daniel die heutige innen und außen konsequent neugotisch gestaltete Kirche. Sie ist seit 1997, im Austausch mit der Stadtkirche, im Besitz der Stadt Malchow.

Das Kloster war nach der Reformation zum adligen Damenstift umfunktioniert worden. Das jüngste Klostergebäude, aus der Zeit um 1850, wurde bereits restauriert und mit behutsam sanierten Wohnungen ausgestattet. Das ehemalige Refektorium wird nun als Ausstellungsraum für Malchower Künstler genutzt. Nach dem Zweiten Weltkrieg lebten noch sechs Stiftsdamen im Kloster. Verstarb ein Fräulein, wurde die Wohnung von der Stadt an bedürftige Familien vermietet. 1972 verstarb die letzte Dame im Alter von 95 Jahren. Zur Klosteranlage gehört auch der so genannte Engelsche Garten mit schönem alten Baumbestand, der von Johann Jacob Christian Engel, dem einstigen Küchenmeister des Klosters, angelegt und 1855/56 endgültig fertiggestellt wurde.

Eine Vier-Seen-Fahrt

Die schönste Annäherung an Malchow geschieht über das Wasser. Auf dem Weg über die Müritz-Elde-Wasserstraße, die die Oberen Seen miteinander verbindet, kann man so Gewässer wie den Petersdorfer- und den Fleesensee, deren teilweise unter Naturschutz stehende Ufer sonst schwer erreichbar sind, in ihrer ganzen Schönheit erleben. Vom Plauer See führt der etwa 400 m lange Lenzer Kanal zum Petersdorfer See, einem 101 ha großen lang gestreckten Flusssee, den dichter Laubwald umkränzt. Die einzigen Häuser am Ufer sind rohrgedeckte Bootsgaragen. Ein breiter Schilfgürtel umsäumt den knapp 2 km langen Malchower Recken, die Verbindung zum Malchower See. Graureiher, Blesshühner und Stockenten hocken am dichten Schilfrand. Das Ufer des Malchower Sees, ein etwa 216 ha großer Rinnensee, ziert die bezaubernde Silhouette der Klosterkirche.

Eine ehemalige Tuchfabrik am nördlichen Ufer ist Relikt aus jenen Zeiten, in denen Malchow auch als „Mecklenburgisches Manchester" bezeichnet wurde. Diese Tradition der Tuchherstellung endete erst 1993 mit der Schließung des Teppichwerkes, heute befindet sich an derselben Stelle der Sitz einer EDEKA-Handelsgesellschaft. Am neuen Stadthafen von Malchow vorbei, gelangt man, wenn man die Malchower Drehbrücke passiert, bald zum Fleesensee, der mit über 1000 ha der elftgrößte See der Großseen der Mecklenburgischen Seenplatte ist. In Göhren-Lebbin gibt es eine der größten Tourismusanlagen Nordeuropas (Land Fleesensee), mit dem neubarocken Schloss Blücher im Zentrum.

Eine neue Heimat für Orgeln

Der Innenraum der Klosterkirche bietet einen ungewöhnlichen Anblick – nicht wie in gewöhnlichen Kirchen eine, sondern viele Orgeln gibt es hier, neben der Friese-Orgel auf der Orgelempore. Das Modell einer mechanischen Orgel demonstriert anschaulich, wie solch ein

Geistliche Musik
Kein Gotteshaus besitzt so viel Orgeln wie die Malchower Klosterkirche, Ort des ersten ostdeutschen Orgelmuseums.

Eldorado für Segler und Surfer
Am Fleesensee hat der Robinson Club eine Wassersportbasis.

Instrument funktioniert. Die Klosterkirche ist Teil des Mecklenburgischen Orgelmuseums, das sich im alten Pfarrhaus fortsetzt. Aus etwa 50 mecklenburgischen Orten wurde die Sammlung – von ganzen Orgeln bis zu einzelnen Orgelpfeifen, Klaviaturen und Gehäusen – zusammengetragen. Friedrich Drese, der Begründer des Museums, Orgelbauer und Kirchenmusiker, kam als Orgelsachverständiger der evangelischen Kirche im Land herum und sammelte, was aussortiert war.

Das älteste Objekt ist ein Orgelgehäuse aus dem 17. Jahrhundert, die älteste spielbare Orgel stammt von 1865. Die große Zeit des Orgelbaus war das 19. Jahrhundert. Die Orgelbaufamilie Friese prägte über vier Generationen entscheidend die Orgelbautradition in diesem Land. Zwischen 1850 und 1900 schuf Friedrich Friese mehr als 100 der kostbaren Instrumente. Anlässlich der Weihe seiner 50. Orgel in der Stadtkirche Malchow ernannte ihn Großherzog Friedrich Franz II. 1873 zum Hoforgelbauer. Seine Instrumente gehören zum wertvollsten Bestand an romantischen Orgeln in Mecklenburg.

Doch was nützt die beste Orgel ohne Orgelspieler? Die ersten Namen von Organisten tauchen nach 1300 in Städten und Klöstern auf. Reine Organistenstellen gab es nur am Hof oder bei exponierten Stadtkirchen. Franciscus Schaumkell d. J. und Daniel Erich, Schüler von Dietrich Buxtehude, spielten am Schweriner Dom und in Güstrow. Auf dem Land oblag das kirchliche Musizieren dem Lehrer und Küster. Bedeutend für Orgelspiel und Orgelbau in Mecklenburg war zu Beginn des 19. Jahrhunderts der obligatorische Orgelunterricht an den Lehrerseminaren. Nie wieder gab es in Mecklenburg so viele, wenngleich oft auch nur bescheiden ausgebildete Organisten.

Wasserspaß am Fleesensee

Segelyachten, Motorboote, Hausboote, Kanus, Ausflugsschiffe – der Fleesensee ist ein Dorado für Wassersportler und alle, die sich auf dem Wasser einfach nur erholen wollen. Auch für Surfer ist der relativ flache See ein gutes Revier. Er liegt zwischen dem Plauer See und dem Kölpinsee: Im Osten führt die Müritz-Elde-Wasserstraße durch den Fleesenkanal zum Kölpinsee, im Westen geht der Fleesensee fließend über in den schmalen Malchower See und entwässert über den Petersdorfer sowie den Plauer See. Am östlichen Ufer wächst sumpfiger Bruchwald, Hügel rahmen den Nord- und den Südrand. Im Südwesten reicht die Stadt Malchow fast bis an den See heran. Sie ist von der Wasserseite her aber kaum zu sehen, ebenso wenig wie das Dörfchen Silz, die Ferienhaussiedlung und der Campingplatz im Nordwesten. Der Strand und das neue Hotel im Südosten gehören zum Land Fleesensee. Im Jahr 2000 eröffnete der damalige Bundeskanzler Gerhard Schröder das etwa 3 km vom Fleesensee entfernte, über 550 ha große Feriendomizil. Mit Robinson Club, Dorfhotel, einem Fünf-Sterne-Schlosshotel, einer der größten Wellnessoasen des Landes (6000 m^2), Golf- und Reitsportanlagen bedient dieses in eine idyllische Landschaft eingebettete Urlaubsparadies die unterschiedlichsten Erwartungen an einen idealen Aufenthalt, ob zu Wasser oder auf dem Lande.

Mecklenburgische Lehm- und Backsteinstraße

Das westliche Hinterland des Plauer Sees ist eine von knorrigen Alleen und Feldhecken durchzogene, landwirtschaftlich geprägte Region. Nach der politischen Wende hatten einige Bewohner den stillen Zauber dieser Landschaft als Zukunftschance für diese dünn besiedelte Region entdeckt. 1990 eroberte die „Lehm- und Backsteinstraße" einen Platz auf der touristischen Landkarte.

Am Rand der Ferienstraße stehen tiefrote, ländliche Gotteshäuser aus Ziegelstein – Kirchen aus sieben Jahrhunderten. Zu den ältesten gehören die von Brook, Barkow und Kuppentin. Als in Benzin eine der beiden letzten von ehemals 450 Ziegeleien im Land verkauft werden sollte, gründete man hier eine Beschäftigungsgesellschaft und rettete das Werk als technisches Denkmal mit Produktionsstätte. Der 1907 installierte Hoffmann'sche Ringofen, einst brennende Katakombe für 1,2 Mio Backsteine im Jahr, hat zwar ausgedient, der Rest aber funktioniert noch immer einwandfrei. Im Gewölbe des Ringofens wird Besuchern die Kunst des Ziegelbrennens fachmännisch erklärt.

Backsteinerner Blickfang
Stolz ragt der spitze Turm der neugotischen Gnevsdorfer Backsteinkirche in den Himmel. Sie wurde 1897 fertiggestellt, in der Sakristei befindet sich ein spätmittelalterlicher Schnitzaltar.

Lehrstunde im Lehmmuseum
Lehm ist ein ein sehr vielseitiger Baustoff.

In Gnevsdorf wurde in einer 1871 erbauten, rekonstruierten und reetgedeckten Natursteinscheune das erste und bisher einzige Lehmmuseum Deutschlands eröffnet: Das kleine naturhistorische Museum präsentiert die Vielseitigkeit des Lehms nicht nur als historischer, sondern auch als moderner ökologischer Baustoff. Zur besseren Anschauung machte man es im Museum auch den Schwalben nach und baute ein Nest, und zwar so groß, dass der Besucher die Urform des Baus auch von innen betrachten kann. Auf der anderen Straßenseite zeigt die Gnevsdorfer Backsteinkirche in aller Pracht, welche Möglichkeiten Ziegel als Werkstoff boten.

Ein gutes Beispiel für die innovative Verwendung von Lehm bietet das Informationszentrum des Wangeliner „Lehr- und Erlebnisgartens", in dem sich moderne Architektur, energiesparende Technik und historische Lehmbauweise verbinden. Über 900 Pflanzenarten kann man rund um das Informationszentrum, einen der modernsten Ökobauten des Landes, bewundern. Buchsbaum rahmt die Beete des Bauerngartens. Pfauenaugen gaukeln im Schmetterlingsgarten, im Duftgarten verbreitet die Büschelblume einen Hauch von Anis.

Einen Ort weiter, in Retzow, war das über 200 Jahre alte Lehmfachwerkhaus neben der Kirche schon Ruine, als man es in den 1990er-Jahren wieder im alten Stil aufbaute. Das Haus mit dem Fantasienamen „Ülepüle" wurde zur Handweberei und zur Filzwerkstatt. Üppige Blütenteppiche überziehen auch das Naturschutzgebiet, die Sandheide Retzow-Stepenitz. Der von Altlasten befreite ehemalige Truppenübungsplatz lockt seltene Käfer und Vögel wie Ziegenmelker und Neuntöter an.

Das Kleinseengebiet

Südöstlich der Müritz beginnt die Kleinseenplatte, die hinüber ins Brandenburgische führt – ein Labyrinth von Seen, Flussläufen und Wasserwegen. Eine Wunderwelt, in der alles eher zierlich wirkt: die alten Residenzen, die Hügel und auch die mehr als 360 Seen.

Eine Gegend für Romantiker
Wenn bei Neustrelitz die rote Sonne im Zierker See versinkt, kann es auf Capri auch nicht schöner sein.

Mirow – das Tor zum Kleinseengebiet

Mirow ist die einzige deutsche Stadt, die eine englische Königin hervorbrachte.

Auf Streifzügen zwischen den kleinen Wassern der Seenplatte kann man Überraschungen erleben: Manchmal verbirgt sich hinter kleinstädtischer Patina große Geschichte. Zum Beispiel Mirow: Da steht auf dem Ortseingangsschild „Geburtsort der englischen Königin". Die alte Residenz von Mecklenburg-Strelitz und ihre adelige Vergangenheit locken mit romantischem Charme. Die meisten Besucher kommen über das Wasser nach Mirow. Nur wenige Hundert Meter vom Südufer des Mirower Sees entfernt zweigt der Müritz-Havel-Kanal (Mirower Kanal), der westlichste Teil der Müritz-Havel-Wasserstraße, ab und verbindet die Müritz mit den Seen im Mirower Gebiet. Die kleine Stadt am Müritz-Havel-Kanal funktioniert somit als Drehscheibe zwischen der Kleinmecklenburgischen Seenplatte im Süden und der Seenplatte der großen Seen im Norden und ist Ziel, Zwischenstation und Ausgangspunkt für Wasserwanderungen. Dabei ist sie ein ruhiger, friedlicher Ort geblieben, die ihren Namen Mirow (von slawisch *Mirov* für Frieden) zu Recht trägt. Der knapp 2,5 km lange, bis 700 m breite und maximal 7 m tiefe Mirower See wird im Südosten von der Stadt eingenommen, im Norden rahmen ihn nur Wiesen und Felder.

Hofgeschichten

In der Fürstengruft der Johanniterkirche auf der Schlossinsel im See und auf der Liebesinsel ruht die Dynastie der winzigen Fürstenschaft Mecklenburg-Strelitz. Dazu zählt auch Adolf Friedrich IV. (1738–1794), der durch den

Schöner Witwensitz
Das Schloss, für die Gattin von Adolf Friedrich II. erbaut, wurde in den vergangenen Jahren restauriert.

Nationalpoeten Fritz Reuter als „Dörchläuchting" eine gewisse Unsterblichkeit bekam. Doch durch die Frauen erhielt das Fürstenhaus Verbindungen in die „weite Welt": Caroline von Mecklenburg-Strelitz (1821–76) wurde Kronprinzessin von Dänemark. Das Untere Schloss in der Mühlenstraße war Geburtsort der Sophie Charlotte, die 1761 als Gattin von Georg III. Königin von England wurde. Als sie 17 Jahre alt war, so erzählt man, soll sie in einem Brief den preußischen König gebeten haben, nicht mehr so viele junge Männer aus ihrem kleinen Reich zu rekrutieren. Dies erfuhr der König von England und entsandte daraufhin seine Brautwerber. Schon nach wenigen Wochen fand die Hochzeit statt. Ihr zu Ehren nannte der Naturforscher Joseph Banks, der gemeinsam mit Captain Cook die Ostküste Australiens entdeckte und später Direktor der Royal Botanic Gardens von Kew bei London war, eine südafrikanische Blume „Strelitzia reginae". Als Namensgeberin von sieben ehemaligen englischen Kolonien brachte die englische Königin posthum auch die Partnerschaft mit Mecklenburg County im amerikanischen Bundesstaat North Carolina ein, dessen Verwaltungssitz die Stadt Charlotte ist.

Die Schlossinsel

Die Anfänge der „Villa Mirowe" reichen bis in das 13. Jahrhundert zurück. 1226 übereignete Heinrich Borwin, Herr zu Rostock, dem Johanniterorden zwecks Christianisierung der hier ansässigen Slawen 60 Hufen Land (eine altdeutsche Hufe enspricht etwa 15 bis 20 ha). Als sich der Orden 1587 auflöste, bezog Herzog Karl von Mecklenburg die Komturei. Er ließ die Halbinsel durch Wall und Graben befestigen. Das Torhaus, das 1588 zugleich mit der Wallanlage errichtet wurde, ist heute neben der Kirche das älteste Gebäude der Stadt. 1707 wurde mit dem Ausbau der Komturei zum herzoglichen Witwensitz begonnen. 1742 brannte sie mit vielen anderen Gebäuden auf der Schlossinsel ab, sieben Jahre später wurde das barocke Schloss errichtet. 1945 ließ Granatbeschuss die Kirche wieder in Flammen aufgehen. Unter der Leitung des damaligen

Liebesinsel
Der letzte Gang des tragischen Großherzogs von Mecklenburg-Strelitz führte über diese Brücke.

Pastors nahmen die Mirower Bürger den Wiederaufbau selbst in die Hand. Nach fünf Jahren konnte das Gotteshaus wieder geweiht werden. Nur für den Kirchturm reichte es nicht. 1989 gründete sich, gegen massiven Widerstand der DDR-Behörden, der Kirchturmverein. Seit 1993 kann man über Stufen, die symbolisch für den Wiederaufbau des Turmes an Mirower Bürger verkauft wurden, wieder zur Aussichtsplattform steigen und einen wunderbaren Blick über die Stadt und den Mirower See genießen. Das „Johanniter-Museum" in einer der Turmetagen erzählt die Geschichte des während der Kreuzzüge entstandenen Ordens bis zur heutigen Johanniter-Unfallhilfe.

Die Liebesinsel

1996 wurde der letzte Nachfahre des Fürstengeschlechts in der Gruft an der Nordseite der Kirche beigesetzt. Schon seit 1704 dient der Anbau als Grablege, zwei eiserne Torflügel verhinderten bei dem großen Brand von 1742 das Übergreifen der Flammen. Hinter einer Glaswand kann man heute die einst prachtvollen Särge sehen. Im Deckel von Adolf Friedrichs IV. Sarg gab es ein Guckfenster, doch da der Leichnam längst mumifiziert ist, wurde es inzwischen aus Gründen der Pietät verschlossen. Einer aber fehlt in der Familiengruft: Adolf VI. Der tragische Freitod des letzten regierenden Großherzogs, Adolf Friedrich VI., im Jahr 1918 gibt noch heute Rätsel auf. Die Mutmaßungen, in deren Zentrum Fürstin Daisy Pleß, eine gebürtige Engländerin, stand, reichen von unglücklicher Liebe bis zu politischen Verwicklungen wegen Spionageverdachts. Eine Brücke führt von der Schlossinsel zu dem Grabmal auf dem kleinen Eiland mit dem romantischen Namen „Liebesinsel".

Das Erbsland

1887 bepflanzte der Mirower Forstmeister, 6 km nördlich der Stadt, eine Insel mit ausländischen Bäumen, um deren Eignung für die deutsche Forstwirtschaft zu testen. Dabei wurden auf etwa einem sieben Hektar großen Terrain vor allem Bäume aus Nordamerika und Asien angesiedelt. Mit einer Maximalhöhe von 40 m und einem Holzvolumen von bis zu 6 m^3 gehören die Goldkiefern im „Erbsland" inzwischen zu den stärksten Exemplaren ihrer Art in Deutschland. Einige Douglasien haben die 40-m-Grenze überschritten. Aufgrund des Lehmbodens werden sie nur von der Küstentanne überragt. Auch die Nord- und die Hemlocktanne weisen beachtliche Dimensionen auf. Im Frühjahr blühen Vogelkirsche und Scharlachahorn; strahlend goldgelb verfärbt sich im Herbst das Laub der Hickorynuss.

Das parkartige Waldgelände, in das sich auch einheimische Stileichen, Weißbuchen, Eschen, Ulmen, Moorbirken und Roterlen mischen, ist zu jeder Jahreszeit zugänglich. Zahlreiche Informationstafeln bieten in Kurzform wichtiges Wissen über die Bäume.

Für Bootsfreunde
Unterhalb der Burg liegt in einer Bucht des Woblitzsees der Wesenberger Sportboothafen.

Vom restaurierten Fangelturm der alten Burg reicht der Blick weit über den Woblitzsee.

Wesenberg am Woblitzsee

Wesenberg liegt in einem Seen- und Sandergebiet am Ufer des Woblitzsees. „Wesenberg ist ein ziemlich wohlgelegenes Städtlein reich an Wasser und Holz, aber der Ackerbau ist etwas gering ... auch ist daselbst ein Herrenhaus, darauf ein Amtmann gehalten wird, die Havel treibt eine zweigliederige Korn- und Walkmühle.“ So äußerte sich der mecklenburgische Historiker Bernhard Latomus 1610 über die Stadt – und es gilt größtenteils noch heute. Nur die Mühle existiert nicht mehr. Wichtigster Wirtschaftszweig dieser Stadt war ab 1886 die Holzindustrie. Das Klappern der zwei alten Holzsägegatter im Norden der Stadt konnte man bis zum Markt hören. Eine Spanplattenanlage und ein Sperrholzwerk waren bis zur Wende bedeutende Arbeitgeber, Handwerk und Tourismus können den Mangel an Arbeitsplätzen nicht decken.

Dabei strahlt das Städtchen gepflegte altdeutsche Gemütlichkeit aus. Viele der schönen Fachwerkhäuser wurden seit 1991 im Rahmen der Städtebauförderung saniert. Ganze sieben Straßen hat die Altstadt, einen ovalen Grundriss und Kopfsteinpflaster. Die Kastanie auf dem Marktplatz soll den Bürgermeister darstellen, die acht Linden drum herum seine

Ratsherren. 1252, vermutlich 50 Jahre vor dem Bau der gotischen Stadtkirche St. Marien südwestlich des Marktplatzes, wurde die Stadt von Fürst Nikolaus I. von Werle gegründet. Urkunden darüber gibt es allerdings nicht. Sicher aber ist, dass die Stadt, wie viele andere brandenburgisch-mecklenburgische Grenzstädte, oft den Besitzer wechselte und 1323 endgültig zu Mecklenburg kam.

Rosen rahmen den Eingang von St. Marien. Sehr hoch ist ihr Kirchturm nicht, der um 1300 aus dicken Quadersteinen gebaut wurde; doch da das Gotteshaus auf einer Anhöhe steht, ist es nicht zu übersehen. Um die eiserne Kette an der nach Norden weisenden Kirchentür rankt sich die Sage, dass sie vom Teufel geschmiedet worden sei. Verbrieft ist, dass diese Kette 1875 von einer jungen Frau in einem Anfall von Raserei durchgerissen und in die hinzueilende Menschenmenge geschleudert wurde. Die Linde auf dem Kirchhof war Zeuge: „Es weht ein Hauch vergang'ner Zeit um unsre alte Linde, sie schaute Lust und Herzeleid bei manchem Menschenkinde", dichtete man dem uralten Baum an, der schon so manchen Sturm überlebt hat. Der faltige Stamm der wahrscheinlich schon über 600 Jahre alten Friedhofslinde hat einen Umfang von rund 8 m und wird heute als Naturdenkmal geschützt.

Wahrzeichen
Die im 13. Jahrhundert erbaute Burg hoch über Wesenberg war einst von Sümpfen umgeben, heute liegt ihr die beschauliche Stadt zu Füßen.

Die Burg wacht über die Stadt

Vermutlich entstand die Burg, bevor die Stadt gegründet wurde. Sie liegt exponiert auf einem frei stehenden, künstlich aufgeschütteten Hügel und überragt den Ort weithin sichtbar. Jahrhundertelang war sie unbewohnbar, es gab nur noch Reste eines Turms. Heute befinden sich auf dem Burggelände die Touristeninformation sowie eine Heimatstube, außerdem ein kleines Forstmuseum und eine Fischereiausstellung.

Im Norden grenzt der 502 ha große Woblitzsee an den Burgberg. Der See besteht aus zwei Becken und ist an der schmalsten Stelle nur 300 m breit. Er wird von der Havel durchflossen, die im Norden vom Großen Labussee herkommt. Der Kammerkanal, der im Nordosten einmündet, verbindet den Woblitzsee mit dem Zierker See bei Neustrelitz.

Abstecher zum Useriner See

Nur ein schmaler Weg trennt den 5,2 km langen und 800 m breiten See von den Useriner Gehöften. Bänke stehen zwischen Erlen und Weiden, sanft schaukeln Kähne im Wasser des von der Havel in Nord-Süd-Richtung durchflossenen Rinnensees, an dessen Ostufer einst der slawische Stamm der Redarier siedelte. Hier lagen die untergegangenen Dörfern Kams, Techentin und Vylym. 1346 entstand das Dorf Woseryn, dessen Name so viel wie „Brandrodung" bedeutet. Dass 1991 das alte Naturschutzgebiet Useriner Horst Teil des Müritz-Nationalparks wurde (siehe Foto rechts), ist auch dem Bodendenkmalpfleger Bernd Schmidt zu verdanken. Seit 1982 zeigt er in seinem Haus am See 230 von ihm eigenhändig präparierte Tiere dieser Landschaft, darunter seltene Vögel, Biber, Fischotter und einen Waschbären. Auch der Marderhund, japanisch „Enok", ist zu sehen. Er zählt wie der Wolf und der Fuchs zur Familie der Hunde, obwohl er wie ein Waschbär aussieht (Foto links). Marderhunde werden in Russland als Pelzlieferanten gezüchtet. Zum Glück konnten einige fliehen, bevor man ihnen das Fell über den Kopf zog. Sie wanderten aus den Weiten der Ukraine westwärts und erreichten vor

etwa 40 Jahren die deutschen Wälder. Keines der Tiere im Schmidtschen Haus wurde zum Zwecke der Anschauung getötet, alle sind eines natürlichen Todes gestorben oder waren Unfallopfer wie etwa ein Seeadler, dem ein Hochspannungsmast zum Verhängnis wurde. Bernd Schmidt weiß über jede Tierart viele interessante Fakten und schöne Geschichten zu erzählen. Zum Beispiel über den „Moorochsen", die Rohrdommel: Viele Nächte lang soll der Großherzog Adolf Friedrich IV. von einem seltsamen langen und dumpfen Ruf vom See her geweckt worden sein. Er hielt es für einen bösen Spuk. Immer wieder raubte ihm der schreck-liche Ton den Schlaf, bis ihn angeblich einer der Lakaien darauf aufmerksam machte, dass es der Schrei der „Rodump" sei, – so die alte volkstümliche Bezeichnung –, eines hühnergroßen Vogels, eben der Rohrdommel.

Neustrelitz – die alte Residenz am Zierker See

Wo heute Neustrelitz steht, waren bis zum 18. Jahrhundert nur Wald und Sumpf.

Neustrelitz ist eine Schöpfung des 18. Jahrhunderts. 1712 brannte das bescheidene Residenzschloss des Begründers der Strelitzer Linie des Hauses Mecklenburg, Herzog Adolf Friedrich II., in nur wenigen Stunden ab. Das war die Gelegenheit für den Nachfolger Adolf Friedrich III., gut 6 km weiter am Zierker See ein kleines Jagdhaus zum neuen Schloss ausbauen zu lassen. Schließlich war Strelitz die Landeshauptstadt des Herzogtums Mecklenburg-Strelitz. Ab 1733 sollte zum neuen Schloss auch eine neue Stadt

Die ideale Stadt
Aus der Vogelperspektive erkennt man das regelmäßige und als „Ideal" geplante Stadtbild am besten.

erstehen. Der braunschweigische Kunstgärtner und Baumeister Christoph Julius Löwe wurde mit der Planung und Leitung des Stadtbaus beauftragt. Der Platz für den Markt war ein stark bewaldeter und von einem Sumpfgürtel umgebener Hügel. Doch Löwe meisterte die schwierige Aufgabe hervorragend und schuf eine kunstvolle Stadt mit einem axialen Straßensystem, das von allen Himmelsrichtungen achtstrahlig auf dem viereckigen Marktplatz mündet. Am besten überblickt man den barocken Grundriss vom dicken Turm der Stadtkirche aus. Von 1768 bis 1778 nach Plänen des herzoglichen Leibarztes Verpoorten erbaut, wurde ihr Turm erst 50 Jahre später von Hofbaumeister Buttel im Stil eines toskanischen Campanile vollendet. Das Rondell in der Mitte des Marktplatzes entstand Mitte des 19. Jahrhunderts. Buttel huldigte dort mit einem Bronzestandbild dem Großherzog Georg, einem Bruder der preußischen Königin Luise, unter dessen Regentschaft das Bild der Stadt viele neue Facetten bekam. Bis 1918 blieb Neustrelitz die Residenz des Herzogtums und bis 1934 Landeshauptstadt des Freistaates Mecklenburg-Strelitz. Nach dem Zweiten Weltkrieg wurde das Standbild des Landesherrn durch ein 20 m hohes sowjetisches Soldatendenkmal verdrängt. Von Neustrelitzer Bürgern vor dem Einschmelzen gerettet, steht die Statue Georgs seit 1989 auf der Wiese vor der Schlosskirche.

Neustrelitz ist heute die Kreisstadt des Landkreises Mecklenburg-Strelitz, der seit 1994 fast in den Grenzen des einstigen Herzogtums neu erstanden ist. Sie blieb, was sie eigentlich immer schon war, eine ländlich geprägte Beamten- und Dienstleistungsstadt, eingebettet in eine wald- und seenreiche Landschaft. Handwerk, Verwaltung und Tourismus sind ihre Haupterwerbszweige.

Die Schlosskirche

Die Schlossstraße, die älteste und als einstiger Wohnsitz des Hofadels vornehmste der Neustrelitzer Straßen führt vom Marktplatz zum Schlosspark und zur Schlosskirche. Mit ihren schlanken Türmen zählt die kreuzförmige, einschiffige Saalkirche zu den schönsten Bauwerken des Architekten Friedrich Wilhelm Buttel. Der Schüler von Karl Friedrich Schinkel kam 1820 auf Empfehlung des berühmten Berliner Baumeisters nach Neustrelitz. Vornehmlich aus dem für ihn typischen gelben Klinker,

Kirche mit Aussicht
Der Turm der Stadtkirche am Marktplatz gewährt einen schönen Blick über die Stadt.

kombiniert mit Schmuckelementen aus Keramik und Ziegel, schuf er unter Einbeziehung neugotischer Formenelemente einen lokal geprägten klassizistischen Baustil, mit dem er das Bild der Stadt wie kein anderer prägte. Die zwischen 1855 und 1859 erbaute Neustrelitzer Schlosskirche, üppig verziert mit Blendmaßwerk, gilt als sein Hauptwerk. Für die reich gegliederte Fassade entwarf Buttel über 300 verschiedene Formsteine, die er in einer Ziegelei am Rand der Stadt brennen ließ. Heute finden hier keine Gottesdienste mehr statt; die Kirche wurde 2001 umfassend saniert und wird seither für Ausstellungen genutzt.

Schloss und Schlosspark

„Am Ausgang der Schlossstraße leuchtet gelb das Schloss und sein prächtiger Turm, in seiner Einfachheit und den klaren lichten Farben, ein sehr gefallender Schmuck der Stadt", heißt es in einer Reisebeschreibung von 1920. Vom einstmals prachtvollen Schloss, das in den letzten Tagen des Zweiten Weltkriegs abbrannte und später abgetragen wurde, zeugt nur noch ein verkleinertes Abbild aus Stahlträgern und wetterfester Gaze. Es zeigt die Fassade eines der Schlossflügel. Von einem begehbaren Turm hat man einen schönen Blick auf den Park. Das barocke Neustrelitz musste immer wieder Veränderungen erfahren, vieles wurde klassizistisch oder neugotisch verändert, manches ist ganz verschwunden, wie das Residenzschloss. Geblieben aber ist eine der schönsten Parkanlagen Mecklenburgs, die bereits seit Anfang des 19. Jahrhunderts der Öffentlichkeit zugänglich ist. 1842 wandelte Buttel, begleitet

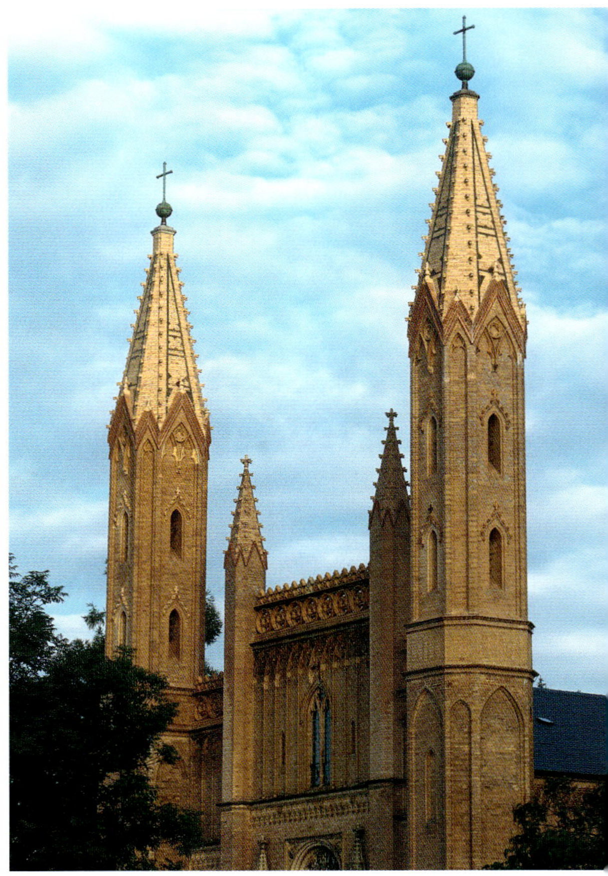

Schlosskirche mit Doppeltürmen
Gelber Backstein war typisch für die Bauwerke des Neustrelitzer Baumeisters Buttel.

Rund um den Zierker See

Mit 380 ha gehört der Zierker See zu den größeren der Mecklenburgischen Kleinseenplatte, und doch kann man ihn in etwa anderthalb Stunden gemütlich umradeln. Die ursprüngliche Wasserfläche schrumpfte bei der Urbarmachung für den Bau der Stadt Neustrelitz im 18. Jahrhundert erheblich, heute ist der flache Muldensee zum Baden nicht geeignet. Doch vor der Mole des Hafens tummeln sich Kanus, Sportboote und Yachten im Wasser – ein schiffbarer Wasserweg verbindet Neustrelitz mit Berlin und Hamburg – Ausflugsschiffe stechen von hier aus in See. Radler und Wanderer nehmen den ausgeschilderten Weg gen Süden. Der weiße Pavillon des ehemaligen herzoglichen Wäschespülhauses (1821, Buttel) und die Weiße Brücke sind noch Relikte des herzoglichen Gesamtkonzepts zur Verschönerung der Landschaft. Fußgänger nutzen die hölzerne Brücke, für Radfahrer gibt es einen Weg drum herum. Beide Wege treffen am Slawendorf wieder aufeinander. 1994 wurde dort auf einem 1,4 ha großen Areal am Seeufer eine alte slawische Siedlung nachgebaut, zum Wasser hin begrenzt durch einem Flechtzaun, die Landseite schützt ein Palisadenzaun. Im Mahlhaus, im Fischerhaus, im Töpferhaus und in der Schmiede werden frühmittelalterliche Handwerkstechniken vorgeführt.

Weiter geht es über die 1808 vom Hofmarschall Hobe zum Landschaftspark umgestaltete Schlosskoppel am Rand der Verlandungszone des Zierker Sees, auf der Schwarzerlen und große Seggen- und Binsenarten wachsen. Hinter dem Gehöft Vorderster Kalkofen überquert der Weg den Kammerkanal, der seit 1842 den Zierker See mit der Woblitz und der Oberen Havelwasserstraße verbindet. In Lindenberg zweigt der 1,3 km lange forstbotanische Lehrpfad Lindenberg-Röthsee ab (für Radfahrer ungeeignet). Nächste Station auf der Hauptroute ist der Findlingsgarten bei Prälank-Kalkofen. Über der blühenden Trockenwiese des Butenbergs flattern Schmetterlinge, mittendrin liegen 80 Relikte der Eiszeit aus Granit, Sandstein, Porphyr, Gneis, Basalt und Diabas. Tafeln informieren über Geografie, Flora und Fauna. Ein kurzer Sprung in den Großen Prälanksee – und weiter geht es durch die Niedermoorwiesen zwischen Torwitz und Zierke. Mit etwas Glück kann man hier die Fischadler beobachten, die vom Zierker See zu ihren Brutplätzen im nahen Müritz-Nationalpark fliegen. Von Zierke geradewegs zurück nach Neustrelitz.

Residenzstadt der Operette
Die Aufführung von Paul Linkes berühmter Operette „Frau Luna" war einer der Höhepunkte der Neustrelitzer Schlossgartenfestspiele 2008.

von den Ratschlägen Karl Friedrich Schinkels und Christian Daniel Rauchs, die Orangerie für die Aufbewahrung der fürstlichen Antikensammlung in einen der elegantesten Gartensalons Deutschlands um. Auch die Gestaltung des Schlossparks unterlag immer wieder dem jeweiligen Zeitgeschmack, doch hat er als wesentliches Relikt der barocken Komposition die Hauptachse, ein langes, sich verjüngendes Rasenparterre, behalten. Seit dem 19. Jahrhundert ist es vom geschlängelten Wegesystem eines englischen Landschaftsgartens umgeben. Beide Gartenteile werden durch die von Hainbuchenhecken gesäumte Seufzerallee verbunden.

Götter aus Zink und Sandstein

Auch das Arrangement der Statuen im Garten wurde verändert. Nur in der Götterallee stehen noch Kopien barocker Sandsteinstatuen. Ansonsten schmücken zumeist Nachbildungen antiker Kunstwerke den Park, die im 19. Jahrhundert im Auftrag des Großherzogs Georgs entstanden oder als Geschenke des preußischen Königs nach Neustrelitz kamen. Die antiken Götter an der ehemaligen Schlossauffahrt bestehen aus galvanisiertem Zinkguss. Derartige Kopien ließ der Großherzog bei der Berliner Zinkgießerei Geiss herstellen; sie waren preiswert, wetterbeständig und im Werturteil des 19. Jahrhunderts einem Original fast ebenbürtig.

Ein Teil der klassizistischen Skulpturen kam auch aus dem Atelier des Berliner Bildhauers Christian Daniel Rauch, so die Zinkguss-Kopie der „Victoria von Leuthen" mitten auf dem barocken Rasenparterre. Die Prunkvase ist die Marmorkopie einer Vase des Berliner Bildhauers Friedrich Drake. Den Abschluss der grünen Mittelachse bildet wirkungsvoll ein offener Rundtempel nach dem Vorbild des Erechtheions in Athen. Im Innern tänzelt anmutig die Göttin der jugendlichen Schönheit und Mundschenkin des Olymps, eine Kopie der Hebe von Antonio Canova. Die Ildefonsogruppe im schlossnahen Bereich ist bereits eine Sandsteinkopie. Der 1945 zerstörte Vorgänger war ein Geschenk des preußischen Königs Friedrich Wilhelm IV., eines Sohnes der Luise. Zum Gedenken an seine Lieblingsschwester ließ Großherzog Georg auf den Kaninchenberg im „englischen" Teil des Gartens einen achteckigen Tempel aus Holz errichten. 1891/92 entstand an seiner Stelle ein neuer klassizistischer Bau aus hellem schlesischen Sandstein nach dem Vorbild des Charlottenburger Mausoleums, der letzten Ruhestätte der Königin Luise, mit einer Kopie der Grabstatue Christian Daniels Rauchs, angefertigt von seinem Schüler Albert Wolff.

Nur wenige Schritte weiter steht das Landestheater Neustrelitz, ein Neubau von 1954. 1838 engagierte der Großherzog Georg die in der Berliner Theaterszene als „erste Liebhaberin" sehr erfolgreiche Schauspielerin Adele Peroni an das Hoftheater (1924 abgebrannt, 1928 wieder aufgebaut, 1945 erneut abgebrannt). Mit Adele kam auch ihr Gatte, der Demokrat und Satiriker Adolf Glasbrenner, der in Neustrelitz seine große Gesellschaftssatire *Neuer Reineke Fuchs* schrieb.

Ewige Jugend
Das Original der griechischen Göttin Hebe von Canova befindet sich in der Berliner Nationalgalerie.

Die Serrahner Buchenwälder

Wenn die Menschen Deutschland verließen, so würde dieses gänzlich mit Wald bewachsen ... und die Wälder würden nicht bloß größer, sondern auch fruchtbarer werden", schrieb einer der ersten und bedeutendsten deutschen Forstwissenschaftler, Heinrich Cotta, um 1790 in seinem „Waldlehrbuch".

Urwaldhaft muten die östlich von Neustrelitz gelegenen Buchenwälder des Müritz-Nationalparks an. Dort hat sich in den letzten Jahrhunderten auf einer sanfthügeligen Endmoränenlandschaft ein Wald aus Buchen und Traubeneichen entwickelt, wie er einst weite Gebiete Norddeutschlands bedeckte. Mächtige Stämme mit Umfängen bis zu fast 6 m recken sich an die 40 m in die Höhe. Teppiche aus Buschwindröschen breiten sich im Frühjahr unter den Bäumen aus, die im Herbst mit ihren flammenden Farben einen mecklenburgischen „Indian Summer" inszenieren. Rotbuchen wachsen nur in Europa, und nirgendwo gab es einst so viele Rotbuchen wie in Deutschland. Noch heute würden zwei Drittel der deutschen Landesfläche damit bedeckt sein, hätte der Mensch sie inzwischen nicht auf lediglich sieben Prozent des einstigen Bestandes reduziert.

Es ist der Jagdleidenschaft der Mecklenburg-Strelitzer Großherzöge zu verdanken, dass die herrlichen Buchen des Gebietes um Serrahn nicht der Holzgewinnung zum Opfer fielen. Bis 1918 war dort ausschließlich Jagdgebiet. Teile der Wälder wurden umzäunt, um Konflikte mit den umliegenden Bauern zu vermeiden. Schon nach dem Zweiten Weltkrieg wurden diese Flächen als Totalreservat bzw. Naturschutzgebiet ausgewiesen.

Die Serrahner Buchenwälder gehören zu den wenigen Relikten einer ursprünglichen Vegetation, die sich nach fast vollständiger Rodung in slawischer und frühdeutscher Zeit wieder entwickelt hat. Die Buche ist eine junge Baumart, sie kehrte nach der Eiszeit vor etwa 10 000 Jahren als letzte der heutigen heimischen Baumarten nach Europa zurück und besiedelte weite Flächen. Sie ist anpassungsfähig und stark, ihr in den Nutzwäldern selten erreichtes Alter liegt jenseits der 400 Jahre. Sie verträgt Sonne und Schatten, gedeiht auf trockenen und feuchten, nährstoffarmen und nährstoffreichen, stark sauren bis kalkreichen Standorten. Außerdem sind Buchenwälder artenreicher als noch bis vor einigen Jahren gedacht. Das Lebensmotto eines Buchenwaldes könnte lauten: leben und leben lassen, denn er bietet Lebensraum für mehr als 7000 Tier-, Pflanzen- und Pilzarten.

„Europäische Buchenwälder bilden ein spezifisches, weltweit einzigartiges Naturerbe Europas und insbesondere Deutschlands", mahnt das Bundesamt für Naturschutz (BfN). Wer solche Ökosysteme bewahrt und fördert, übernimmt globale Verantwortung. Aus diesem weitsichtigen

Der alte Wald
Wie die Natur ohne Einfluss des Menschen weite Teile Mitteleuropas gestalten würde, ahnt man im Serrahner Buchenwald.

Grund soll nun ein 244 ha großer Teil der Serrahner Buchenwälder Weltnaturerbestätte werden, geschützt von einer 2142 ha großen Pufferzone.

Neben den Serrahner Wäldern wurden auch Teile des Nationalparks Jasmund auf Rügen, des Nationalparks Hainich in Thüringen, des hessischen Nationalparks Kellerwald-Edersee sowie des Grummsiner Forstes im brandenburgischen Biosphärenreservat Schorfheide-Chorin dafür vorgeschlagen. Die endgültige Entscheidung fällt im Juni 2010.

Kleines Haus am Wald
Das 1911 erbaute, denkmalgeschützte Forsthaus Serrahn ist heute Sitz der Nationalparkverwaltung.

Naturerlebnispfad Zinow-Serrahn

Der 8 km lange, gekennzeichnete Natur-Erlebnis-Pfad, auf dem einzelne Stationen Wissenswertes über die alten Wälder um Serrahn vermitteln, beginnt an einem kleinen Parkplatz in Zinow und führt zunächst durch ein forstlich geprägtes Waldgebiet. Doch nach spätestens 2 km verschwinden die Weihnachtsbaumplantagen. Mächtige alte Kiefern und der starke Unterwuchs aus Eichen, Buchen und Eschen bestimmen das Bild. Von einem Aussichtsturm aus lässt sich das großflächige Verlandungsmoor übersehen, das durch die Absenkung des Serrahner Sees entstand. Weiter schlängelt sich der schmale Pfad entlang der ehemaligen Seeterrasse zur alten Dorfstelle „Saran", einer slawischen Siedlung aus der Zeit etwa um 900 bis 1440, direkt in den „Urwald". Das alte Serrahn wurde 1940 entdeckt. Zuerst kamen die Reste eines Backofens bei Grabungen zutage. Die Häuser des Dorfes, das vermutlich bis ins 16. Jahrhundert existierte, standen auf rechteckigen Steinreihen, die man heute noch sehen kann. Mitten im Wald liegt die heutige Ortschaft Serrahn mit wenigen Häusern aus dem 19. Jahrhundert. Die Ausstellung im alten Forsthaus informiert über die Geschichte des Serrahner Gebietes.

Grünes Reich
Fantastisches Licht- und Schattenspiel verzaubert den Buchenwald. Seine Samen, je zwei in einem Fruchtbecher steckende Bucheckern, nähren auch Vögel und Nagetiere (unten).

Der Star des Waldes
Die Blüten der Buschwindröschen sind erste Frühlingsboten im Wald.

Feldberger Seenlandschaft – ein Refugium in Grün und Blau

Naturschutz hat in der Feldberger Seenlandschaft seit über 70 Jahren Tradition.

Für alte Umsiedler ist es „wie in Masuren"; „Kanada ist nur größer", vergleichen junge Globetrotter. Die vielgestaltige, wasserreiche Landschaft des 34 500 ha großen Naturparks Feldberger Seenland ist ein „Freilichtmuseum eiszeitlichen Geschehens". Selten ist die klassische glaziale Serie – Grundmoräne, Endmoräne, Sander, glaziale Rinne – so ausgeprägt und auf so engem Raum erlebbar wie hier. Acht herrlich saubere Seen treffen im Bogen zweier Endmoränenwälle aufeinander, deren Höhen und Kuppen gleichsam das Musterbeispiel einer von Gletschern aufgetürmten, zum Teil beachtlich hohen Endmoränenlandschaft sind. So ragt der Reiherberg bei Feldberg 145 m auf, und auch der Hauptmannsberg zwischen dem Schmalen Luzin bei Feldberg und dem Zansen bei Carwitz erreicht noch 121 m. Inmitten des großen glazialen Formenschatzes mit Seen, Weihern, Brüchen, Mooren und Wäldern liegen weite Felder. Zu 45 % besteht der Naturpark aus landwirtschaftlichen Flächen, die stellenweise von Toteislöchern durchsetzt sind. Dies sind die Reste von einst 150000 Söllen, kleinen, meist kreisrunden Teichen, von denen die meisten in Mecklenburg-Vorpommern durch Entwässerungsmaßnahmen noch zu DDR-Zeiten verschwunden sind.

Glasklare Seen

69 Gewässer mit einer Größe von mehr als einem Hektar werden im Naturpark gezählt. Dabei bleiben die Seen unter sich, kein Zufluss von außen bedroht die Frische und Klarheit ihres Wassers. Maränen und Fischotter soll es in dieser Gegend geben. Sportmotorboote sind nur auf dem Feldberger Haussee, in den 750 m weit die Halbinsel Amtswerder hineinragt, und auf dem Breiten Luzin erlaubt. Der Haussee, der Breite Luzin, der Schmale Luzin und der Lütte See gehören zu den oberen Seen des Naturparks. Sie sind durch den Luzinkanal miteinander verbunden. Dabei gilt der Breite Luzin nordöstlich von Feldberg mit 345 ha nicht nur als der größte der oberen Feldberger Seen, sondern ist mit gut 58 m nach dem

Für Pferdefreunde
Die Feldberger Seenlandschaft ist nicht nur für Wasserwanderer ein schönes Gebiet, sondern auch ideales Reitrevier.

Schaalsee auch der zweittiefste in Mecklenburg-Vorpommern. Ein großer Teil seines relativ steilen Westufers ist von Buchen gesäumt; am gegenüberliegenden Ufer breitet sich ein dichter Schilfgürtel aus.

Der etwa 7 km lange, nur maximal 300 m breite, aber mit 34 m verhältnismäßig tiefe Schmale Luzin liegt in einer eiszeitlichen Rinne. Kristallklar und smaragdgrün spiegelt er die dichten Buchenwälder an den Uferhängen wider. Bis zu 8m Tiefe kann man den Fischen beim Schwimmen zuschauen: Der See gehört zu den klarsten aller Mecklenburg-Vorpommerschen Seen. Der Legende nach verdankt der See seinen Namen einem Fischer, der mit einem am Strick befestigten Feldstein die Tiefe des Sees zu messen versuchte; plötzlich habe dieser eine Stimme vernommen, die rief: „Lot sin, lot sin!“ (Lass sein, lass sein). Wahrscheinlicher ist allerdings, dass der Name sich von der slawischen Vorsilbe „Lu“ ableitet, was so viel wie Licht oder Klarheit bedeutet. Bereits 1939 wurde dieses landschaftliche Kleinod als Landschaftsschutzgebiet ausgewiesen.

So klar wie heute war dieser See allerdings nicht immer. Lange Zeit entwässerte der damals stark eutrophierte, also aufgrund von Verunreinigungen sehr nährstoffreiche und sauerstoffarme Feldberger Haussee über den Seerosenkanal in den Schmalen Luzin, bis 1969 die Verbindung endlich künstlich unterbrochen wurde. Zwischen 1996 und 2000 sanierte man den Schmalen Luzin überdies aufwendig mithilfe einer Tiefenwasserbelüftungsanlage. Dabei führte man auch Weißkalkhydrat in das Tiefenwasser, wodurch die natürliche Kalkausfällung im Gewässer verstärkt und wassertrübende Phosphate langfristig in den Ablagerungen am Seegrund gebunden wurde.

Heute wird der Schmale Luzin nur noch vom Breiten Luzin gespeist und entwässert selbst im Süden über einen kleinen Bach bei Carwitz in die unteren Seen. Zu diesen gehören der 164,4 ha große und 42,2 m tiefe Zansen, der Carwitzer See, der mit 394 ha größte der Feldberger Seen, und der Dreetzsee. Wer von hier aus weiter nach Süden ins Brandenburgische will, muss am Ende des 76 ha großen Dreetzsees ganze 400 m weit das Boot über Land tragen, denn dieser See fließt nur unterirdisch zum 9,5 m tiefer gelegenen Krüselinsee.

Feriensee mit Tradition
Das Ufer des Haussees war schon im vorletzten Jahrhundert begehrte Adresse für Sommerfrischler.

Krumbecker Park

1832 legte Preußens bedeutendster Gartenarchitekt, Peter Joseph Lenné, in Krumbeck einen Landschaftsgarten nach englischem Vorbild an. Das Gelände mit zahlreichen Wasserläufen und schlichten Eichenholzbrücken sowie seltenen Bäumen und Pflanzen befand sich bis 1945 im Familienbesitz derer von Dewitz. Später verwahrloste der Garten, 1951 brannte das Haupthaus bis fast auf die Grundmauern ab. Erst 1990 konnten weite Teile des Landschaftsparks wieder nach den ursprünglichen Plänen Lennés nachgestaltet werden. Heute erstreckt sich das gepflegte Parkgelände über 3,5 ha (siehe Foto links). Restauriert wurde auch das Feldsteingrab des letzten Gutsbesitzers Ulrich Otto von Dewitz (1856-1921).

Die Feldberger Vier-Seen-Runde – über Stock und Stein

Herrliche Aussichten, schöne Badestellen, ein Eiszeitlehrpfad und ein Museum liegen auf dieser insgesamt etwa 23 km langen Runde um den Haussee, den Breiten Luzin, den Lütten See und den Schmalen Luzin. Wer kein Fahrrad dabei hat, kann sich eines in der Nähe der Feldberger Tourismusinformation in der Strelitzer Straße ausleihen. Durch den Stadtpark geht es zunächst am Westufer des Haussees entlang in den Wald. Schon bald machen sich die Steigungen dieser Landschaft in den Beinen bemerkbar. Aber es geht auch immer wieder bergab, und schon nach wenigen Kilometern bietet die „Marienquelle" unter alten, hohen Buchen Erfrischung. Ein Abstecher (ohne Fahrrad) auf den Reiherberg belohnt mit dem schönsten Ausblick über den Haussee. Zeugnis früher Besiedelung ist hier der Schlossberg mit den Resten einer slawischen Höhenburg aus der Zeit von etwa 800 bis 1200 n. Chr. Folgt man nun dem Wegweiser „Rundweg Breiter Luzin", erreicht man bald den Lichtenberger Badestrand am Breiten Luzin, der bei schönem Wetter zu einer Badepause einlädt.

Um den Lütten See herum geht es einige Kilometer über die Chaussee nach Wittenhagen. Von Wittenhagen führt die Allee Richtung Süden in das Naturschutzgebiet Hullerbusch. Das Radeln auf den steinreichen unebenen Endmoränenrücken ist nicht einfach, doch entschädigt der schöne Blick die steilen Buchenhänge hinunter auf den Schmalen Luzin. Etwas unterhalb des Hotels „Hullerbusch" wartet die Fähre auf müde Wanderer, die den Rückweg nach Feldberg abkürzen möchten. Beim Fährmann, der seine Fahrgäse mit einer handgetriebenen Drahtseilfähre ans andere Ufer bringt, kann man sich auch ein Boot ausleihen. Aber für die Radfahrer wird die Tour nun ebenfalls zur reinen Erholung: Über einen asphaltierten Weg führt sie weiter nach Carwitz, das heute ein Ortsteil der Gemeinde Feldberger Seenlandschaft ist. Am Ende des Dorfes bergab über die Badewiese führt ein wurzelreicher, aber schöner und schattiger Weg direkt am Schmalen Luzin entlang zurück nach Feldberg.

Steinreiche Landschaft

Der Feldberger Boden ist so steinig, dass die Felder auch als Teststrecke für Landwirtschaftsmaschinen taugten. Die Gletscher brachten reichlich Gesteinsmaterial mit aus dem nordöstlichen Europa: roten Granit aus Schweden neben Quarziten aus dem Baltikum – in Kieselsteingröße und als tonnenschwere Findlinge. Die Steine sind Fluch und Segen zugleich: Immer wieder „wuchsen" (und wachsen) die Steine aus den Feldern und erschwerten die Arbeit. Sie waren aber auch Bausteine für Straßen, Scheunen und Gotteshäuser der Dörfer. Die Kirchenruine von Conow auf 1,10 m dicken Feldsteinquadern steht unter Denkmalschutz. Für die Wände über dem Fundament wurden kleine Steine mit Kalkbrei verklebt. Um die zähe Masse geschmeidig zu halten, rührte man dem Mörtel Quark bei. Für eine glatte Quaderfassade wurden dünne Steintafeln davorgesetzt.

Den Feldsteinmauern der Wehrkirche in Mechow, einem kleinen, ruhigen Ferienort zwischen Feldberg und Lychen, konnten jedenfalls selbst die Verwüstungen des Dreißigjährigen Krieges nichts anhaben. Sogar die Dachkonstruktion aus der zweiten Hälfte des 13. Jahrhunderts ist bis heute original erhalten geblieben. Diese Kirche ist ein eindrucksvolles Zeugnis der Feldsteinquaderbaukunst. Die Mauern des als Turm ausgebauten Westhauses sind gut 2 m dick. In dieser frühmittelalterlichen Wehrkirche wurden eben keineswegs nur Gottesdienste für die Dorfbevölkerung abgehalten; in den feuersicheren Tonnengewölben fanden die Kinder und Frauen des Dorfes auch Schutz bei kriegerischen Belagerungen. Eine darüber liegende Kammer, die nur vom Dachboden aus zugänglich ist, wurde früher „Jungfernstube" genannt: Darin versteckten sich die jungen Mädchen und Frauen vor den Übergriffen feindlicher Besatzer.

Wie man sich im 19. Jahrhundert der Feldsteine als Schmuckelement bedient hat, zeigt die schöne einschiffige Saalkirche in dem kleinen Dorf Fürstenhagen, das etwa 4 km von Feldberg entfernt liegt. In den Jahren 1867–69 wurde sie von dem Baumeister Friedrich Wilhelm Buttel, einem Schüler Schinkels und der bedeutendste Architekt von Mecklenburg-Strelitz, errichtet. Sie war sein letzter Kirchenbau vor seinem Freitod 1869.

Eremit und Mopsfledermaus

Baumhöhlen, Totholz und Moore geben in dem 460 ha großen Naturschutzgebiet „Feldberger Hütte" zahlreichen Tier- und Pflanzenarten Lebensraum: Der hübsche Schwarzspecht, die Mopsfledermaus, die auf der Roten Liste der vom Aussterben bedrohten Tierarten steht, und der ebenfalls sehr gefährdete Eremit fühlen sich hier heimisch. Der etwa maikäfergroße Käfer spielt für das ökologische Gleichgewicht eine wichtige Rolle. Seine Nahrung sind die braunfaulen Holzreste der alter und abgestorbener Bäume. Die Chance, einen dieser nützlichen Käfer zu sehen, ist allerdings gering, denn die meisten verlassen niemals ihre Baumhöhle. In diesem Wald werden von Eremiten bewohnte Bäume nicht gefällt. Auch Seeadler, Kraniche und Waldschnepfen finden in der feuchten und sumpfreichen Region ein reichhaltiges Nahrungsangebot.

Auf den Spuren der Eiszeit

Das kleine Straßendorf Wittenhagen auf den Endmoränenrücken östlich des Schmalen Luzins bietet eine besondere Attraktion: Das Aktionszentrum „Eiszeit und Naturerlebnis Feldberger Seenlandschaft" führt seine Besucher auf einem Eiszeitlehrpfad über 13 beschilderte Stationen zu den Besonderheiten dieser Landschaft. Dabei erfährt man nicht nur alles Wissenwerte über Endmoränen, Sölle und Kesselmoore, sondern auch einiges über die ökologische Nützlichkeit von Hecken und Alleen. Über das alte, fast vergessene Handwerk der Steinschläger kann man ebenfalls einiges lernen.

Das Naturschutzgebiet Hullerbusch, nur wenige Schritte südlich von Wittenhagen, grenzt mit einem sehr alten Waldstück voller Findlinge, Toteislöcher und Waldsümpfe an den Ort. Um die Blockpackungen, natürliche Anreicherungen größerer Geschiebe am einstigen Rand des Inlandeises, vor Steinabbau zu bewahren, wurde der Buchenwald zusammen mit dem angrenzenden Schmalen Luzin bereits in den 1930er-Jahren unter Naturschutz gestellt. Die Steilhänge zum See sowie die Kesselmoore sind seitdem Totalreservate; auch der dazwischen liegende Wald wird schonend bewirtschaftet. Im artenreichen Altwald wachsen Perlgras-Buchen und Schattenblumen. In den artenreichen Hangwäldern am Westufer des Schmalen Luzins leben Rotmilan und Spechte.

Den von Brombeerranken, Schlehenbüschen und Ginster gerahmten Weg vom Hullerbusch über den Hauptmannsberg, die mit 121 m die höchste Erhebung des gleichnamigen Naturschutzgebietes, ist einst auch der Schriftsteller Hans Fallada oft gegangen. Sein Haus im etwa 2 km entfernten Carwitz ist heute Museum. Eingebettet in dunkelgrüne Wälder und sanfte Hügel liegt es auf einem schmalen Bergrücken zwischen vier Seen, dem Schmalen Luzin, dem Zansen, dem Carwitzer See und dem Dreetzsee. Obwohl der Name sich von dem slawischen Wort „Karvica" herleitet, was so viel bedeutet wie „Ort, wo es Kühe gibt", wurde Carwitz schon 1216 als Fischerdorf genannt und gehörte nach einigen Wechseln ab dem 16. Jahrhundert endgültig zu Mecklenburg. Nicht nur der Städtebauförderung, sondern auch seinem berühmtesten Bewohner, Hans Fallada, hat das Dorf nach der Wende eine gründliche Sanierung zu verdanken; sehenswert ist etwa das Haus Dreiseidel am Kirchenanger mit seinem Krüppelwalmdach.

Nachtschwärmer
Früher war die Mopsfledermaus eine der häufigsten einheimischen Arten, inzwischen gilt sie aber in vielen Regionen als ausgestorben.

Wie Landschaft entsteht
Der Eiszeitlehrpfad in Wittenhagen, Teil des UNESCO-Geoparks „Mecklenburgische Eiszeitlandschaft", erklärt Phänomene der jüngsten Eiszeit.

Heute bei uns zu Haus – Hans Fallada in Carwitz

Chronist der kleinen Leute
In Falladas Büchern gibt es keine großen Helden, er stellte das Leben seiner Mitmenschen dar.

Ich könnte Euch lange von diesem Besitztum vorschwärmen, von seinen 140 Obstbäumen, seiner verwunschenen einsamen Lage am Ende des Dorfes ... Das Haus ist ein richtiges altes Gutshaus, urgemütlich, mit elektrischem Licht, Öfen, mit sieben Zimmern ... Es liegt direkt ohne jeden Uferweg mit reichlich 500 Meter Seefront am Carwitzer See. Überall ist Buchen- und Kiefernwald ...", schrieb Rudolf Ditzen alias Hans Fallada 1933 an seine Eltern. Der ungewohnte Reichtum nach dem großen Erfolg seines Buches *Kleiner Mann – was nun?*, das 1932 erschien, und eine Verhaftung durch die Nationalsozialisten im März hatten Fallada aus der Bahn geworfen. Auf Anraten und mit Hilfe des Rowohlt-Mitarbeiters Peter Zingler zog er von Berlin nach Carwitz.

„Von allen Fenstern aus sehen wir Wasser, lebendiges Wasser, das Schönste auf Erden. Es blitzt zwischen den Wipfeln uralter Linden, es verliert sich in der Ferne, begleitet von schmächtigen Ellern; dickköpfige Weiden suchen es zu verstecken, hinter gelben und grünen Schilffeldern breitet es sich aus ... ", beschrieb Fallada 1943 in *Heute bei uns zu Haus* den Ort, an dem er Ruhe finden wollte.

Das Verhängnis

Bis auf wenige Monate gelang dies jedoch kaum. Fallada, beladen mit einem unseligen Vaterverhältnis und dem Trauma, einen Schulfreund im Duell getötet zu haben, kam schon früh mit Morphium in Berührung, wurde zum Trinker. Carwitz sollte ein neuer Anfang sein. Fallada war 40 Jahre alt, als er hierher kam, und schuf in den elf Carwitzer Jahren den Großteil seines epischen Werkes. Noch während aus dem alten Bauernhaus eine Landvilla wurde, arbeitete Fallada im Feldberger Deutschen Haus bereits am nächsten Roman: *Wer einmal aus dem Blechnapf frisst*. Von den Nationalsozialisten dafür beargwöhnt, wich er nun zunehmend ins Unpolitische aus.

Vom Leben im Carwitzer Haus ist das Buch *Heute bei uns zu Haus* getragen. Es ist ein Resümee eigener Schwächen und Krisen und der unendlichen Geduld seiner Frau, Anna Ditzen, genannt Suse. Fallada war unleidlich, wenn er im Schreibrausch war. Nach dem Ende des Manuskripts kam der Zusammenbruch. 1944 fiel ein Schuss aus seiner Pistole, der nur knapp Anna Ditzen verfehlte, worauf Fallada in die Landesanstalt Strelitz eingewiesen wurde. Darauf folgte die Scheidung. Das Verhängnis nahm seinen Lauf, als der alkohol- und morphiumsüchtige Fallada die Unternehmerwitwe Ursula Losch kennenlernte und 1945 heiratete. Im selben Jahr war er noch vier Monate lang Bürgermeister von Feldberg, bevor er wieder nach Berlin zurückkehrte und fast nur noch Dauerpatient in Kliniken und Heilanstalten war. Protegiert von Johannes R. Becher schrieb Fallada 1946 in Berlin sein letztes Buch: *Jeder stirbt für sich allein*, das jedoch erst posthum erschien.

Das Fallada-Dorf

1965 verkaufte Anna Ditzen das Carwitzer Haus an den Kinderbuchverlag, der es als Ferienheim nutzte. Erst Anfang der 1970er-Jahre

Die Rowohlt-Erstausgabe von 1932
Pinnebergs und Lämmchens Geschichte in Falladas erstem Romanerfolg ist noch heute lesenswert.

Trügerisches Idyll
So sehr Fallada auch von der Landschaft schwärmte, so wenig schienen ihm die Ruhe und Einsamkeit wirklich zu helfen.

Falladas Haus ist nun Museum
Im Carwitzer Museum befindet sich auch ein umfangreiches Hans-Fallada-Archiv.

erinnerte man sich in der DDR wieder an Hans Fallada, den gesellschaftskritischen Autor und Chronisten der kleinen Leute. Tom Crepon, damals Leiter des Neubrandenburger Literaturzentrums, begann zu forschen: in den Erinnerungen Annas, in alten Akten und im Nachlass, den Falladas zweite Frau 1957 an eine Braunschweiger Unternehmerfamilie verkauft hatte und der durch die Vermittlung Crepons später ins Feldberger Fallada-Archiv kam.

1978 erschien im Mitteldeutschen Verlag Leipzig die erste große Fallada-Biografie der DDR, die zweite in Deutschland überhaupt nach der des Rowohlt Verlages aus dem Jahr 1963. Carwitz bemühte sich erfolgreich, an das neue Renommee seines einstigen Bewohners anzuknüpfen. Der Ortsbibliothekar stellte Fallada-Titel in seine Regale, dann wurde die Oberschule umbenannt. 1973 gab es eine erste winzige Ausstellung im Spritzenhaus. 1977 wurde das einstige Arbeitszimmer Falladas im Carwitzer Haus Erinnerungszimmer. Seit 1992 werden nun auch weitere Räume und der Garten gezeigt. Tagebuchseiten und zahlreiche Fotos sind ausgestellt. Original erhalten sind der Schreibtisch, eine Schreibmaschine und ein Federhalter. Nun führt der pensionierte Germanist Manfred Kuhnke, der lange mit Anna Ditzen befreundet war, den Besucher durch die Räume. Lange hatte er die sonst vernachlässigte Grabstätte von Hans Fallada in Berlin-Pankow gepflegt. Erst 1981 kam Falladas Asche auf den kleinen Friedhof in Carwitz, von wo aus man einen schönen Blick auf den Schmalen Luzin hat.

Jeder stirbt für sich allein
Ein schlichter Stein markiert heute in Carwitz die letzte Ruhestätte des großen Schriftstellers (1947 gestorben in Berlin).

Unter hohen Bäumen
Die „Heiligen Hallen“ sind Deutschlands ältester Buchenwald.

Die Heiligen Hallen – ein Wald wie ein Dom

350 Jahre gehen auch an der Majestät der Heiligen Hallen nicht spurlos vorüber.

Unter meinen alten Buchen,/ die wie Himmelssäulen stehn,/ möchte ich dich, o Ruhe, suchen,/ möcht den Himmel wiedersehen,/wie er durch die dunkeln Äste,/ zwiefach schön und her erscheint,/ dann seh ich gewiss das Beste/ Erd und Himmel eng vereint.“ So dichtete 1850 der Großherzog Georg von Mecklenburg-Strelitz. Damals waren die Buchen bei Lüttenhagen bereits etwa 200 Jahre alt und befanden sich in der sogenannten optimalen Phase der Bestandsentwicklung. Sie waren hoch und gerade gewachsen, ihre grünen Kronen bildeten ein gewaltiges Dach, das den Betrachter zum Vergleich mit gotischen Kirchenbauten verführte. Das edle Ansinnen des Großherzogs war – in seinen Worten –, „für alle Zeiten den Wald zu schützen“. 1908 wurde das Gebiet auf die Naturdenkmalliste Mecklenburgs gesetzt und am 24. Februar 1938 im Rahmen des seit 1935 bestehenden Reichsnaturschutzgesetzes zum Naturschutzgebiet erklärt. Doch erst seit 1950 steht es unter absolutem Schutz, Totholz darf sich hier wieder in fruchtbaren Humus

Das kleine Waldmuseum
Beim Lütt Holthus kann man auch eine Harzerhütte besichtigen. Durch die gekappte Spitze zieht der Rauch ab, das kleine Dach schützt vor Regen.

verwandeln. Bei genauerem Hinsehen kann man erkennen: Das Holz ist voller Leben. Käfer, Pilze und andere Kostgänger beteiligen sich am Zersetzungsprozess und sorgen so für die Grundlage neuen Lebens. 1993 erweiterte man das Schutzgebiet von 25 auf 65,5 ha.

Heute sind die Bäume der „Heiligen Hallen“ über 350 Jahre alt und an die 53 m hoch. Sie haben ihre biologische Altersgrenze erreicht. Geschwächt von Pilzen und anderen Parasiten bieten sie dem Sturm leichtes Spiel. Im Juli 2007 schlug ein Orkan mehrere Schneisen in den Wald. Das 25 ha große Kerngebiet wurde inzwischen auch zum Schutz der Wanderer gesperrt. Auf dem etwa 6 km langen Rundweg bekommt man angesichts vereinzelter Exemplare nur noch eine Ahnung von der Majestät dieses Waldes.

Lütt Holthus – Kleines Holzhaus

An der Straße zwischen Feldberg und Lychen gibt es seit 1999 im ehemaligen Marstall des Forsthofes Lüttenhagen ein kleines Waldmuseum. Auf dem Außengelände können u. a. eine Harzerhütte und eine Mini-Waldschule besichtigt werden. Im Museumsgebäude selbst kann man sich interaktiv über die Entstehung des Waldes und das Ökosystem Wald informieren. Eine große Anzahl Tierpräparate und eine Life-Übertragung aus dem Storchennest geben anschaulichen Einblick in die heimische Fauna. Ein begehbarer Fuchsbau interessiert nicht nur Kinder. „Duftorgeln“ und „Geräuschebox“ laden zum Schärfen der Sinne ein. Man kann Tierstimmen erraten und heilkräftige Rinden, Blätter, Blüten und Früchte erschnuppern. Ein Pflanzenbestimmungsbuch gibt Auskunft über die Wirkung der einzelnen Pflanzen. Die Volksmedizin kennt beispielsweise die Weide schon lange als Heilmittel. Selbst die alten Griechen Hippokrates und Dioskurides erwähnten sie in ihren Kräuterbüchern, empfahlen sie allerdings vorwiegend als Fiebermittel. Welcher Hauptwirkstoff hinter dem Heileffekt der Weide steckt, fand die Forschung erst 1828 heraus. Der Entdecker nannte die Substanz, die aus bitter schmeckenden Kristallen besteht, Salicin, abgeleitet vom lateinischen „salix“ für „Weide“. Seit über 100 Jahren findet sich der Wirkstoff in abgewandelter Form in der Azetylsalizylsäure, kurz ASS, dem am weitesten verbreiteten Medikament gegen Fieber, Schmerzen und Entzündungen, sogar zur Vorbeugung gegen Herzinfarkt. Inzwischen wird der Wirkstoff längst synthetisch hergestellt.

Schräg gegenüber vom Waldmuseum, auf der anderen Seite der Chaussee, beginnt der Wanderweg durch das Naturschutzgebiet „Heilige Hallen“. Er führt am „Paradiesgarten“ vorbei, einem Versuchsgarten, der schon vor über hundert Jahren angelegt worden ist. Heute wird der Bestand um den jeweiligen „Baum des Jahres“ ergänzt.

Die Windmühlenstadt Woldegk

Am Fuße des 179 m hohen Helpter Berges liegt die windmühlenreichste Stadt Deutschlands. Fünf von einst sieben Windmühlen haben sich in Woldegk erhalten: Am südlichen Stadtrand steht die rote Saalfeldsche Turmwindmühle vom Ende des 19. Jahrhunderts, auch Moulin Rouge genannt, im Osten dreht sich die Fröhlkesche Mühle. Ziel der Besucher sind aber vor allem die drei Mühlen auf dem Mühlenberg. Die einst von Müller Julius Hundt erbaute Turmwindmühle (die älteste) wird heute als Restaurant und Pension geführt. Die beiden anderen Mühlen dienen als Museum.

Mit Hilfe des Müllers Karl Lau wurde 1969 aus der Buddeschen Mühle, einer echten kleinen Erdholländer (siehe Foto links), ein Mühlenmuseum. Im Erdgeschoss erzählt ein Vertreter des Mühlenvereins die Geschichte der Getreideverarbeitung von der Jungsteinzeit bis zum Ende des 19. Jahrhunderts. Über eine steile Treppe geht es hinauf bis unter die Haube. Aus jedem Fenster im zweiten Stockwerk kann man eine andere Windmühle sehen. Eine kleine Heimatstube bewahrt hier Gegenstände des Alltags auf – vom Schlittschuh bis zum Butterfass. Für Brautpaare, die ein besonderes Trauungsambiente wollen: In dieser Mühle kann sogar geheiratet werden!

Die Ehlertsche Mühle gegenüber wurde 1886 erbaut; als sich das Getreidemahlen nicht mehr lohnte, wurde die in ihrem Originalzustand erhaltene Holländerwindmühle zu einem technischen Denkmal. Seit 1993 drehen sich die Windmühlenflügel wieder. Seit Juli 2008 darf sich Woldegk ganz offiziell „Mühlenstadt Woldegk“ nennen.

Von Mirow nach Rheinsberg – ein Abstecher nach Brandenburg

Im Gewirr der Gewässer verschwimmen die Grenzen zwischen Mecklenburg-Vorpommern und Brandenburg.

Ein vollständiges Bild von der Kleinseenplatte erhält, wer über die Grenzen des Bundeslandes Mecklenburg-Vorpommern nach Brandenburg schaut, denn die letzte Eiszeit hat auch im Märkischen zahlreiche kleine Seen hinterlassen, von denen viele durch die Müritz-Havel-Wasserstraße miteinander verbunden sind. Wasserwanderer kreuzen schmale, tiefe Rinnenseen, kreisförmige Flachseen und kurze Stichkanäle. Am Ufer liegen Wald, Wiesen und Sümpfe. Oft erkennt man in der urwüchsigen Landschaft den richtigen Verbindungskanal erst im letzten Moment. Wer über die Kleinseenplatte Richtung Süden paddelt, segelt oder mit dem Motorboot unterwegs ist, braucht einen guten Orientierungssinn, um sich in diesem Labyrinth zurechtzufinden. Die Länge der Route Mirow-Rheinsberg auf diesem verwinkelten Gewässer ist variabel, das Fahrgastschiff braucht drei Stunden für eine Tour.

Im Labyrinth

Beim Ortsteil Mirow-Dorf bildet eine mächtige Hubschleuse die Verbindung zwischen Mirower und Zotzensee. Sie senkt die durchfahrenden Schiffe und Boote um etwa 3 bis 4 m. Damit ermöglicht sie den Wasserwanderern, die von den großen Seen über den Müritz-Havel-Kanal in das Kleinseengebiet kommen, die Havelgewässer zu erreichen. Wer mit seinem Boot direkt im Mirower See startet, gelangt ohne Schleusung Richtung Süden. Nach etwa 2,5 km erreicht man den Zotzensee. Hier beginnt ein Gewirr aus Gewässern, das ohne Karte kaum zu bewältigen ist: Mössensee, Vilzsee, Labussee, Canower See und Kleiner Pälitzsee sind die weiteren Koordinaten. Dabei liegen drei Schleusen, bei Diemitz, Canow und Wolfsbruch, auf der Strecke.

Auf dem langgestreckten Mössensee, der anfangs wie ein breiter Fluss erscheint, kann

Radelrast am See
Auch der klare, stille Zotzensee wird von der Havel gespeist.

man bisweilen viele Graureiher sehen. Den anschließenden Vilzsee, der bei Westwind hohe Wellen schlägt, beleben Wasserskiläufer. Stiller liegt der 260 ha großen Labussee. Im dichten Schilfgürtel haben viele seltene Wasservögel ihren Lebensraum. Auch See- und Fischadler kann man mitunter entdecken. Auf dem Kleinen Pälitzsee muss der Steuermann, der nach Berlin will, zur Oberen Havel-Wasserstraße hin abbiegen. Der Weg in das Rheinsberger Seenland führt weiter auf der Müritz-Havel-Wasserstraße. Bei Klein Zerlang verlässt der Hüttenkanal das mecklenburgische Seengebiet, und der Naturpark Stechlin-Ruppiner Land beginnt. Mit dem Kanalbau von 1876 bis 1881 entstand die Wolfsbrucher Schleuse, die den Höhenunterschied zwischen den Rheinsberger und Mecklenburger Seen ausgleicht. Vorbei an der modernen Marina Wolfsbruch gleiten die Schiffe über den mit einem breiten Schilfgürtel bewachsenen Großen Prebelower See und den Tietzowsee zum Schlabornsee. Vom Schlabornsee geht es noch 3 km über den

Wasserwandern
Orientierungssinn und eine gute Karte braucht, wer im Wasserlabyrinth zwischen Mirow und Rheinsberg unterwegs ist.

Schlabornkanal auf den bis zu 30 m tiefen Rheinsberger See, der von dichtem Wald umgeben ist. Im Frühjahr blüht mitten im See auf der Remusinsel ein Meer von Anemonen. Der Rheinsberger See liegt trotz seines Namens noch ein Stück nördlich der Stadt. Erst durch einen kleinen Kanal zum Grienericksee erreicht man schließlich die berühmte Schloss- und Parkanlage Rheinsberg.

Die Alfred-Wegener-Gedenkstätte in Zechliner Hütte

Pionier der Polarforschung
In Zechliner Hütte würdigt man Alfred Wegener.

Der preußische König Friedrich Wilhelm I. ließ 1736 „im Zechlinschen" eine Glashütte errichten. Bis 1890 wurden in Zechliner Hütte geschliffene Gläser hergestellt. Ein Museum im Gemeindezentrum widmet sich dem Polarforscher Alfred Wegener. „Ich rauche und höre auf das behagliche Flackern der kleinen Spirituslampe, die mein Ofen ist und die Fantasie läuft von einem Ende der Welt zum anderen. Vom Südpol mit seinem unerforschten Kontinent nach Zechliner Hütte, wo jetzt der Flieder blüht", schrieb Wegener Pfingsten 1908 in sein grönländisches Tagebuch.

Nachdem die Familie 1886 das Gutshaus im Geburtsort seiner Mutter als Feriendomizil erworben hatte, verlebte Wegener hier viele Sommer seiner Kindheit. Das Licht der Welt aber erblickte er 1880 in Berlin, dort studierte er auch Mathematik und Naturwissenschaften, insbesondere die Astronomie. 1909 habilitierte Wegener in Marburg für Meteorologie, praktische Astronomie und kosmische Physik und begann sich mit dem Phänomen der Meteore zu beschäftigen.

Alfred Wegeners These, dass die Krater im Mond durch Meteoriteneinschläge entstanden sind, stieß damals auf heftigen Widerstand. Wegener führte auch den Turbulenzbegriff in die Meteorologie ein. Den größten Ruhm errang er posthum mit seiner Theorie der Kontinentalverschiebung sowie als Polarforscher. Vier Expeditionen nach Grönland hatte Wegener unternommen. 1930 kehrt er aus dem ewigen Eis nicht mehr zurück.

Treffpunkt für Bootsfreunde
In der Hafenkneipe der Marina Wolfsbruch in Rheinsberg geht es gesellig zu.

Glasklar und sauber
Das Wasser des Stechlinsees hat Trinkwasserqualität.

Der Stechlinsee – von Sagen umwoben

„Da lag er vor uns, der buchtenreiche See, geheimnisvoll ... nur grün und blau und Sonne.“ Theodor Fontane

Im Norden der Grafschaft Ruppin, hart an der mecklenburgischen Grenze, zieht sich von dem Städtchen Gransee bis nach Rheinsberg hin eine mehrere Kilometer lange Seenkette. Sie ist von einer sehr dünn besiedelten Waldung umgeben, in der man nur hie und da auf ein paar alte Dörfer, Förstereien sowie einige Glas- und Teeröfen stößt. Diese Gegend ist das Herzstück des rund 700 km² großen Naturparks Stechlin-Ruppiner Land. Sie hat sich seit den Beschreibungen Theodor Fontanes am Ende des 19. Jahrhunderts nicht sehr viel verändert. Zwei Drittel der Fläche sind noch heute mit Wald, vor allem mit schönen, alten Buchen, bewachsen. Ein ideales Brutrevier für die Schellente, die ihre Eier in die ehemaligen Schwarzspechthöhlen legt. Der Vogel ist auch das Wappentier des Naturparks. Sein Flügelschlag soll wie das leise Läuten von Glocken klingen. Mehr als 150 Seen gibt es im Naturpark Stechlin-Ruppiner Land, darunter rund die Hälfte aller Klarwasserseen Brandenburgs.

Wer eine Buche voller Hechte bloß für Anglerlatein hält, der schaue nur einmal in den 425 ha großen und bis zu 69 m tiefen Stechliner See. Dann wird er vielleicht in der Spiegelung einer Buche einige der Unterwasserräuber bewegungslos im Wasser lauern sehen. Denn Norddeutschlands größter Klarwassersee garantiert eine bis zu 15 m tiefe Unterwassersicht. Dieser Vorzug kommt schon in seiner slawischen Namenswurzel „steklo“, was so viel wie „Glas“ heißt, zum Ausdruck. Kein Wunder, dass 1986 hier die Weltmeisterschaften im Ori-

entierungstauchen stattfanden. Auch heute noch watscheln Froschmänner aus ganz Deutschland am Rand der Neuglobsower Badestelle am Ostufer des Sees ins Wasser. Dort befindet sich die Tauchbasis Stechlin.

Weite Flächen des ufernahen Seebodens sind bis zu 10 m tief mit einem hellgrünen Teppich aus Armleuchteralgen, zu denen sich oft Laichkraut, Hornkraut und Tausendblatt gesellen, bedeckt. Auf dem Sandboden tummeln sich Flusskrebse. Schon seit der Jahrhundertwende ist der Stechlinsee ein beliebtes Ausflugsziel für großstadtmüde Berliner; 16 km weit ist der Rundweg um den See. Der Wald aus alten Buchen und Kiefern, bunt durchmischt mit Birken und Ebereschen, Wacholderbüschen, Brombeergestrüpp und wilden Schneeballsträuchern malt romantische Landschaftsbilder auf die Wasserfläche. Ab und zu öffnet er sich und gewährt den Zugang zu einer kleinen intimen Badebucht. Eine Landschaft zum Verlieben, wie es die ungewöhnliche Lebensgemeinschaft von Buche und Fichte, eng umschlungen als Naturdenkmal „Verliebte Buche" nahe dem Neuglobsower Badestrand vorführt.

Das Naturparkhaus Stechlin

In dem schönen Dorf Menz mit Gehöften aus dem 17. Jahrhundert, knorrigen Eichen und Linden erwartet den Besucher eine unterhaltsame fantastische Reise durch verschiedene Naturräume. Alle Sinne kommen im Informationszentrum des Naturparks Stechlin-Ruppiner Land ins Spiel. Nase, Ohren und Augen sind bei Riechsäckchen, Klapperbüchsen und Schaugläsern gefragt. In einem riesigen, ausgehöhlten Baumstamm wählen die Besucher begeistert die heimische Tierwelt an und lauschen am Telefon dem Röhren der Hirsche, dem Schrei des Fischotters, dem Trompeten des Kranichs und dem Grunzen des Wildschweins. Im Raum nebenan herrscht stockfinstere Nacht, nur eine silberne Mondscheibe leuchtet fahl. Plötzlich ertönt der Schrei eines Tieres. Wer die Richtung erkennt und ihr folgt, kann schließlich den in einen Holzbalken geschnitzten Tiernamen ertasten.

Im Moorraum wird es wieder licht. Unter den Füßen wabert dicker Teppichboden, eine Moortreppe veranschaulicht die einzelnen Schichten der unheimlichen Gegend, und in der Kommode der Jahrhunderte lagern uralte Funde – nein, keine Moorleiche, dafür aber zum Beispiel eine 6000 Jahre alte Speerspitze. Noch einen Lehrgang in Froschsprache, dann wird endgültig in den See abgetaucht, mit einem Fahrstuhl scheinbar bis auf den Grund. Eine Kraftprobe mit der Tierwelt ist der Wettstreit „Tauch den Lukas". Wer drei Sekunden lang die Luft anhalten kann, könnte mit dem Eisvogel um die Wette tauchen; so lange wie eine Ringelnatter, 240 Sekunden, hat es aber noch keiner geschafft. Am Ende des Rundgangs geht es in der echten Natur weiter. Ausgerüstet mit einem Erlebnisrucksack – Lupe, Fernglas, Malstifte, Spiegel und eine Broschüre –, läuft man quer über den großen Dorfanger zum Zipfel des glasklaren Roofensees. Hier beginnt der 6 km lange Wald- und Wassererlebnispfad, der auch drei Stationen des 12 km langen Moorpfades kreuzt.

Horch mal, wer da spricht
Im Naturparkhaus kann man mit der Tierwelt telefonieren.

Märkischer Wanderer
„Der Stechlin" war Theodor Fontanes letzter großer Roman. Das Denkmal in Neuruppin von Max Wiese zeigt den Schriftsteller als „Märkischen Wanderer".

Rheinsberg – ein romantischer Landgang

Als Vorspiel zu Sanssouci wird Rheinsberg heute gern gesehen – von Knobelsdorff für Kronprinz Friedrich erdacht, von Theodor Fontane berühmt und von Kurt Tucholsky populär gemacht. Welches Rheinsberg auch gesucht wird, das der Prinzen Heinrich und Friedrich, das Fontanes oder das romantische von Tucholskys Roman *Rheinsberg. Ein Bilderbuch für Verliebte* – in jedem Falle beginnt man am besten den Spaziergang durch das Städtchen am Ende der Schlossstraße. Eine Tafel am Baum des benachbarten Marktplatzes erinnert an das Liebespaar aus Tucholskys Roman, das hier Luft, Liebe und im Ratskeller den Wein genossen hat.

Einige Jahrzehnte zuvor hatte Fontane hier gefrühstückt. Die Idee zu seinen *Wanderungen durch die Mark Brandenburg* war ihm in der Fremde gekommen, während einer Kahnfahrt in der schottischen Grafschaft Kinross. Wie eine Fata Morgana entstieg ihm dabei angesichts des alten Douglasschlosses, des Loch Leven Castle, das Schloss Rheinsberg aus dem schottischen Gewässer. Vor seinem geistigen Auge empfand er es als mindestens gleichwertig – und so zog es ihn dorthin zurück.

Friedrichs glückliche Zeit

Das Schloss liegt westlich des Triangelplatzes auf einer Insel. Harte Jahre lagen hinter dem preußischen Kronprinzen Friedrich, als er hierher kam. Seine Flucht vor dem strengen Vater wurde mit Haft in Küstrin bestraft. Erst die Einwilligung zur Heirat mit Elisabeth Christine von Braunschweig-Bevern brachte Befreiung. 1736 zog das Kronprinzenpaar in Rheinsberg ein. Für Friedrich (den Großen) sollten es die glücklichs-

Der Musenhof
Kunst und Geist sollten den Kronprinzen Friedrich von den Beschwernissen seines Lebens ablenken.

ten Jahre seines Lebens werden. Das Lebensprogramm des aus der Art geschlagenen Sohnes des Soldatenkönigs steht in dem ornamentalen Rahmen, einer barocken Kartusche, am Haupteingang. „Friedrich zu eigen, der hier die Muße pflegte". Hier umgab sich Friedrich mit einem philosophisch und künstlerisch ambitionierten Freundeskreis. Zwei Tage nach seinem Einzug begann Friedrichs Briefwechsel mit Voltaire.

Der Vater misstraute den ökonomischen Fähigkeiten des Sohnes und teilte dem „Querpfeifer und Poeten" zum Umbau des alten Wasserschlosses aus dem 16. Jahrhundert den Baudirektor Johann Gottfried Kemmeter zu. Friedrich aber, der das Querflötenspiel und Gedichte liebte, schickte den Architekten Georg Wenzeslaus von Knobelsdorff auf eine Studienreise nach Italien. Aus Sparsamkeit blieb der alte Südflügel mit Rundturm, der „Klingbergflügel", erhalten und wurde Ausgangspunkt für die spätere dreiflügelige Schlossanlage. Der Ehrenhof ist zur Wasserseite mit einer Doppelsäulenkolonnade begrenzt, über die Friedrich bequem von seiner Bibliothek im südwestlichen Rundturm in den Spiegelsaal gelangen konnte. Hier malte zu den Bratschenklängen des Komponisten Franz Benda der Hofmaler Antoine Pesne das Deckengemälde „Apoll vertreibt die Finsternis" oder „Der junge Leuchteprinz vertreibt König Griesgram" – vermutlich eine Allegorie auf die bevorstehende Thronbesteigung von Friedrich.

Heinrichs Jahre

Nach Friedrichs Regierungsantritt im Jahr 1740 zog Bruder Heinrich ein, der bis dahin in Berlin gelebt hatte. Einige Räume wurden umgestaltet, so dass sich im Schloss bis heute ein Nebeneinander der Gestaltungsprinzipien des Rokoko und des Klassizismus findet. Nach Norden grenzt sich die Anlage zur Stadt hin durch das dreiflügelige Kavaliershaus ab, dessen Westflügel mit dem schönen Theater 1945 leider abbrannte und jahrzehntelang Ruine war. Seit 1991 erfüllt die Kammeroper Schloss Rheinsberg den alten Musenhof mit neuem Leben. Der Berliner Komponist Siegfried Matthus gründete an diesem historischen Ort das Internationale Opernfestival junger Sänger. Rheinsberg wurde Festivalstadt und Gastgeber für die Weltelite des Sängernachwuchses.

Nur ein schmaler Uferstreifen trennt das Schloss vom Grienericksee. Am gegenüberliegenden Ufer erhebt sich ein mit einem Obelisk versehener Weinberg als Vorläufer der Terrassenanlage von Sanssouci. Die Billardbrücke führt über den Rhin in den Schlosspark. Linkerhand der Hauptallee fügen sich das Heckentheater und das Grabmahl Heinrichs, eine Backsteinpyramide, in den im Wesentlichen erhaltenen Friederizianischen Garten ein. In der Mitte der Hauptallee zweigt ein Querweg in den sentimentalen Landschaftsgarten ab.

Rheinsberg – ein Bilderbuch für Verliebte
Im Schloss erinnert ein Museum an Kurt Tucholsky.

Götterstatuen nach italienischem Vorbild
Im Schlosspark verbinden sich Natur, Architektur und Kunst zu einem harmonischen Ensemble.

NB-176

Rund um den Tollensesee

Erstaunliches gibt es zu entdecken in der Hügellandschaft der nordöstlichen Seenplatte: Man kann die einzige mittelalterliche Höhenburg Norddeutschlands besichtigen, die Hexenkeller von Penzlin und das Schloss Hohenzieritz, einst Residenz von Königin Luise. Auch ein Ausflug nach Neubrandenburg mit seiner jahrhundertealten Stadtmauer sollte nicht fehlen.

Beliebtes Erholungsgebiet
Viele ruhige Badebuchten säumen die Ufer des Tollensesees.

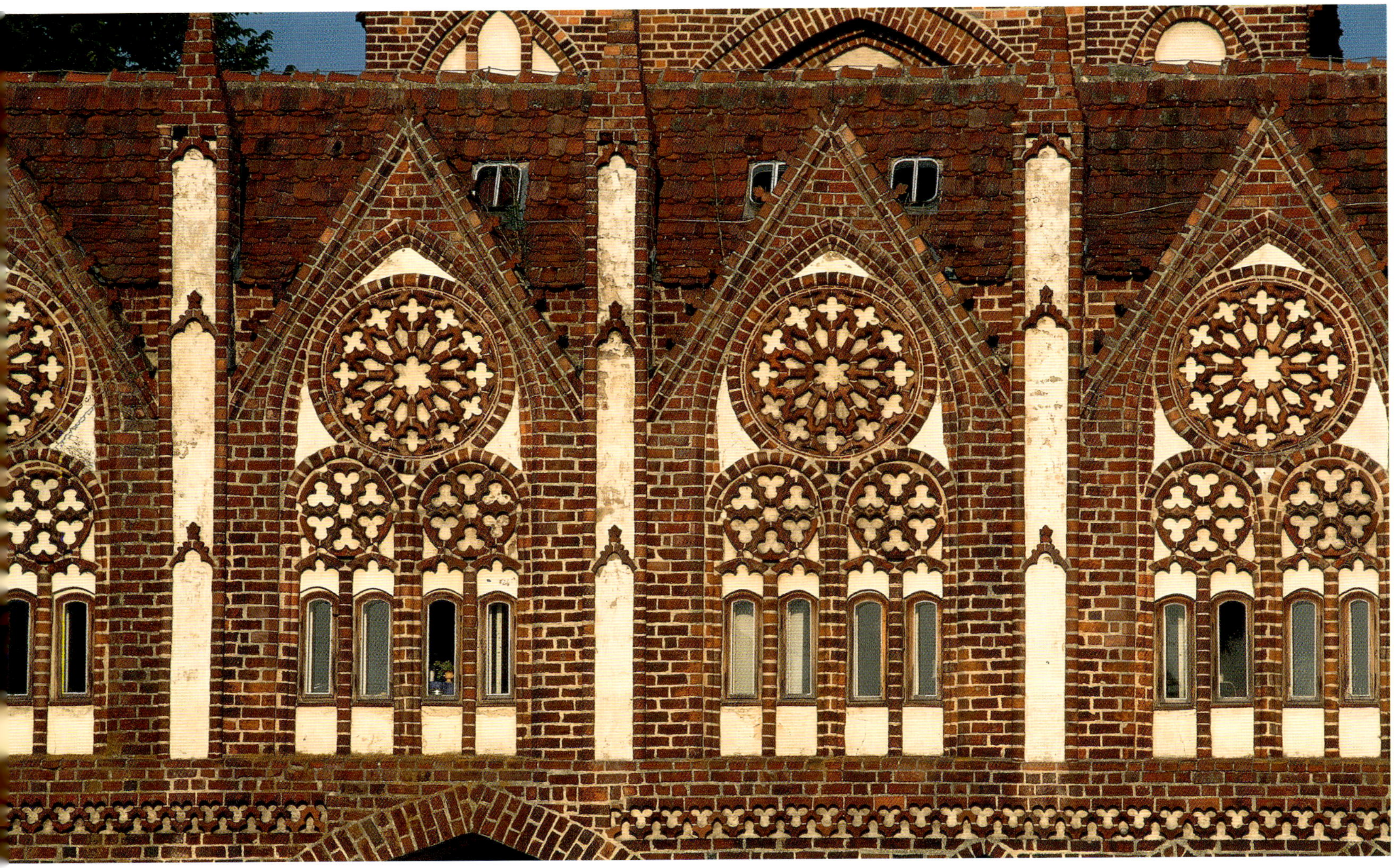

Das Treptower Tor
Das Auge scheint keinen Halt zu finden in der verwirrenden Vielfalt von Mustern – ein Paradebeispiel für die Backsteingotik.

Die Stadt ist am Kreuzpunkt mehrerer alter Handelsstraßen erbaut worden.

Neubrandenburg – Stadt der vier Tore

Neubrandenburg ist mit rund 67 000 Einwohnern die drittgrößte Stadt Mecklenburg-Vorpommerns und zugleich kultureller Mittelpunkt Ostmecklenburgs. Wie aber kam Neubrandenburg nach Mecklenburg? Die territoriale Zugehörigkeit dieser Stadt hat schon manche Verwirrung gestiftet. 1236 wurde die Landschaft am Tollensesee, das sogenannte Stargarder Land, im Vertrag zu Kremmen durch Fürst Kasimir von Pommern-Demmin an die Markgrafen von Brandenburg abgetreten. Am 4. Januar 1248 beauftragte Markgraf Johann I. den Ritter Herbord von Raven mit der Gründung der Stadt am Nordufer des Tollensesees, auf einer von drei Seiten geschützten Sandscholle, über die schon in frühgeschichtlicher Zeit wichtige Handelswege verliefen. In Anlehnung an das wesentlich ältere Brandenburg erhielt sie den Namen Nova Brandenborth. Fünf abgabefreie Jahre gehörten zu den günstigen Startbedingungen für die deutschen Siedler. 1292 heiratete Fürst Heinrich II. von Mecklenburg Beatrix, die Tochter des Markgrafen Albrecht III. von Brandenburg, die Braut brachte die Stadt als Mitgift mit in die Ehe.

Die kreisförmig angelegte Stadt, schachbrettartig von einem Gitternetz von Straßen durchzogen, blühte im Mittelalter auf. Ihr Reichtum beruhte auf ausgedehntem Landbesitz, auf Handwerk und Handel. 1569 umfasste die Tuchmacherzunft 150 Mitglieder.

Noch heute gibt es die Große und Kleine Wollweberstraße. Nach dem Dreißigjährigen Krieg aber brauchte die Stadt 150 Jahre, um sich von den verheerenden Folgen der Eroberung durch die kaiserlichen Truppen zu erholen. Erst um 1800 erreichte Neubrandenburg mit etwa 4700 Einwohnern in 608 Häusern wieder annähernd seine mittelalterliche Größe. Flächenmäßig blieb der Stadtkern auf die 40 ha innerhalb der Stadtbefestigung begrenzt.

Tore zur Stadt

Doch der Dreißigjährige Krieg sollte nicht die letzte Heimsuchung für Neubrandenburg gewesen sein. Der Zweite Weltkrieg legte die Stadt beinahe vollständig in Schutt und Asche. Das historische Rathaus und das herzogliche Palais sind seitdem verloren. Eher nüchterne Wohnblockarchitektur beherrscht inzwischen das Zentrum. Die Stadt schien sich von ihrer Geschichte verabschiedet zu haben, gäbe es da nicht die 2,3 km lange und über 7 m hohe Stadtmauer aus unbehauenen Feldsteinen und Backstein, die mit vier Stadttoren und Wiekhäusern den Stadtkern wie vor über 700 Jahren umschließt. Dieses seltene, denkmalgeschützte Zeugnis mittelalterlicher Wehr- und Verteidigungsbauweise hat Neubrandenburg als Stadt der vier Tore weit über die regionalen Grenzen hinaus bekannt gemacht. Die zunächst hölzernen Verbindungstore zwischen Stadt und Außenwelt wurden im 14. und 15. Jahrhundert durch stabile Backsteinbauten ersetzt. Die vier Tore sind wunderbare Proben der Backsteingotik, im Vergleich zu anderen elegant, als wären sie mehr zur Zier als zur Wehr da, schrieb Ricarda Huch 1930 in ihrem Buch *Im Alten Reich. Lebensbilder deutscher Städte*.

Fialen, Ziergiebel, Rosetten, Friese und Blenden schmücken in verschwenderischer Fülle das Stargarder und das Treptower Vortor. Das Friedländer Tor ist das älteste und mit 88 m Länge zugleich das größte Stadttor. Sein über 20 m hohes Haupttor wurde um 1300 erbaut. Das gotische Vortor mit großer Durchfahrtsöffnung stammt aus der ersten Hälfte des 15. Jahrhunderts. Die Besonderheit des Stargarder Tores sind die neun fast lebensgroßen Steinfiguren in steifen Plisseegewändern. Sind es Engel oder Adorantinnen (Anbetende)? Diese Gestalten geben der Kunstwissenschaft noch heute Rätsel auf. Das Treptower Tor, heute Sitz des Stadtmuseums, besitzt mit 32 m das höchste Haupttor. Das Neue Tor wurde als jüngstes erst nach 1450 erbaut. Auch hier schmücken acht Adorantinnen, die denen des Stargarder Tores stark ähneln, den stadtseitigen Giebel. Bei der Restaurierung nach 1850 ließ Hofbaumeister Buttel das Tor auch mit neugotischem Zierrat versehen.

Vom Gefängnis zum Aussichtsturm
Vom Fangelturm aus dem 15. Jh. hat man einen schönen Blick auf die Wiekhäuser und über die Stadtmauer.

Schmuck am Stargarder Tor
Die Adorantin aus Terrakotta scheint die Stadt zu segnen.

Rundgang durch die Stadt der vier Tore

Die meisten Stadtführungen beginnen in Neubrandenburg mit einem Lift, denn von der öffentlich zugänglichen Aussichtsterrasse auf dem 56 m hohen Turm des Veranstaltungszentrums am Marktplatz bekommt man einen guten Überblick über das alte Straßennetz mit den aus strategischen Gründen nie in direkter Sichtachse zueinander gebauten Stadttoren und dem Mauerring. Durch die Darrestraße gelangt man zum Fangelturm, der im 15. Jh. als Wehrturm erbaut wurde und noch bis ins 19. Jh. als Gefängnis benutzt wurde. Der Turm ist begehbar, von hier aus hat man einen schönen Blick auf das ehemalige Franziskanerkloster. Das erste mecklenburgische Fritz-Reuter-Denkmal hat der Berliner Bildhauer Martin Wolff 1893, also 19 Jahre nach dem Tod des Dichters, gefertigt. Dem bronzenen Reuter vis á vis steht der 1923 aus Muschelkalkstein gefertigte Mudder-Schulten-Brunnen, eine Szene aus Reuters Humoreske *Dörchläuchting*. Vom Fangelturm aus kann man über die Ringstraße immer entlang der Stadtmauer spazieren. Bei einem Schlenker in die Große Wollweberstraße bekommt der Besucher durch die hier noch erhaltenen Fachwerkhäuser eine Vorstellung vom Charme der alten Stadt. Im barocken Anwesen der Nr. 24 ist heute die Kunstsammlung der Stadt mit Schwerpunkt auf zeitgenössische Kunst untergebracht. Der zweistöckige Fachwerkbau von 1780 in der Pfaffenstraße ist Mecklenburgs ältestes Theatergebäude. Weiter bis zur Stadtmauer, vorbei am Neuen Tor, gelangt man über die Turmstraße wieder zum Marktplatz, an der Stargarder Straße. In der Nummer 35 lebte Reuter von 1856–63.

Wehrhaft wohnen
Wie Schwalbennester kleben die Erker der Wiekhäuser an der mittelalterlichen Stadtmauer.

Die Wiekhäuser

Eine ganz besondere Zierde dieser Stadtbefestigung aber sind die 25 (von einst 56) erhaltenen Wiekhäuser. Zwei- oder dreigeschossig, mit starken Balken, kleinen, blumengeschmückten Fenstern, schneeweißen oder leuchtend gelben Gefachen versehen, schmiegen sie sich in unregelmäßigen Abständen in die Mauer und geben dem trutzigen Bauwerk einen heiter-behaglichen Anstrich. Einst als stadtseitig offene Mauertürme erbaut und nach außen hin mit Schießscharten versehen, verloren sie mit der Erfindung der Feuerwaffen ihre ursprüngliche Bedeutung. Nach 1650, als Neubrandenburg sich nicht mehr als Festung begriff, wurden sie zu Wohnungen ausgebaut und mit hübschem Fachwerk verkleidet. Heute ist die Ringstraße entlang der Mauer ein schöner Spazierweg. Galerien, Boutiquen und Cafés haben die Häuschen mit neuem Leben erfüllt. Die ehemaligen Wall- und Grabenanlagen vor der Stadtmauer ziehen sich als „grüner Eichenkranz“ (Reuter) um die Stadt, die natürlich längst aus den alten Grenzen gewachsen ist.

Die Konzertkirche

Neubrandenburg besitzt eine Philharmonie und eine Kirche. Beide haben im Jahr 2001 zu einer aufsehenerregenden Liaison zusammengefunden. Die lang gestreckte Hallenkirche aus dem 13. Jahrhundert brannte 1945 bis auf die Umfassungsmauer und Teile des Turmes aus. 1975 ging die Ruine in den Besitz der Stadt über, jahrzehntelang bemühte man sich um die Wiederherstellung des Gebäudes und um ein neues Nutzungskonzept. Schließlich entstand in dem Monumentalbau, der mit seinem prachtvollen Ostgiebel zu den bedeutendsten Werken norddeutscher Backsteingotik zählt, eine Konzerthalle in der Formensprache des 21. Jahrhunderts. Der Entwurf für diese inzwischen auch mit dem Deutschen Architekturpreis ausgezeichnete Symbiose aus Alt und Neu stammt von dem finnischen Stararchitekten Pekka Salminen. Roter Backstein trifft nun auf Sichtbeton, für Salminen der Naturstein unseres Zeitalters.

In ihrer äußeren Gestalt bewahrt die Marienkirche die Erinnerung an die historische Stadt. Das wiedererwachte Interesse an gotisch-mittelalterlichen Bauwerken führte bereits 1832–41 zu einer umfassenden Sanierung der Kirche. Dabei hat der Baumeister Friedrich Wilhelm Buttel fehlende Teile der originären Bausubstanz durch Neuschöpfungen im Stile der Gotik ergänzt.

Auferstanden aus Ruinen
Die 1945 bis auf die Außenmauern ausgebrannte Marienkirche wurde 2001 als Konzertkirche wieder zu neuem Leben erweckt.

Ausflug in die Tollense-niederung

Wen es nach einem Stadtrundgang hinaus ins Grüne zieht, der findet rund um Neubrandenburg viele lohnenswerte Wege. Nördlich des Tollensesees entspringt ein schmaler, windungsreicher Fluss. Libellen, Biber und Fischotter fühlen sich in der naturbelassenen Tollenseniederung wohl. Die Tollense windet sich zunächst durch das Wiesenland des Naturschutzgebietes und mündet schließlich bei Demmin in die Peene. Da der Fluss für Schiffsverkehr viel zu flach ist, sind Freizeitpaddler auf der Tollense ganz unter sich. Allerdings werden sie von mehreren Wehren gezwungen, ihre Boote umzusetzen. Nach 20 km hat man Altentreptow erreicht, eine kleine Stadt, die um 1245 auf einem Hügel im Tal der Tollense entstand. Dort kann man einen der größten Findlinge Deutschlands bewundern

Schon in der Bronzezeit waren die Ufer dieses Flusses besiedelt. Jüngst wurden die Überreste von etwa fünfzig Menschen aus der Zeit vor etwa 3300 Jahren entdeckt – Opfer einer Schlacht, wie es die noch heute sichtbaren Verletzungen vermuten lassen. Auch Schmuck und Waffen, verstreut in einem Umkreis von etwa 1 km, wurden geborgen. Einen derartig-sensationellen Fund hat es in Mitteleuropa noch nicht gegeben.

Radtour rund um den Tollensesee

Unmittelbar südwestlich von Neubrandenburg erstreckt sich inmitten einer anmutigen Hügellandschaft der Tollensesee. Über 10 km lang und maximal 3 km breit, ist er durch tiefe und breite Ausschürfungen einer Gletscherzunge am Rande des Inlandeises vor etwa 15 000 Jahren entstanden. Schon um 1830 fanden hier die ersten „Lustfahrten" mit dem herzoglichen Segelboot statt; ab 1883 zog das Dampfschiff „Fritz Reuter" seine Runden. Heute kann man vom Anleger mit dem Linienschiff „Mudder Schulten" über den See kreuzen.

Hier am Nordufer beginnt auch der 37 km lange Tollensesee-Radrundweg. Er führt durch das 106 km² große Landschaftsschutzgebiet des Neubrandenburger Tollenseseebeckens. Durch den Stargarder Bruch fließen der Linde- und Gätenbach sowie der Steepengraben (siehe Foto unten). Sie gehören zum 515 km² großen Wassereinzugsgebiet des Tollensesees. Das Augustabad ein Stück weiter südlich ist nur eine von vielen Bademöglichkeiten rings um den See. Weiter geht es durch das Waldgebiet des Nemerower Holzes, wo man den alten Aussichtsturm „Behmshöhe" besteigen kann und mit einem faszinierenden Seerundblick belohnt wird. Von den Usadeler Höhen bietet sich erneut ein herrlicher Weitblick über die Landschaft. Wenn man am Südrand des Naturschutzgebietes Nonnenhof, einem bedeutenden Vogelrast- und Brutplatz, vorbeigeradelt ist, gelangt man zum Dorf Prillwitz am Ufer des Lieps, einem kleinen, dem Tollensesee vorgelagerten See. Die Inseln und südlichen Uferregionen waren in slawischer Zeit dicht besiedelt. Tausende Funde wurden während der Ausgrabungen von 1972 bis 1989 hier geborgen, immer auch in der Hoffnung, dabei auf das sagenhafte Rethra, den im Mittelalter zerstörten, zentralen heiligen Ort der Slawen in Mecklenburg, zu stoßen. Zwischen den Siedlungen Neu Wustrow und Wustrow erreicht man einen besonders schönen Aussichtspunkt mit einem 3000 Jahre alten Hügelgrab. Archäologen konnten 1969 auf der Fischerinsel unten im See die erste hölzerne Götterfigur auf deutschem Gebiet bergen, ein doppelköpfiges Idol aus dem 11./12. Jh. (Abguss im Regionalmuseum). Nach etwa 2 km ist Alt Rehse erreicht, ein schönes Dorf mit dunkler Geschichte (siehe Seite 130).

Von nun an verläuft der Radweg direkt am Seeufer durch das Brodaer Holz. Unmittelbar in Stadtnähe ließ Großherzogin Marie 1823 auf dem steilen Westufer durch Baurat Buttel ein Belvedere im Stil eines griechischen Tempels errichten. Dahinter liegt Broda, ehemals ein kleines Dorf, heute eine größere, am Stadtrand von Neubrandenburg gelegene Wohnsiedlung, der man nicht ansieht, dass hier einst von einem Prämonstratenserkloster die Kolonisierung des umliegenden Landes ausging. Vom Kloster auf dem Klosterberg haben sich nur noch alte Gewölbe erhalten. In dem später darüber erbauten Haus hat heute das Amt für Stadtentwicklung Neubrandenburg seinen Sitz bezogen.

Burg Stargard – die Stadt zwischen den sieben Bergen

Von allen Himmelsrichtungen führen Lindenalleen in die Stadt.

Zwischen sieben Hügeln liegt diese kleine Stadt, die 1170 erstmals urkundlich erwähnt wurde. Der Name geht zurück auf slawisch „stari gard“, was „alte Burg“ bedeutet. Auf einem der sieben Berge, rund 50 m über der Stadt, steht die mächtige Backsteinburg, die älteste Burganlage Mecklenburgs und zugleich die nördlichste noch erhaltene mittelalterliche Höhenburg Deutschlands. Die beiden brandenburgischen Markgrafen Johann I. und Otto III. ließen sie in der Zeit von 1236 bis 1270 errichten. Bis ins 16. Jahrhundert hinein diente die Burg als Residenz. Vom 38 m hohen Bergfried bietet sich ein weiter Blick über das Land. Der Turm entstand um 1245, die kegelförmige Spitze und der Zinnenkranz sind Zugaben des 19. Jahrhunderts. Seine 4 m dicke Mauer birgt ein finsteres Geheimnis: ein 15 m tiefes Turmverlies, bislang bekannt als das tiefste Norddeutschlands. Der Legende nach soll das Verlies so viele Meter tief in die Erde reichen, wie der Turm in den Himmel ragt. Der alte Marstall in der Vorburg beherbergt heute ein Museum. Wo einst die stolzen Schlachtrosse von 30 Rittern ihr Quartier hatten, widmet sich heute eine Ausstellung auch der Kulturgeschichte des Pferdes.

Stargarder Burgfest
Alljährlich im August erwacht die mittelalterliche Burggeschichte zu neuem Leben.

Zu Füßen der Burg liegt die kleine Landstadt, die sich erst seit 1929, nach dem Erwerb der Burganlage, Burg Stargard nennt. Durch den friedlichen Ort plätschert der Lindebach auf seinem Weg von den Helpter Bergen zum Tollensesee. Bereits seit 80 Jahren thront auf dem Schornstein einer ehemaligen Schnapsbrennerei ein Storchennest. Verputzte und unverputzte Fachwerkhäuser, die nach dem Stadtbrand von 1758 entstanden, stehen in schmalen Gassen. Auch die im Ursprung noch aus dem 13. Jahrhundert stammende Stadtkirche wurde damals umgebaut und mit dem eleganten barocken Kanzelaltar ausgestattet. Burg Stargard blieb im Zweiten Weltkrieg weitgehend verschont und konnte so seinen alten Stadtkern bewahren.

Stargarder Wein

Etwa 500 Jahre ist es her, dass Herzog Heinrich V. in Stargard den ersten Weinberg anlegen ließ; der Weinbergsweg und die Terrassen am Burgberg sind die Zeugen. 2004 wurde das Stargarder Land offiziell in den Stand des nördlichsten Weinanbaugebietes Deutschlands erhoben. Von den etwa 1500 Rebstöcken sind 40 % der Sorte Regent zugehörig, einer neu gezüchteten roten Rebsorte. 2006 ergab die Lese rund 2000 Flaschen „Mecklenburger Landwein“. Eine Weinausstellung im Burgmuseum dokumentiert auch die Geschichte dieses Weinanbaugebietes. Auf den Hängen des Burgberges gedeiht die größte zusammenhängende Streuobstwiese von Mecklenburg-Vorpommern. Zur Burg gehört auch ein Park mit seltenen alten Bäumen.

Gewürze für die Ritterküche
Der Burgkräutergarten ist sehr liebevoll angelegt.

Das Geheimnis von Rethra

Es gibt in der Geschichte Mecklenburgs nur wenige Orte, die wie das legendäre slawische Heiligtum Rethra als Synonym für den Freiheitswillen der Slawen Fantasie und Gemüt der Menschen bewegten. Am 7. Februar 1768 konnte man im *Hamburger Correspondenten* lesen, endlich sei das sagenumwobene Rethra entdeckt, jenes Heiligtum, von dem aus im Jahre 983 die slawische Priesterschaft zum vernichtenden Feldzug gegen die Christen aufrief und dem die Bischofssitze Brandenburg und Havelberg zum Opfer fielen.

Lange hatte man danach gesucht und es zumeist am Südende des Tollensesees vermutet. Doch nur wenig war von den hölzernen religiösen Kultstätten der Slawen erhalten geblieben. Umso wichtiger waren die Auf-zeichnungen des Thietmar von Merseburg, der zu Beginn des 11. Jahrhunderts schrieb: „Otto I. hatte viel Krieg mit den Slawen zu führen, die die Ostmarken seines Reiches unsicher machten. Zu ihnen gehörten die mächtigen Retharier, deren Stadt Rethra war, der Sitz der Abgötterei. Hier war den Göttern ein gewaltiges Heiligtum, unter denen Redigast das vornehmste war, errichtet worden. Des Gottes Bildnis aber war aus Gold und ruhte auf purpurnem Lager. Die Stadt selbst zählte neun Tore und war auf allen Seiten von einem tiefen See umschlossen. Eine hölzerne Brücke führte hinüber, und nur dem war es gestattet, seinen Weg darüber zu nehmen, der sich zu opfern oder eine Weissagung zu hören nahte.

Die Stadt Redigast oder Radigast war von dreieckiger Gestalt, hatte drei Tore und wurde von allen Seiten durch einen ungeheuren, von den Einwohnern nie berührten heiligen Hain umgeben. Zwei der Tore standen jedem in die Stadt gehenden Menschen offen, das dritte, das nach Osten lag und am kleinsten war, führte zu einem nahe gelegenen See. An diesem Tore stand ein aus Holz kunstvoll errichtetes Heiligtum, das anstatt auf Grundsteinen auf den Hörnern verschiedener Tiere ruhte. Die Wände waren mit geschnitzten Götterbildern geziert. Im Innern standen die Bildsäulen der Götter, mit Helm und Panzer bekleidet und furchtbar anzuschauen."

Die Idole von Prillwitz

Nun begab es sich rund 800 Jahre später, dass der Neubrandenburger Medicus Hempel auf einem Hausbesuch bei der Goldschmiedswitwe Sponholz eine kleine Löwenfigur aus Bronze entdeckte. Ihre Söhne, die Brüder Jacob und Gideon Sponholz, behaupteten, Vorfahren hätten diese Figur am Schlossberg in Prillwitz, am Südende des Tollensesees gefunden. Darüber hinaus präsentierten sie noch 34 weitere Bronzen, auf denen schließlich der Gelehrte Gottlieb Genzmer das Wort „Rethra" entziffern konnte. Die „Prillwitzer Idole" fanden nationale und internationale Beachtung. Auch Prinz Carl von Mecklenburg, der Bruder des regierenden Herzogs, schwelgte im slawischen Heiligenkult und erwarb die „Heiligen von Rethra".

Erfundene Kultfiguren
Die „Prillwitzer Idole" sind kunstvolle Fälschungen.

Gideon Sponholz (1745–1807)
Zusammen mit seinem Bruder Jacob verhalf er Prillwitz zu zweifelhaftem, aber andauerndem Ruhm.

Entlarvung der Scheinheiligen

Warnende Rufe und kritische Stimmen schlugen die Rethra-Fanatiker in den Wind. Erst 1850 entlarvte der renommierte Altertumsforscher Friedrich Liesch den Schwindel. Die aufsehenerregende Kunst- und Geschichtsfälschung der Brüder Sponholz ist heute ein interessantes Kapitel der mecklenburgischen Kulturgeschichte; auch das Regionalmuseum Neubrandenburg bereitet in einer Dauerausstellung die Geschichte der Prillwitzer Idole auf und zeigt Abgüsse der Bronzen. Einige echte Stücke aus dieser „Jahrhundertfälschung Mecklenburgs" kann man im Volkskundemuseum Schwerin-Mueß sehen. Die Suche nach Rethra aber geht weiter. Der Mythos lebt – auch in der touristischen Vermarktung der Region, vom Festspiel bis zum Rethra-Kräuterschnaps.

Penzlin – Burg mit Hexenkeller

Die Alte Burg Penzlin ist heute ein Museum für schwarze Magie und Hexenverfolgung.

Elf Jahre lang hat sich Benigna Schultzen Ende des 17. Jahrhunderts in Penzlin gegen den Vorwurf gewehrt, eine Hexe zu sein. Sie war bezichtigt worden, Kröten geboren und den Wind herbeigehext zu haben. Der jahrelange Hexenprozess endete mit einem Freispruch. Ein seltener Vorgang in der damaligen Rechtssprechung, denn nur wenige Beschuldigte konnten sich in den nachweislich fast 4000 Hexenprozessen erfolgreich behaupten, die vom 14. bis weit ins 18. Jahrhundert hinein gegen ca. 3650 Frauen, Männer und Kinder geführt wurden. Mecklenburg gehörte im Gegensatz zu den meisten anderen norddeutschen und protestantischen Territorien zu den Kernzonen der europäischen Hexenverfolgung.

Ein „artiges" Städtchen
Gepflegt und friedlich ist Penzlin heute. Die gotische Backsteinkirche St. Nikolai entstand im 13. und 14. Jh. und prägt das Panorama der Kleinstadt schon von weitem.

Daumenschrauben und Folterstuhl

Beklemmend eindrucksvoll dokumentiert in Penzlin der noch original erhaltene Hexenfolterkeller aus dem 16. Jahrhundert die Qual der Gefangenen. Etliche Hilfsmittel der sogenannten peinlichen Befragung wie Daumenschrauben, stacheliger Folterstuhl und andere Marterinstrumente jagen den Besuchern Schauer über den Rücken. Die Hexenverliese liegen im Ostflügel der Penzliner Burg 7 m tief unter der Burghoffläche. An den Wänden befinden sich winzige Nischen, in denen „Hexen" angekettet wurden – hoch über dem Boden. Sie sollten so ihre angeblichen magischen Kräfte verlieren, da sie den Boden, den „Machtbereich des Teufels", nicht mehr berühren konnten. Heute ist Burg Penzlin ein Ort internationaler Hexenforschung und ausgelassener Walpurgisnächte.

Schwarze Küche und Rittersaal

Die wechselvolle Geschichte der Alten Burg hat Spuren hinterlassen. Ihre Ursprünge führen in das 13. Jahrhundert zurück, im Lauf der Zeit wurde sie mehrfach erweitert und umgebaut. Älteste Baureste sind in den Fundamenten des kleinen Hexenkellers zu finden. Spätestens mit Beginn des 15. Jahrhunderts kam das aus Lüneburg stammende Rittergeschlecht der Maltzans ins Spiel. Joachim von Maltzan baute die Burg zu einer bedeutenden Wehranlage aus. Doch durch Erbauseinandersetzungen zerfiel das Reich der Penzliner Maltzans, und nach dem Dreißigjährigen Krieg war die Burg so heruntergekommen, dass sie nicht mehr bewohnbar war.

Die erste Burgsanierung fand 1735 unter Otto Julius Maltzan statt. Kellergewölbe, Küche, Ställe und Brücken wurden ausgebessert. Sein Urenkel Georg Ferdinand – er hat 1816 als erster Adliger in Mecklenburg die Leibeigenschaft aufgehoben – baute nördlich der Alten Burg die Neue Burg, die eher einem Herrenhaus gleicht. Von der Alten Burg sind noch zwei im rechten Winkel aneinander gesetzte Backsteingebäude aus dem 16. Jahrhundert erhalten. Nach umfangreichen Rekonstruktionsarbeiten von 1990–93 bildet die Alte Burg derer von Maltzan mit ihrem slawischen Wall, dem Burghof, dem Burggarten sowie Resten der alten Stadtmauer wieder eine in sich geschlossene Anlage. Neben dem Hexenkeller kann man sich heute noch die verrußte mittelalterliche Schwarze Küche mit ihrem 12 m hohen Rauchfang und den Rittersaal mit seiner kunstvollen Deckenbemalung aus dem 19. Jahrhundert anschauen.

Seit dem 13. Jahrhundert entwickelte sich zu Füßen der Burg die Stadt. Der Homer-Übersetzer Johann Heinrich Voss (1751–1826), der einen Teil seiner Kindheit in Penzlin verbrachte, bezeichnete sie als „ein artiges Städtchen mit alter Mauer, bebuschtem Wall und einer verfallenen Burg; ein weites sanfthügeliges Stadtgebiet". Einen beschaulichen Eindruck macht die kleine Stadt, die rund 2500 Einwohner zählt, mit ihrem rechteckigen Marktplatz und der Backsteinkirche noch immer.

Dunkle Vergangenheit
Kaum zu glauben, dass sich hinter dieser romantischen Fassade das Burgmuseum mit Hexenfolterkeller befindet.

MUSEUM ALTE BURG

Im Gedenken an Luise
Im Schloss Hohenzieritz verbrachte Königin Luise ihre letzten Tage.

Hohenzieritz – die letzte Station einer Königin der Herzen

Hohenzieritz war eine beliebte Sommerfrische der Herzöge von Mecklenburg-Strelitz.

Dem Mecklenburg-Strelitzer Fürstenhaus verdanken die Hohenzollern die einzige preußische Königin, die je von sich reden machte. Die schöne und kluge Luise stand ein für patriotisches Denken und glühende Vaterlandsliebe. Sie gipfelten in jenem berühmten Gespräch zwischen Luise und Napoleon, in dem die Königin um Milderung der harten Bedingungen im Friedensvertrag von Tilsit bat. Vergeblich zwar, aber die Welt und Napoleon waren von ihr begeistert. Als Luise, erst 34 Jahre alt, 1810 auf Schloss Hohenzieritz starb, trauerten Preußen und Mecklenburg. Länderweit wurde das eiserne Luisen-Gedenkkreuz getragen. „Nie ward eine Königin herzlicher und aufrichtiger betrauert und beweint als sie", stand im Sterberegister. Die Königin der Herzen sei an gebrochenem Herzen gestorben, hieß es später. Ihr Arzt hatte eine Lungenentzündung diagnostiziert, die ihm aber nicht lebensbedrohlich schien. Die Obduktion ergab später, dass ein Lungenflügel zerstört und das Herz angegriffen war. Der klassizistische Bildhauer Johann Gottfried Schadow schuf bereits 1794 ein marmornes Doppelstandbild der Prinzessinnen Luise und Friederike, das als verkleinerte Biskuitkopie in jeder Biedermeiervitrine stand.

Das Schloss

Das Schloss, einst ein einstöckiges Gutshaus in verputztem Fachwerk mit einem hohen Kellergeschoss und einem Walmdach, wurde von 1747–51 für Christian von Fabian erbaut. 1768 fiel das Anwesen an den Herzog von Mecklenburg-Strelitz, der es zwei Jahre später seinem Bruder Herzog Karl, dem Vater der späteren Königin Luise von Preußen, schenkte. Bald darauf begann der Umbau des Schlosses; 1776 entstanden die beiden Kavaliershäuser nach Plänen des herzoglichen Leibmedikus Verpoorten. 1790/91 wurde das Schloss aufgestockt und erhielt seine heutige klassizistische Fassade. Bis 1918 blieb es im Besitz der herzoglichen Familie. Ab 1919 Eigentum des neu gegründeten Freistaates Mecklenburg-Strelitz, wurde es als Museum öffentlich zugänglich. In den letzten Kriegstagen 1945 ging jedoch sämtliches Inventar verloren. Nach dem Zweiten Weltkrieg diente das Haus als Flüchtlingsunterkunft, dann als Verkaufsstelle, beherbergte den Rat der Gemeinde und bis 1991 das Wissenschaftliche Zentrum für Landwirtschaft. Seit 2001 ist es Sitz der Müritz-Nationalparkverwaltung.

In memoriam Luise

Im Jahr 2007 wurde die Gedenkstätte hinter den fünf Fenstern links der Schlosstreppe wiedereröffnet, dank vieler Spenden und der Initiative des Schlossvereins. So konnte auch die Illusionsmalerei nach Schinkelmotiven von 1888 an den Wänden des Sterbezimmers wiederhergestellt werden. Bereits 1813 hatte der Vater von Luise diesen Raum und die beiden Vorzimmer als Gedenkstätte einrichten lassen. Heute steht im Sterbezimmer wieder – schneeweiß, auf einem 1880 nach Schinkels Entwürfen gestalteten Fußboden aus grau-weißen Fliesen – ein Abguss der zweiten Fassung eines Sarkophags von Christian Daniel Rauch.

Mit der Schöpfung der ersten Fassung für das Mausoleum in Berlin-Charlottenburg erhielt der Bildhauer durch Vermittlung Wilhelm von Humboldts seinen ersten großen Auftrag. Auch die 1834 von ihm eigens für das Sterbezimmer gefertigte marmorne Luisen-Büste, die über 55 Jahre als verschollen galt, ist zurückgekehrt. Weitere kleine Exponate sind beispielsweise eine mit Perlen besetzte Brosche, die Luise einst ihrer Erzieherin Salomé de Gélieu schenkte, und der 1806 von Luise gestiftete Abendmahlskelch. Im Kastellanshaus ist die Geschichte des englischen Landschaftsgartens in Hohenzieritz dokumentiert.

Ein echt englischer Schlosspark

Der Schlosspark, der früheste englische Landschaftspark Mecklenburgs, ist eine Schöpfung des Gartengestalters Archibald Thomson. Der Londoner Hofgärtner kam wahrscheinlich auf Empfehlung von Sophie Charlotte, der englischen Königin und Schwester des Herzogs, nach Hohenzieritz. Er ist somit der einzige der vielen englischen Landschaftsgärten in Mecklenburg-Vorpommern, der auch tatsächlich von einem Engländer angelegt wurde. In sanften Wellen zieht der Park sich hügelabwärts und gibt weit über seine 30 ha hinaus Ausblick in die Talmulde des Tollenseseebeckens. Sichtachsen führen den Blick des Besuchers gezielt zum Bauernsee, zum Dörfchen Prillwitz oder auf alte Baumsolitäre, einzeln stehende Baumriesen. Auch Elemente außerhalb der Anlage werden so in die Gestaltung mit einbezogen. Ein System von künstlichen Gewässern durchzieht den Park, schlängelnde Wege führen zum Luisentempel, der 1815 auf ihrem angeblichen Lieblingsplatz entstand.

In memoriam Luise
Die marmorne Luisenbüste von Christian Daniel Rauch galt lange als verschollen. Ein Ort der Besinnlichkeit ist der Luisentempel im Park (u.), mit dem man die beliebte deutsche Königin ehrte.

Alt Rehse – Licht und Schatten eines Dorfes

Das kleine Gutsdorf Alt Rehse an den Hängen des Tollensesees ist eine Postkarten-Idylle. Schmucke rohrgedeckte Ziegelfachwerkhäuser säumen die Dorfstraße zu beiden Seiten. Niederdeutsche Volksbauweise unter Linden, ein Dorfteich, eine Kirche. Die Häuser in ebenmäßigem Abstand sehen sich zum Verwechseln ähnlich. Dieses Dorf errang 1995 den ersten Preis im bundesweiten Wettbewerb „Unser Dorf soll schöner werden". Wer durch Alt Rehse geht, wird von der Behaglichkeit der Dorfanlage beeindruckt sein, was hinter dieser schönen Kulisse steckt, erklärt sich nicht von selbst. Nur die Inschriften auf den Balken der Türstürze irritieren: „Haus Hamburg, erbaut im Jahre 3", „Haus Württemberg, erbaut im Jahre 4" oder Haus München, Baden, Kurhessen, Niedersachsen, errichtet im Jahre 3, 4 oder 5. Die Zahlen folgen der Nazi-Zeitrechnung, die mit der Machtergreifung begann. Gemeint sind damit die Jahre 1935, 1936, 1937. Damals entstanden in Alt Rehse 22 Einzel- und Doppelhäuser; die Bezeichnung sollte auf die Herkunft angeblicher Spenden der Ärzteschaft aus den Gauen verweisen, die man für den Bau der Häuser verwendet hatte.

Hinter dem schönen Schein von Alt Rehse verbarg sich üble Gesinnung. Nachdem man das alte Dorf geschliffen hatte, begann im August 1934 der Aufbau der „Führerschule der Deutschen Ärzteschaft". Alt Rehse wurde ein Prototyp für die idyllische Fassade der Hitler-Barbarei. 1935 pries der Rostocker Anzeiger das „Musterstück deutschen Bauens" als „Inbegriff harmonischen und naturverbundenen

Ein Bilderbuchdorf
Heute ein Beispiel purer Idylle, offenbart sich die dunkle Vergangenheit erst auf den zweiten Blick.

Zeuge einer anderen Vergangenheit
Die Kirche aus Feldstein und Klinker wurde am ersten Advent des Jahres 1893 geweiht.

Wohnens". Hinter der hübschen Fassade aber wurden Ärzte auf die Rassenideologie der Nazis eingeschworen. Rudolf Heß hatte die Einrichtung am 1. Juni 1935 in einer reichsweit ausgestrahlten Rede eingeweiht. Hitlers Vertrauter Martin Bormann war hier oft zu Gast und offenbar sehr angetan von dem Ort. Seiner Frau schickte er damals ein Telegramm: „Liebes Muttchen, wenn der Krieg vorbei ist, wird uns der Führer Alt Rehse schenken, und dann ziehen wir dorthin" (Quelle: Der Spiegel). Der Kunsthistoriker und Projektleiter der Erinnerungs-, Bildungs- und Begegnungsstätte Alt Rehse, Rainer Stommer, vermutet, dass etwa jeder vierte Jungarzt an einem mehrwöchigen Kurs in Alt Rehse teilgenommen hatte und dabei in Rassenhygiene, Erbbiologie und Euthanasie geschult wurde.

Gegen das Vergessen
Im alten Gutshaus ist eine Dauerausstellung zur Geschichte des Ortes untergebracht.

Natürlich hat Alt Rehse auch eine Geschichte vor und nach dieser Zeit. 1182 erstmals urkundlich erwähnt, war es bis in die Neuzeit ein Lehensgut. Das alte Gutshaus wurde 1862 erbaut. 1897 erstand Ludwig Freiherr von Hauff, ein entfernter Verwandter des Dichters Wilhelm Hauff, das Gut und ließ 1898 ein neues Herrenhaus am Abhang zum Tollensesee errichten. Um dieses herum entstand ein Landschaftspark, der Kern des heutigen Parks. Nach einem Brand wurde 1923 das Herrenhaus wiederaufgebaut. Als das Gut in den 1920er-Jahren in wirtschaftliche Schwierigkeiten geriet, wurde es an den Nationalsozialistischen Deutschen Ärztebund verkauft.

Nach 1945 evakuierten die Russen vorübergehend die Dorfbewohner. 1948 wurde im Park ein Kinderdorf für Kriegswaisen eingerichtet. In den 1950er-Jahren bezog das Ministerium für Staatssicherheit das Parkgelände, später ging es in den Besitz der Nationalen Volksarmee über. Nachfolger war 1990 die Bundeswehr, die die Gebäude bis zu ihrem Abzug 1998 sanierte. Nach jahrelangen Auseinandersetzungen mit der Rechtsnachfolgerin des Ärztebundes stand juristisch fest: Die Wohnhäuser gehören ihren Bewohnern. Seit 1998 mahnt ein Gedenkstein „Das Geheimnis unserer Erlösung ist die Erinnerung". Im ehemaligen Gutshaus, das seit 2007 im Besitz des Vereins „Erinnerungs-, Bildungs- und Begegnungsstätte" ist, beleuchtet eine Ausstellung die Geschichte des Dorfes und der „Führerschule der deutschen Ärzte". Eine Generationen übergreifende Lebensgemeinschaft von Menschen aus vielen Regionen Deutschlands hat inzwischen die Gebäude im Park renoviert und das Gelände wieder öffentlich zugänglich gemacht. Ein Sieg der Hoffnung, den Ort neu definieren zu können und zugleich in wunderbarer Landschaft zu wohnen.

Ort der Erinnerung
In den Fachwerkhäusern von Alt Rehse lebt man mit der Vergangenheit.

Seenland im Norden

Fritz Reuter und Ernst Barlach waren die berühmtesten „Wanderer“ der Mecklenburgischen Schweiz. Hügelige Wege führen zu kleinen Landschlössern, zu Biberburgen und 1000-jährigen Eichen. Auch scheue farbenprächtige Eisvögel und majestätische Fischadler kann man hier sehen.

Abendstille
Nahezu menschenleer sind die Ufer abends am Kummerower See. Nur vier Dörfer gibt es hier.

Der Naturpark Mecklenburgische Schweiz und Kummerower See

Die Mecklenburgische Schweiz ist die „bergigste“ Landschaft Mecklenburgs.

Die Mecklenburgische Schweiz ist die hügelige Mitte Mecklenburg-Vorpommerns. Wer noch ein wenig Eichendorffsche Romantik im Herzen trägt, wird beim Wandern, Radfahren oder Reiten durch diese Landschaft von den anmutigen Höhen und lieblichen Tälern begeistert sein. Ackerfurchen führen um baumbewachsene Hügelkuppen; immer wieder stößt man auf kleine Seen, die höchstens 2 m über dem Meeresspiegel liegen. Zahllose Sölle, eiszeitliche kleine Wasserlöcher, blinken in der Sonne. Dörfer und einsame Gehöfte schmiegen sich an Hügelketten und in Talmulden. Jungsteinzeitliche Großsteingrabanlagen wie im Hohen Holz bei Teterow oder im Hainholz bei Malchin sind Zeugnisse der frühen Besiedelung dieser Region. Besonders gut erhaltene bronzezeitliche Hügelgräber liegen im Panschenhäger Forst und südlich der Ziestseen. Die Burgwallinsel im Teterower See sowie die Burgwälle bei Klein Luckow und im Uposter Gehege erinnern an

Schattenspendende Wegbegleiter
Bäume sind allgegenwärtig – um die Alleen zu erhalten, werden neue Bäume gepflanzt.

die Slawenzeit. Vor allem aber die für die norddeutsche Tiefebene bemerkenswerten natürlichen Erhebungen prägen die Landschaft, in der ein ganz besonderes Klima herrscht: Im Regenschatten der Stauchmoränen gelegen, regnet es hier mit einer Niederschlagsmenge von maximal 570 mm pro Jahr deutlich weniger als in anderen Gegenden Mecklenburgs.

Auf ziemlich kleinem Raum erreichen die Hügel der plattdeutschen „Schweiz" – eine der weltweit etwa 190 Landschaften, die diesen Beinamen tragen – etwa 100 m Höhe. Umgeben von den Orten Neukalen, Malchin, Vollrathsruhe und Teterow, schließt sie im Westen an das Teterower Becken an und grenzt im Osten mit einem starken Geländeabfall an das mehr als 30 km lange Malchiner Becken. Nach neuen geologischen Erkenntnissen ist dieses Becken ein subglaziales Tunneltal, das seine Entstehung nicht der ausschürfenden Wirkung einer Gletscherzunge verdankt, sondern Schmelzwasser, das sich unter dem Inlandeis sammelte und unter der großen Last den Untergrund tief ausspülte. Die Hügelzüge wurden durch Gletscher vor rund 13 000 Jahren aufgestaucht. Der Schmocksberg mit 127 m und der Schlanke Berg bei Retzow mit 125 m sind die höchsten Erhebungen der Mecklenburgischen Schweiz. Vom 96,4 m hohen Röthelberg nahe der Burg Schlitz hat man einen der landesweit schönsten Rundblicke.

Zeitzeugen am Wegesrand

Belaubte Baumriesen und solche, deren Zweige das Alter schon hat kahl werden lassen, sind beeindruckende Zeitzeugen der Kulturlandschaft der Mecklenburgischen Schweiz. Steht solch ein knorriger Solitär hier auf weiter Flur, handelt es sich zumeist um eine Stieleiche; aber auch Traubeneichen sind für die Landschaft typisch. Auf sogenannten Eichenkoppeln, Resten einstiger Hude- oder Mastwälder, strecken gleich mehrere jahrhundertealte Baumriesen ihre starken Äste in den Himmel. Die zwanzig Eichen auf der „Märchenwiese" südlich von Karstorf sind, geschätzt am Stammumfang, rund 450 Jahre alt. Sie haben jene Zeit überlebt, in der noch jedes Mecklenburger Dorf trotz etlicher landesfürstlicher Verbote seine Rinder, Schweine, Ziegen und Schafe in den Wald zur Fütterung trieb. Erst etwa Mitte des 18. Jahrhunderts wurde die Waldhudewirtschaft allmählich aufgegeben. Heute sind solche Baumveteranen geschützte Naturdenkmäler, und das Eichenblatt ist das Zeichen des „Naturparks Mecklenburgische Schweiz und Kummerower See". Der Rad- und Wanderweg „Große Eichen" führt über 50 km lang an besonders schönen und alten Baumexemplaren vorüber. So zählen die 450 Jahre alten Eichen bei Appelhagen, nordwestlich von Teterow, zu den eindrucksvollsten dieser Region. Sie sind am besten vom Ortsausgang in Richtung Thürkow zu sehen. Doch selbst jenseits dieser mit einem violetten

Sommeridylle
Solch romantische Stellen findet man immer wieder in dieser Landschaft mit stillen Wasserläufen, Feldern und Wiesen.

Glückliche Kühe
Wie in der „richtigen" Schweiz weiden auch in der Mecklenburgischen Schweiz viele Rinder artgemäß auf den Wiesen.

Eichenblatt gekennzeichneten Route wird ein Ausflug in die Mecklenburgische Schweiz immer auch zu einer Baum-Entdeckungstour. Manche von ihnen, wie die Eichen von Remplin, schützt ringsum ein Koppelzaun, denn die starken Bäume reagieren bisweilen sehr empfindlich auf Veränderungen ihres Standorts. Pflügen im Umkreis ihres Wurzelbereiches kann ihnen ebenso schaden wie Weidevieh, deshalb werden sie, in Absprache mit den Landwirten, durch die Naturparkverwaltung besonders geschützt.

Zugvogel aus dem hohen Norden
Saatgänse sind Wintergäste in Mecklenburg.

Gestaltete und geschützte Landschaft

Die Mecklenburgische Schweiz liegt im Zentrum des 1997 gegründeten, etwa 673 km² großen Naturparks, der sich nach Norden mit dem Peenetal bis nach Demmin erstreckt. Die drei großen Seen – der Teterower, der Malchiner und der Kummerower See – sind mit ihren vielen kleinen Badebuchten beliebte Ausflugsziele für Einheimische und Feriengäste. Mit ihrem Fischreichtum garantieren die Seen der Mecklenburgischen Schweiz Anglerglück, an ihren stillen Ufern rasten Tausende Bleß- und Saatgänse, Haubentaucher und Pfeifenenten, bisweilen lassen sich auch Meeresgänse nieder. Kraniche bevorzugen die flachen Wasser des Malchiner Sees. Am Himmel ziehen See-, Schrei- und Fischadler ihre Kreise. Vor allem vom hölzernen Aussichtsturm bei Dahmen an der Südwestspitze des Malchiner Sees aus kann man die Vogelwelt gut beobachten. An den Holzbänken und Tischen lässt es sich hier bei jedem Wetter gut eine Weile aushalten. Man braucht aber etwas Geduld, um im September die Fisch- und Seeadler abzupassen, wenn sie mit ihren Jungen auf Nahrungssuche gehen.

Auf den Poldern und Moorwiesen kann man bei Frühjahrsbeginn Grau- und Saatgänse beobachten. Landwirtschaft und Natur bilden im Naturpark keinen Gegensatz – zahlreiche Herrenhäuser, Schlösser und Gutshäuser mit ihren Parkanlagen sind eindrucksvolle Beispiele früherer bewusster Landschaftsnutzung und -gestaltung. Elf Areale, insgesamt 9 % der gesamten Naturparkfläche, stehen unter Naturschutz.

Thünen-Museum Tellow

Ein Musterbeispiel besonders fortschrittlicher Landschaftsnutzung trifft man im Tellower Land, dort wo die Recknitz fließt, etwa 10 km nördlich von Teterow. Hier lebte, arbeitete und forschte ab 1810 der Musterlandwirt Johann Heinrich von Thünen (1783-1850). Das historisch gewachsene Gutsensemble mit Park, Museumscafé und Gutsmarkt im Kornspeicher dokumentiert regionale Landwirtschaftsgeschichte. Von Thünen war seiner Zeit weit voraus. Schon 1848 führte der Menschenfreund und Sozialreformer Gewinnbeteiligung und Altersversorgung für seine Gutsarbeiter ein.

Auf Tellow bereitete er in Theorie und Praxis den Weg für ein höheres, an den Erfordernissen des Marktes orientiertes Wirtschaftssystem. Die „Thünesche Kreislehre", ein wirtschaftsgeografisches Modell, berücksichtigt insbesondere auch die Transportkosten und teilt dazu das Land um den Absatzort in mehrere, ringförmig angeordnete Landwirtschaftszonen ein. Sie wird vor dem klassizistischen Gutshaus als ein System von Steinkreisen dargestellt. Thünens Hauptwerk, *Der isolierte Staat*, brachte ihm den Ruf eines Klassikers der sozialen und ökologischen Marktwirtschaftslehre ein.

Rund um den Malchiner See

Von Wäldern umgeben
Als wolle er sich verstecken, liegt der Malchiner See tief in die Landschaft eingebettet – gerade mal 0,5 m über dem Meeresspiegel.

Vom Höhenzug Malchin-Basedow oder von der gegenüberliegenden Seite Wendischhagen-Bristow hat man einen herrlichen Blick auf den stillen Malchiner See. Wogende Schilfgürtel, feuchte Wiesen, uralte Wälder umgeben das etwa 14 km² große, über 8 km lang gestreckte Gewässer, das von der Westpeene, deren Quellgebiet in der Nähe von Klocksin liegt, gespeist wird. Einige kleine Bäche, wie der Mühlenbach bei Ziddorf und Dahmen oder der Lupenbach zwischen Rothenmoor und Seedorf, münden ebenfalls in den See, der sehr tief gelegen ist. Vor dem Bau des Dahmer Kanals im 19. Jahrhundert lag der Wasserspiegel 2 m höher. Der Malchiner See ist aufgrund seiner durchschnittlichen Wassertiefe von 2 m ideal für Paddler geeignet. Die tiefsten Stellen von 10 m liegen im Norden, in der Mitte flacht eine Sandschwelle das Gewässer auf nur 0,5 m ab.

Im Winter bevölkern Schlittschuhläufer den Malchiner See und erkunden die größtenteils unberührten Uferbereiche. Auch Eissegler schätzen den See und tragen mit ihren eleganten „Segel-Schlitten“ Wettkämpfe aus. Im Sommer kommen Angeltouristen auf ihre Kosten: Über 30 Fischarten sind in den Gewässern heimisch, darunter Plötze, Barsch, Brassen, Karpfen, Hecht, Zander, Aal, Uckelei, Rotfeder, Güster, Schlei, Wels und die Aalquappe. Am Malchiner See sowie in den angrenzenden Mooren leben Fischotter, Biber, Kranich, Rohrdommel, See- und Fischadler.

In unmittelbarer Nähe des Ortes Basedow lag einst das jetzt verschwundene Dorf Wargentin. Als die früheste Kolonie in diesen Gegenden hatte es eine gewisse Bedeutung, weshalb der jetzige Malchiner See einst nur Wargentiner See genannt wurde. Wann der „Malchiner See“ endgültig seinen Namen erhielt, ist unbekannt. Nach dem Wechsel der Besitzverhältnisse wurde er noch im 14. Jahrhundert „Wargentiner See“ genannt. Auf Landkarten des 17. Jahrhunderts liest man schon „Malchinsche See“, manchmal auch in der heute üblichen Schreibweise. Mit dem Fahrrad lässt sich die Landschaft um den Malchiner See auf einem 35 km langen, gut befestigten und mit einem gelben Kreuz gekennzeichneten Rundweg erkunden.

Ausflüge rund um den Malchiner See führen auch zu alten Adelsschlössern.

Für Sterngucker
In Remplin steht die älteste erhaltene Sternwarte Mecklenburgs.

Renaissance, Klassizismus, Neobarock – eine Schlössertour

Die Schlösser rings um den Malchiner See sind nicht die imposanten Schlösser der Loire, eher kleine, feine Herrenhäuser, Dornröschenschlösser, von denen viele in den letzten beiden Jahrzehnten von privaten Unternehmern wieder erweckt und mit großem Engagement dem Verfall entrissen wurden. Die meisten der stilvoll renovierten Gebäude schmücken nun als Schosshotels die Landschaft auf dieser rund 70 km langen Schlössertour.

Remplin – unter Linden

Die ursprünglich barocke Dreiflügelanlage, die Mitte des 18. Jahrhunderts für die Familie von Hahn in Remplin, im Norden des Malchiner Sees, errichtet wurde, ließ der Großherzog Georg von Mecklenburg-Strelitz 1866 im Stil der französischen Renaissance umbauen. Die Pläne hierfür lieferte der Berliner Architekt Friedrich Hitzig. Die Einrichtung war kostbar. Im Musiksaal fanden Konzerte unter der Leitung von Robert Schumann und Peter Tschaikowski statt. 1940 brannte das Gebäude nieder, nur der Nordflügel des Schlosses, ein dreigeschossiger Torturm, die Fachwerkgebäude des Gutshofes und die Gutskirche aus dem 17. Jahrhundert blieben erhalten. Der von holländischen Gärtnern im Auftrag der Grafenfamilie von Hahn in der Mitte des 18. Jahrhunderts angelegte Landschaftspark zählte zu den bedeutendsten barocken Parkanlagen Mecklenburgs. Noch heute zeugen sieben 200-jährige Lindenalleen von seiner Schönheit. Im Auftrag des Großherzogs Georg von Mecklenburg wurde zu Beginn des 19. Jahrhunderts der etwa 35 ha große Park nach Plänen Peter Joseph Lennés nach Osten hin in einen Landschaftspark umgestaltet. Der Turm der ersten Sternwarte wurde gestalterisch in den Park mit eingebunden.

Bristow – mit Orgelklang

Auf dem von Schwarzpappeln gesäumten Weg nach Bristow steht wenige Meter vom Ufer des Malchiner Sees entfernt ein Aussichtsturm, eine gute Gelegenheit, einige der Brutvogelarten am Malchiner See zu beobachten. Das alte Herrenhaus von Bristow ist bereits 1919 abgebrannt. Doch im Ort lohnt noch immer die älteste protestantische Dorfkirche Mecklenburgs einen Besuch. Ende des 16. Jahrhunderts von Werner von Hahn aus dem Hause Basedow gestiftet, wurde sie von dessen Sohn Hans von Hahn prunkvoll im Renaissancestil ausgestattet. Eine Besonderheit ist das in vier Kalksteintafeln gehauene Testament Werner von Hahns. Mit Hilfe der Deutschen Stiftung Denkmalschutz konnte die Kirche restauriert werden. Auch die Orgel des

Rundweg um den Malchiner See

Mit dem Fahrrad lässt sich die Landschaft um den Malchiner See auf einem 35 km langen, gut befestigten und mit einem gelben Kreuz gekennzeichneten Rundweg erkunden. Hin und wieder führt die Route über befahrene Landstraßen. Die schönsten Ausgangspunkte dieses natürlich auch zu Fuß auf Teilstrecken zu erwandernden Weges sind die Orte Basedow und Schorssow mit ihren Schlössern und Parkanlagen. Im Basedower „Alten Schafstall" hat Anette Gräfin Hahn von Burgsdorff ein Bauernmarkt-Café eingerichtet, in dem Erzeugnisse aus der Region angeboten werden. Bei Rambow, an der Südspitze des Sees, lohnt ein Abstecher zum Schloss Ulrichshusen. In Bristow im Nordwesten sind eine Feldsteinkirche und ein Taubenhaus zu besichtigen. Außerdem lädt eine idyllische Badestelle am Malchiner See zur Rast ein. Weiter geht es über einen festen Sandweg Richtung Wendischhagen, von dem aus man einen herrlichen Blick über den See genießen kann.

mecklenburgischen Orgelbaumeisters Friese, der hier im 19. Jahrhundert eines seiner kleinsten Instrumente erbaut hat, erklingt wieder zu Gottesdiensten und Konzerten.

Schorssow – kleines Schloss am See

Zwischen Hohen Demzin und Schorssow liegen etwa 3 km. Der kleine Ort hat keinen Zugang zum Malchiner See, dafür aber einen eigenen Haussee. Dort umrahmt ein englischer Landschaftspark das sorgfältig restaurierte zweigeschossige Schloss. 1730–40 erbaut, ließ Hofjägermeister von Moltke es zwischen 1808 und 1812 unter Einbeziehung des barocken Vorgängerbaus klassizistisch umgestalten. Das Schloss hatte danach diverse Besitzer, bis es am Ende des 19. Jahrhunderts in das Eigentum des Freiherrn von Tiele-Winkler kam, dessen Familienwappen noch heute das Portal ziert. Mitte der 1990er-Jahre weitgehend verfallen und vom Hausschwamm bedroht, wurde es nach einer aufwendigen Rekonstruktion der Festräume durch die neuen Eigentümer im März 1997 als Schlosshotel wiedereröffnet. Heute kann man hier im festlichen ovalen Saal unter prächtiger Stuckdecke und glitzernden Lüstern, im urigen Weinkeller oder auf der sonnenbeschienenen Terrasse exquisit speisen.

Burg Schlitz – feines Schloss auf dem Berg

Bei Hohen Demzin, nur etwa 5 km von Schorssow entfernt, führt eine Lindenallee hinauf zu dem Ort, an dem die Landschaft ihren Namen bekam. Hier soll im Jahre 1811 der Erbprinz Georg von Strelitz anlässlich der Grundsteinlegung des Schlosses auf dem Buchenberg die bedeutungsschweren Worte gesagt haben: Dieses sei nun seine „Mecklenburgische Schweiz“. Besitzer des Schlosses aber war der Freiherr von Labes, der, um eine standesgemäße Partie für die Tochter des preußischen Ministers Graf von Schlitz zu werden, von jenem adoptiert wurde. Sein Schwiegervater, Mitbegründer der mecklenburgischen Landwirtschaftsgesellschaft, kultivierte die Wirtschaft auf dem Gut und ließ den 60 ha großen Schlosspark gestalten. In dem Park, der unmerklich in die freie Natur übergeht, wurden wunderliche behauene und unbehauene Findlinge, Obelisken und Säulen sowie ein Blücher-Denkmal aufgestellt. Seltene Bäume wachsen im nahen Schlossbereich. In ihrem Schatten tanzen drei bronzene Nymphen auf dem Rand eines Jugendstilbrunnens (gestaltet von Walter Schott, 1903). Einst zierte dieser den Innenhof des Berliner Kaufhauses Wertheim. 1930 zog der Brunnen mit dem Direktor der Deutschen Bank und Vizepräsidenten des Deutschen Reichstages, Emil Georg von Stauß, auf den Schlossberg, nachdem dieser neuer Schlossherr geworden war. Heute ist die Burg Schlitz eine der bedeutendsten klassizistischen Schlossanlagen Mecklenburgs und ein exklusives Schlosshotel. Den Schinkelsaal,

Ländliches Gotteshaus
Die Renaissancekirche in Bristow, Ende des 16. Jh. erbaut, ist die älteste protestantische Dorfkirche Mecklenburgs.

heute Austragungsort für diverse Veranstaltungen, von Lesungen bis zu Vernissagen, schmücken kostbare Tapetenmalereien. Gourmets schätzen das Restaurant im hohen Rittersaal mit Intarsienparkett, Wappenschildern und farbigen Fensterbildern.

Der Nymphenbrunnen
Bezaubernde bronzene Jugendstilgeschöpfe tanzen um den Brunnen von Burg Schlitz.

Blücherhof – exotischer Park

Etwa 16 km von Schorssow entfernt, kann in Blücherhof ein Gut des 20. Jahrhunderts mit Stallungen, Wirtschafts- und Wohngebäuden sowie einer großen Schnitterkaserne – einst Unterkunft der Erntehelfer – von seltener Vollständigkeit besichtigt werden. Am südlichen Rand des Naturparks steht, hinter hohen schmiedeeisernen Rokokotoren, das neobarocke Schloss in einem Park, der mit über 150 verschiedenen Koniferen- und Laubholzarten zu den bedeutendsten botanischen Raritätensammlungen Mecklenburgs zählt.

1904 erwarb der Bonner Zoologieprofessor und Privatgelehrte Alexander König das Anwesen und ließ das Schloss vom Architekten Gustav Holland im neobarocken Stil umbauen. Mit Hilfe des Gartenarchitekten Kupahlt, der bis 1914 Stadtgartendirektor in Riga war, legte er einen 8 ha großen Park an, mit Buchen, Stieleichen, Birken, Eschen, aber auch mit vielen exotischen Gewächsen wie Mammutbäumen, japanischen Sichel- und Schirmtannen, Tulpen- und Trompetenbäumen sowie Magnolien. Fast alle in Europa bekannten Koniferenarten sind hier vertreten. Heute befindet sich das Gelände in Privatbesitz, es gibt eine Herberge, und der Park ist öffentlich zugänglich.

Ulrichshusen – musikalisch

Wehrhaft erhebt sich 11 km weiter östlich das Wasserschloss Ulrichshusen über den gleichnamigen See. Das alte Renaissanceschloss, 1560 auf einer kleinen Anhöhe am See inmitten von Wiesen und Feldern erbaut, ging 1987 in Flammen auf. 1993 kaufte Freiherr Helmuth von Maltzahn, einer der Nachfahren des Erbauers, das Schloss und ließ es nach historischen Vorlagen wieder aufbauen. Seit 2001 ist das Backsteinschloss ein feines Landhotel mit Restaurant und von Juni bis September Zentrum der alljährlichen Mecklenburgischen Musikfestspiele.

Basedow – ein Gesamtkunstwerk

Nordöstlich des Malchiner Sees, etwa 18 km von Ulrichshusen entfernt, ließ das Ehepaar von Hahn gegen Mitte des 19. Jahrhunderts den alten Familienstammsitz durch August Stüler und Peter Josef Lenné in eine ideale Landschaft verwandeln. Heute ist Basedow eines der schönsten Dörfer des Landes. Das prächtige Schloss, eine Synthese aller Stile vom 16. bis zum 19. Jahrhundert, ist nicht öffentlich zugänglich. Dafür lädt der Park, eine der ersten großen Gartenschöpfungen Lennés in Mecklenburg, zu Spaziergängen ein. Diese sollte man im Ort fortsetzen, schon um einen Blick auf die reiche Renaissance-Ausstattung in der großen gotischen Backsteinkirche zu werfen. Die Orgel, die älteste noch spielbare Mecklenburgs (1683), ziert ein prachtvoller barocker Prospekt. Direkt an der Dorfstraße befindet sich auch der Sitz der Verwaltung des „Naturparks Mecklenburgische Schweiz und Kummerower See", wo umfassende Informationen erhältlich sind. Die Plattform des 34 m hohen Aussichtsturms an der Alleenstraße bietet eine herrliche Aussicht über den gesamten Malchiner See bis nach Malchin.

In strahlendem Weiß
Keine Burg, sondern ein Schloss und eines der schönsten Beispiele klassizistischer Baukunst dazu ist Burg Schlitz.

POSTERITATI.H.COMES.SCHLITZ.MDCCCXX

Der mecklenburgische „Amazonas"
Das Peenetal ist das größte zusammenhängende Niedermoorgebiet Mitteleuropas.

Mit dem Boot durchs Peenetal

Wie eine Nabelschnur verbindet die Peene die Orte im Binnenland mit der Ostsee.

Der längste Fluss von ganz Mecklenburg-Vorpommern ist die Peene. Sie ist 143 km lang, 104 km davon sind schiffbar, mit ihren Nebenflüssen entwässert sie gut 22 % der Landesfläche. Sie durchzieht windungsreich den Naturpark und bildet mit ihren Nebengewässern, Torfstichen, Talmooren und Bächen ein dichtes Netz von Feuchtgebieten, in denen sich Biber, Fischotter, Schilfrohrsänger und Moorfrösche wohlfühlen. Die Peene zählt zu den schönsten Tieflandflüssen Europas, als Paddelrevier ist sie noch immer ein Geheimtipp. Dabei lässt sie sich mit ihrem schwachen Gefälle von maximal 30 cm angenehm bereisen, keine Schleuse erschwert den Weg. Wenn starker Nordostwind über die Ostsee weht, macht die Peene jedoch kehrt, um ihren Quellen gemächlich entgegenzufließen. Dank diesem Rückstau geraten den Fischern manchmal sogar Meeresfische wie Lachs und Flunder in die Netze. Normalerweise aber schlängelt sich der schmale Fluss sanft Richtung Norden, führt durch moorige Landschaft und bringt Wasserwanderer ohne Stress und Stau bis zur Insel Usedom, wo er sich bei Peenemünde mit dem Meer vereint.

Zu Biber und Eisvogel

Als guter Einstieg für Paddler eignen sich die 8 km von der Wendischhäger Brücke am Nordende des Malchiner Sees über den Dahmer Kanal nach Malchin. Obwohl dieses schmale Stück der Peene 1870 zum Kanal begradigt wurde, hat sich an seinen Ufern längst wieder üppige Vegetation entwickelt. Nur das Zwitschern der Vögel unterbricht die Stille. Über 150 Brutvogelarten wurden im Peenetal registriert. Kornweihe, Wiesenweihe, Flussuferläufer, Rohrschwirl, Schlagschwirl, Bartmeise, Karmingimpel und Blaukehlchen erfreuen jeden (Hobby-)Ornithologen. Von den derzeit 88 Vogelarten auf der Roten Liste Mecklenburg-Vorpommerns leben 61 im Peenetal. Wenn sich die morgendlichen Nebel verzogen haben und die Sonne Wasser und Boden erwärmt, dann erheben sich Adler über die Wiesen. Manchmal kann man auch den Eisvogel beobachten, höchstwahrscheinlich kreuzt ein Graureiher den Wasserweg.

Aber auch der Biber hat Spuren hinterlassen. Rund 700 Exemplare sollen inzwischen im gesamten Bereich der Peene leben. Die 1976 zur Rettung der Population bei Gützkow ausgesetzten Elbebiber haben sich kräftig vermehrt. Am Ufer türmt sich ein Biberbau, ein Gewirr von Stöcken und Ästen. Der Zugang liegt immer unter Wasser, der Wohnraum darüber. Hier lebt das Biberpaar mit bis zu vier Jungen, oft noch mit Jungtieren aus dem Vorjahr. Auch der Fischotter ist hier zu Hause, was allerdings zumeist nur an den Hinterlassenschaften seiner Mahlzeit erkennbar ist. Plötze, Hecht, Rotfeder und sogar das seltene aalförmige Flussneunauge leben im Wasser, das stellenweise nur 0,5 m tief ist und aufgrund seines hohen Nährstoffgehalts eine leichte Trübung aufweist. Seerosen blühen in den stillen Seitenarmen des Peenekanals, alten, mit Wasser gefüllten Torfstichen. Es ist ein Segen für diese Landschaft, dass mithilfe des 1992 ins Leben gerufenen Naturschutzgroßprojektes „Peene-Haff-Moor/ Peenetal" 450 km² des gesamten Peenetals, mit einer Kernzonenfläche von knapp 200 km², unter Schutz gestellt wurden.

Ruhe und Einsamkeit
Wer früh morgens oder gegen Abend mit dem Boot unterwegs ist, wird dem Zauber des Peenetals erliegen.

Der Biber

Der Biber ist das größte europäische Nagetier. Er kann bis zu 1,40 m lang werden, wobei über 30 cm auf den flachen Schwanz, die Kelle, entfallen, und bis zu 35 kg schwer. Biber leben monogam. Das Revier einer Biberfamilie, das sie mit einem Sekret, dem Bibergeil, markiert, ist abhängig vom Nahrungsangebot und kann bis zu 3 km lang sein. Die Tiere sind gute Schwimmer; sie halten es bis zu 20 Minuten lang unter Wasser aus. Dabei können sie auch die Ohren verschließen. Die Augen sind durch eine flexible, transparente „Nickhaut", eine zusätzliche Bindehautfalte, geschützt. An Land bewegen sich die Tiere eher schwerfällig.

Etwa 200 „Elbebiber", eine Unterart, zählt man inzwischen wieder im Naturparkgebiet. Wer die Nager beobachten will, sollte sich am Abend auf Kanutour begeben. Aber die Spuren der bis zu 3,5 cm lange, ständig nachwachsenden Biberzähne sind an den Bäumen der Auwälder, an den Weiden, Pappeln, Birken und Eschen allemal zu sehen. Über Nacht kann ein Biber einen bis zu 50 cm dicken Baumstamm fällen.

Von Malchin über den Kummerower See nach Demmin

Hier kann man zu Wasser und zu Lande Kultur und Natur genießen.

Malchin liegt auf einer Landenge zwischen dem Malchiner und dem Kummerower See. Wer heute über den Dahmer Kanal mit dem Boot in Malchin einläuft, an Gassen hölzerner Bootschuppen vorbei, landet an der Kanustation der 8000-Seelen-Stadt. Die historische Bausubstanz Malchins wurde Ende des Zweiten Weltkrieges fast völlig zerstört. Doch zeugen noch immer einige Bauwerke von der einstigen Bedeutung der Stadt, die aus einem slawischen Dorf hervorgegangen ist und bereits 1236 durch Nikolaus von Werle mit dem Stadtrecht versehen wurde. Immerhin tagte hier zwischen 1621 und 1916 alle zwei Jahre der Landtag des mecklenburgischen Ständestaates.

Man sollte sich auf einem Abstecher zur dreischiffigen gotischen Backsteinbasilika St. Maria und St. Johannes ruhig ein wenig die Beine vertreten. Der Weg dorthin ist dank der alles überragenden Größe des Gotteshauses, mit dessen Bau Ende des 14. Jahrhunderts begonnen wurde, leicht zu finden. Mit dem spätgotischen Schnitzaltar, Tafelmalereien auf der Renaissancekanzel, dem barocken Orgelprospekt und der Kreuzigungsgruppe in der Marienkapelle aus der Zeit um 1400 besitzt sie noch eine der reichsten Kirchenausstattungen Mecklenburgs. Reste der alten Stadtbefestigung haben sich im Norden der Stadt, in der Nähe des Sportboothafens, erhalten: das Kalensche Tor und der Fangelturm, beide aus dem 15. Jahrhundert, wobei letzterer später noch mit einem schönen Renaissancegiebel versehen wurde. Die Steinstraße, die Geschäftsstraße Malchins, führt vom Marktplatz in südlicher Richtung zum mittelalterlichen Steintor.

Nicht zu unterschätzen – der Kummerower See

Wer den viertgrößten See Mecklenburg-Vorpommerns erstmals kennenlernen möchte, sollte auf dem Malchiner Wasserwanderrast-

Wer sich hier traut ...
Im Malchiner Steintor ist das Standesamt untergebracht, ein besonderer Rahmen für Paare, die sich das Ja-Wort geben wollen.

Wohnen mit Boot
Die idyllischen Bootshäuser am Malchiner See sind nicht nur Behausung für die Wassergefährte, sondern auch Ferienwohnungen der besonderen Art.

Treffpunkt für Segler
Am Zusammenfluss von Peene, Trebel und Tollense bei Demmin ist ein idealer Rastplatz – auch um Erfahrungen auszutauschen.

platz auf eines der Ausflugsschiffe umsteigen. Nach 4,5 km über den Peenekanal wird die Peene zur Bundeswasserstraße, dann öffnet sich die weite Fläche des 33 km² großen Kummerower Sees, ein gutes Segel- und Surfrevier. Anfänger seien jedoch gewarnt: Das Wetter kann schnell umschlagen, oft weht plötzlich eine steife Südwest- oder Nordwestbrise, und die eben noch spiegelglatte Wasserfläche schlägt kurze, kräftige Wellen, das Paddeln in leichten Booten kann so schnell zur Tortur werden.

Maximal 11 km lang und 4 km breit ist der See, dessen Ufer weithin menschenleer wirken. Wenige kleine Dörfer kuscheln sich ins Grün der Ufer. Der Kummerower See vereint die Landesteile Mecklenburg und Vorpommern. Im mecklenburgischen Teil breiten sich Schilfgürtel und feuchte Wiesen aus. An der Ostseite erhebt sich das vorpommersche Ufer, die ebene Grundmoräne steigt an und bildet schließlich eine 37 m hohe Steilküste. Der Magerrasen ist im Sommer bunt gesprenkelt mit den zarten, blauen Blüten des Ehrenpreis und der purpurfarben leuchtenden Karthäuser Nelke.

Am Nordende des Kummerower Sees führt die Peene durch das größte zusammenhängende Niedermoorgebiet Mitteleuropas. Das Tal wurde im pommerschen Stadium der Weichseleiszeit geformt. Im Laufe von Jahrtausenden entstand eine braunmoosreiche Vegetation, aus der sich bis zu 12 m mächtige Torfkomplexe herausbildeten. In unzähligen Windungen schlängelt sich hier die Peene durch Wälder, blühende Wiesen und stille Auen, vorbei an Kanustationen und Rastplätzen für Wasserwanderer.

Demmin – die alte Hansestadt im „Dreistromland“

Ewa 15 km weiter erreicht der Fluss, inzwischen stellenweise mehr als 100 m breit, die alte Hansestadt Demmin; sie ist in eine reizvolle Landschaft eingebettet, die auch von der Trebel und der Tollense durchquert wird. In dieser Gegend soll es einst zwei Prinzessinnen gegeben haben, die einander sehr zugetan waren. Ihr Hab und Gut teilten sie mit den Worten: „Dat is din und min“. So soll der Name Demmin entstanden sein – eine märchenhafte Erklärung. Tatsächlich wurzelt der Name Demmin in dem slawischen Wort „Timänie“, was so viel wie „morastige Gegend“ bedeutet.

Wäre die Geschichte von den Schwestern wahr gewesen, so hätten diese viel aufzuteilen gehabt, denn die einstige Residenz der vorpommerschen Herzöge war eine der wohlhabendsten Städte der Region. Schon lange vor der Hansezeit besaß Demmin das Privileg der freien Schifffahrt und des freien Handels. Noch heute sichtbare Zeichen dieser Zeit sind das Luisentor, das nun als Gästehaus der Stadt dient, der Pulverturm und Reste der Stadtmauer aus dem 14. Jahrhundert. In den letzten Tagen des Zweiten Weltkrieges war die Stadt in Schutt und Asche gesunken. Nur wenige alte Bürgerhäuser, die Pfarrkirche und ein Stadttor blieben erhalten. Doch zum Glück konnte das zerstörte Rathaus originalgetreu wieder aufgebaut werden. Die spätgotische St. Bartholomäi-Kirche mit ihrem über 90 m hohen, spitzen und ganz aus Ziegelsteinen im neogotischen Stil gemauerten Turm wurde saniert und blickt wieder weit ins Land.

Klösterliche Konzertkulisse
Im Langhaus des Klosters finden kulturelle Veranstaltungen und Gottesdienste statt.

Eingang zum Schlosspark
Das „gelbe Tor" wurde 2001 mithilfe eines Fördervereins und Spenden restauriert.

Dargun – über 800 Jahre Zeitgeschichte

Im Schlosspark wandeln die Besucher durch eine Hainbuchenallee wie einst die Hofdamen des Fürstenhauses.

Dargun, eine Kleinstadt am nordöstlichen Rand des Naturparks „Mecklenburgische Schweiz und Kummerower See", 12 km westlich der Kreisstadt Demmin, blickt auf eine fast tausendjährige Geschichte zurück. Nachdem Heinrich der Löwe 1164 die Slawen aus ihrer Burg Dargon vertrieben hatte, kamen Mönche aus dem dänischen Kloster Esrom und gründeten 1172 das erste Kloster. Als jedoch ihr Gönner, Fürst Kasimir von Pommern, in einer Schlacht fiel, brannten die Wenden das Kloster nieder. Jahrzehntelang blieb es eine Ruine, erst 1209 wurden Mönche aus dem mecklenburgischen Mutterkloster Doberan gesandt. Sie errichteten die romanische Kirche, die im 15. Jahrhundert von der gotischen Basilika erheblich überragt wurde. 1552 wurde das Kloster aufgelöst und unter dem Herzog von Mecklenburg-Güstrow zu einem prächtigen Renaissanceschloss umgebaut; es soll einer der schönsten Schlossbauten Mecklenburgs gewesen sein.

Eine zweite Blüte nach der Klosterzeit erlebte es von 1720–59 unter Prinzessin Augusta, der jüngsten Tochter Herzog Gustav-Adolfs zu Mecklenburg-Güstrow, die Dargun als Apanage erhielt. Im 19. Jahrhundert unter Leitung des Schweriner Baumeisters Demmler restauriert, diente das Schloss fortan bürgerlichen Zwecken. Zunächst nutzte die erste Ackerbauschule Mecklenburgs die Räumlichkeiten; Anfang des 20. Jahrhunderts zog eine Hauswirt-

schaftsschule ein. 1945 wurde die gesamte Anlage durch Brandstiftung zerstört. Übrig blieben nur die gewaltigen Umfassungsmauern. Zwei Glasmalereien von 1479 und Grabplatten des 14./15. Jahrhunderts sind heute in der Darguner Stadtkirche zu sehen. Engagierten Architekturliebhabern und Darguner Bürgern gelang es 1979, die ehemalige Kloster- und spätere Schlossanlage unter Denkmalschutz stellen zu lassen. Seit 1991 wird sie gesichert und saniert und ist eine wunderbare Kulisse für Open-Air-Konzerte. In den vergangenen Jahren erhielt das Langhaus ein neues Dach, Fenster, Türen und eine Glaswand; hier finden kulturelle Veranstaltungen und Gottesdienste statt. Auch der Tordurchgang wurde wieder aufgebaut, in den dort entstandenen Räumen sind die Stadtinformation, die Stadtbibliothek und ein Ausstellungsraum untergebracht.

In dem über 300 Jahre alten Pavillon im Schlosspark finden heute Trauungen statt, und im ehemaligen Gästehaus des Klosters dokumentiert „Uns lütt Museum" Regionalgeschichte. Das kleine Museum widmet sich auch einem Thema, das zu DDR-Zeiten ein Tabu war: Es geht um Menschen, die durch den Zweiten Weltkrieg ihre Heimat verloren hatten und in Mecklenburg-Vorpommern angesiedelt wurden. Lange Flüchtlingstrecks durchzogen 1945 von Osten her das Land. 1946 betrug der Anteil der Umsiedler in Mecklenburg-Vorpommern gut 42 %. „Immer weniger Menschen leben noch, die diese schreckliche Zeit über sich ergehen lassen mussten. Dabei ist es gerade in einem zusammenwachsenden Europa so wichtig, dass man die Vergangenheit kennt, dass man über diese Vergangenheit spricht und dass man das Erlebte richtig einordnen kann", lautet das Credo des Museums. Im Mittelpunkt der Ausstellung stehen Erlebnisberichte Betroffener.

Im Schlosspark, 2003 Außenstandort der Internationalen Gartenausstellung (IGA), flanieren die Besucher unter fast 300 Jahre alten Eiben. Auch die Hainbuchenallee, die Streuobstwiese und gepflegte Rasenplätze laden zum Spaziergang und zum Verweilen ein. Auf dem etwa 30 ha großen Klostersee mit Seepromenade und Strandbad, den die Mönche einst zum Betreiben ihrer Wassermühlen und für den Fischfang nutzten, kann man romantisch in den Sonnenuntergang rudern. Seit 2002 beginnt in Dargun außerdem eine Draisinenstrecke ins 17 km entfernte Salem.

Die Dorfkirche
Ein spätgotischer Altar gehört zu den Schätzen der Pfarrkirche Dargun.

Teterow am Teterower See – Schilda des Nordens

Die typische Ackerbauernstadt fügt sich harmonisch in die umgebende Hügellandschaft.

Dieses Städtchen am Westrand der Mecklenburgischen Schweiz ist ausgesprochen hübsch und gut erhalten. Zu Fuß lässt es sich gemütlich in einer halben Stunde erkunden. Umkreist man es über die Ringstraße, wird schnell deutlich, dass der Stadtkern noch vom runden mittelalterlichen Grundriss geprägt ist. Von der ursprünglichen Stadtmauer sind nur noch zwei spätgotische Stadttore erhalten, das Rostocker Tor, ein Backsteinbau mit reichem Blendenschmuck, und am gegenüberliegenden Ende der Hauptstraße das schlichtere Malchiner Tor, in dessen Torschreiberhaus sich auch das Heimatmuseum befindet. Über vier Etagen spürt man dort der Geschichte nach. Von der Ur- und Frühgeschichte über die Zeit des Dreißigjährigen Krieges bis hin ins 19. Jahrhundert gibt dieses kleine Museum einen umfassenden Überblick über die Entwicklung der Stadt. Seit einiger Zeit sind auch der Museumshof hinter dem Polizei- und Ratsdienerhaus sowie die dazugehörigen Stallungen für Besucher zugänglich. Während der Saison werden hier kleine Sonderausstellungen zu regionalen, handwerklichen und volkskundlichen Themen gezeigt. Die Stadtkirche St. Peter auf dem rechteckigen Marktplatz dominiert das Stadtbild. Ihr Bau wurde nach 1250 begonnen und um 1500 vollendet. Vor dem Rathaus plätschert seit 1913 der *Hechtbrunnen* des Mecklenburger Bildhauers Wilhelm Wandschneider. Ihn ziert ein kleiner Junge aus Bronze, der einen kapitalen Hecht auf seinen Schultern trägt.

Die Burgwallinsel im Teterower See

Nordöstlich der Stadt liegt zwischen Wiesen und Weiden der 4 km² große, buchtenreiche Teterower See, der sich aus einigen kleinen Bächen speist und im Nordosten über die Peene mit dem Kummerower See verbunden ist. Leise gleiten Boote, auch vom Kanu- und

Romantische Stimmung
Im sanften Licht der Abendsonne bieten die verborgenen Winkel von Teterow besonders schöne Motive für den Fotografen.

Teterow bei Nacht
Das Rathaus wacht über Marktplatz und Hechtbrunnen.

Segelverein am Südostufer, über das Wasser. Der gesamte Teterower See ist für Motorboote gesperrt; im östlichen Teil finden regelmäßig Segelregatten statt. Auf den Stegen am Ufer sitzen Angler, etliche Badestellen rings um den See, etwa ein Naturbadestrand im Teterower Ortsteil Teschow, laden zum Schwimmen ein.

Baden und Bootfahren kann man auch vom Ufer der Burgwallinsel aus. Eine Fähre führt zu diesen Überresten einer slawischen Fliehburg aus dem 9.–12. Jahrhundert, von der allerdings nur noch Reste des Burgwalls übrig sind. Die 750 m lange Holzbrücke, die einst Insel und Festland verband, soll ein Meisterwerk slawischer Baukunst gewesen sein. Leider ist von der Brücke nichts mehr zu sehen, doch ein Modell der Anlage im Museum der Stadt gibt einen anschaulichen Eindruck des Bauwerkes. Was die Slawen sonst noch hinterlassen haben? Den Namen der Stadt: „Thiterowe“ bedeutet auf Deutsch „Auerhahnort“.

Bergring Teterow

Europas größte und schönste Grasrennbahn wurde vor rund 80 Jahren inmitten der Heidberge nahe bei Teterow erbaut. Die Motorradrennen auf der 1877 m langen hügeligen Strecke, mit Steigungen bis zu 20 %, genießen internationale Aufmerksamkeit. Während des Zweiten Weltkrieges als Kartoffelacker und Truppenübungsplatz genutzt, wurde die Rennbahn schon 1949 wieder aufgebaut. Immer, wenn die Pfingstrosen blühen, lockt Teterow seither Sportler und bis zu 30 000 Schaulustige an.

Petri Heil!
Der Teterower See ist ein beliebtes Ziel für Freunde des Angelsports.

Das Teterower Hechtfest

Es sollen einmal die Teterower in ihrem See einen Hecht von außergewöhnlicher Größe gefangen haben. Erfreut beratschlagten sie, wie man den Fisch bis zum nächsten Schützenfest aufbewahren könnte und fassten den Entschluss, ihn wieder ins Wasser zu setzten. Damit man ihn später aber auch wieder finde, banden sie ihm ein Glöckchen um den Hals. Sie versäumten auch nicht, an jener Stelle, wo sie den Fisch wieder in den See gleiten ließen, eine Kerbe in die Bootswand zu schnitzen. Doch erwiesen sich beide Maßnahmen als unzuverlässig. Ganz Mecklenburg lachte über diese Geschichte, doch die Teterower bewiesen Humor und ließen den *Hechtbrunnen* (siehe Foto links) auf den Marktplatz setzen. Inzwischen findet an jedem Wochenende vor Pfingsten das traditionelle Hechtfest statt, mit Tanz, Festumzug und Laienspiel, bei dem die Schildbürgerstreiche der Teterower immer wieder neu inszeniert werden.

Renoviertes Schloss Stavenhagen
1740 erbaut, ist das Schloss seit 1999 Sitz der Stadtverwaltung.

Gedenktafeln auf Plattdeutsch erinnern an Personen, denen Fritz Reuter literarische Gestalt verlieh.

Reuterstadt Stavenhagen

Stavenhagen, am Ostrand des Mecklenburger Hügellandes gelegen, entstand um das Jahr 1230 neben einer Burg des Ritters von Stove. Heute ist Stavenhagen ein Landstädtchen von scheinbar immerwährender sonntäglicher Ruhe. Etliche Touristen kommen, um dem bekanntesten niederdeutschen Dichter, Fritz Reuter, nachzuspüren. Jener begegnet einem hier auf Schritt und Tritt: Reuter-Denkmal, Reuter-Straße, Reuter-Platz, Reuter-Apotheke, Reuter-Schule. Für die Stavenhagener ist er ihr „Fritzing", der mentale Mittelpunkt der Stadt – fast so wie Stavenhagen wiederum für den Dichter der nicht ganz ernst gemeinte Nabel der Welt war: „ ... die Straßen sind auf beste gepflastert, von den Toren der Stadt aus gehen direkte Chausseen nach Hamburg, Paris, Berlin und Sankt Petersburg". Reuter, der so verliebt über seinen Heimatort schrieb, wurde am 7. November 1810 im alten Rathaus am Marktplatz geboren. Das Haus mit der zierlichen Barockfassade, in dem Reuters Vater Georg Johann Reuter 40 Jahre lang als Bürgermeister und Stadtrichter gelebt und gearbeitet hat, beherbergt heute das Fritz-Reuter-Literaturmuseum. Überlebensgroß sitzt der Dichter im Armlehnstuhl davor, einen seiner Romane auf dem Schoß. Diese bronzene Reuter-Statue schuf Wilhelm Wandschneider 1911. Acht kleine Bronzereliefs zeigen im Hintergrund Szenen aus Reuters Hauptwerken.

Das Fritz-Reuter-Literaturmuseum

Schon zum 100. Geburtstag Fritz Reuters richteten die Stadtväter hier einen Gedenkraum ein, die „Reuterstube", die damals gelegentlich auch noch als Amtsstube genutzt wurde. Seit

1949 wurde nach und nach das Fritz-Reuter-Literaturmuseum eingerichtet. Nur wenige originale Exponate aus dem Besitz der Familie Reuter gibt es zu sehen, beispielsweise eine Wanduhr, ein Pfeifenbord und Gemälde von Reuters Hand. Dennoch vermitteln die im Biedermeierstil eingerichteten Räume einen authentischen Eindruck vom Wohnstil jener Zeit. Darüber hinaus verdeutlichen sie die Entwicklung der niederdeutschen Sprache und die Wirkung der Reuterschen Werke bis heute. Dabei kommt man hier zu der Schlussfolgerung: „Reuters Publikumswirksamkeit hat in allen politischen Systemen grundverschiedene, zum Teil sehr willkürliche Interpretations- und Vereinnahmungsversuche ausgelöst. Über diese mehr oder weniger wissenschaftliche Rezeption hinaus entwickelte sich – vornehmlich zu Jubiläen – ein wahrer Reuterkult, der der literarischen Leistung keinesfalls gerecht wurde."

Die 2001 neu konzipierte Ausstellung im restaurierten Haus vereint die Liebe zum Detail mit dem Blick fürs Ganze. Zu ihrem bedeutendsten Fundus gehört die umfangreiche Sammlung von Reuter-Handschriften, Dokumenten und Sachzeugnissen sowie eine Fachbibliothek niederdeutscher Literatur mit einem Bestand von etwa 13000 Bänden. Auch aus den vielen, zum Teil historischen Tondokumenten kann der Besucher auswählen: So berichtet Ida Reuter in einer Sendung der Nordischen Rundfunkgesellschaft am 7. November 1935 über den letzten Besuch ihres Onkels Fritz Reuter in Stavenhagen.

Eine weitere ständige Ausstellung beschäftigt sich im Museumsanbau mit dem Porträt- und Genremaler Ernst Lübbert (1879–1915), der in Stavenhagen die Schule besuchte.

Aus der Franzosenzeit

„Was war ich für ein junges, hübsches Ding, damals, als die Franzosen kamen", sagt Marie Moretto aus Penzlin, die 1811 einen „Feind", den französischen Soldaten Moretto, heiratete. Ihre vertonte Lebensgeschichte ist ein wichtiger Bestandteil der ständigen Ausstellung „Franzosenzeit in Mecklenburg 1806 bis 1813". Diese ist im Kellergewölbe des Stavenhagener Schlosses zu sehen, einer 1740 auf den Grundmauern einer mittelalterlichen Burg erbauten Dreiflügelanlage (heute Sitz der Verwaltung und des Standesamtes). Gut 200 Jahre nach der Besetzung Mecklenburgs durch die napoleonischen Truppen wurde an diesem historischen Ort und Originalschauplatz von Fritz Reuters Roman *Ut de Franzosentid* diese Zeit erstmalig in Mecklenburg-Vorpommern derart umfassend thematisiert. Die Ausstellung reicht von militärgeschichtlichen Aspekten über das Alltagsleben der Bevölkerung bis hin zu literarischen und bildkünstlerische Zeugnissen. Eine besondere Attraktion ist auch die umfangreiche Privatsammlung von historischen Waffen.

„Ein paar Schritte rechts um die Ecke des Rathauses führen uns plötzlich in die Romantik des Städtchens", schrieb Reuter. „Deutlich sind die Spuren von Wall und Graben, von alten Befestigungen noch im Wechsel von Hügel und Wiesen im Garten zu erkennen und bezeugen die Wahrheit der Überlieferung, dass hier einmal eine alte Ritterburg gestanden und den Kern zur späteren Bildung der Stadt abgegeben habe."

Das alte „Stemhäger Sloß" ist sagenumwoben. Es wird erzählt, das die beiden letzten Nachfahren des Geschlechtes derer von Stove, zwei Brüder, im ständigen Zwist lebten. Der eine logierte auf Stavenhagen, der andere in Ivenack. Als sie im Kampf versehentlich ihre Schwester töteten, als diese sich zwischen sie warf, schworen sie einander, sich auf Erden nie wieder zu begegnen. Doch die Sehnsucht trieb die beiden schließlich dazu, einen unterirdischen Gang zwischen Stavenhagen und Ivenack zu graben. Als er fertiggestellt war, folgte die himmlische Rache: Der Gang stürzte ein, die Brüder wurden unter den Trümmern begraben.

Franzosen in Mecklenburg
Die Schau im Schloss Stavenhagen berichtet über die Jahre 1806 bis 1813, als die Franzosen hier das Sagen hatten.

Der plattdeutsche Poet
Worüber Fritz Reuter wohl sinniert? Er hat jedenfalls das Plattdeutsche und Stavenhagen literarisch verewigt.

Fritz Reuter und seine Heimat

Fritz Reuter (1810–1874)
Bedeutendster Dichter der niederdeutschen Sprache.

Reuter verstehen, heißt, tief in „de Urgeschicht von Meckelnborg" einzudringen. Gerade in der Mecklenburgischen Schweiz sind seine Spuren allgegenwärtig. Sie führen in uralte Dörfer und kleine Landstädte. Erste Station ist Stavenhagen, der Geburtsort von Heinrich Ludwig Christian Friedrich (Fritz) Reuter. Hier wuchs er zusammen mit seiner Halbschwester Lisette, einer unehelichen Tochter seines Vaters, und seinen Vettern Ernst und August auf. Lesen und Schreiben lernte er am Krankenbett der gelähmten Mutter. Mit den Kindern wurde, wie in bürgerlichen Familien üblich, vorwiegend hochdeutsch gesprochen; Plattdeutsch lernten sie von den Mägden und Knechten. Nach dem Studium der Rechtswissenschaften in Rostock und Jena wurde Reuter wegen seiner Zugehörigkeit zur umstürzlerischen Jenenser Burschenschaft *Germania* 1833 in Stavenhagen verhaftet und zum Tode verurteilt; die Todesstrafe wurde schließlich auf sieben Jahre Festungshaft reduziert, die er in mehreren preußischen Festungen, zuletzt in Dömitz, im Westen Mecklenburgs, absitzen musste. Danach kehrte er für viele Jahre in die nahe Umgebung Stavenhagens zurück.

„Ut mine Stromtid"
Der Holzstich illustriert liebevoll eine Szene in Reuters Roman über die mecklenburgische Landbevölkerung.

Das ackerbürgerlich-kleinstädtische Stavenhagen lieferte Reuter die Vorlage für die Figuren und Schauplätze seiner Werke, in denen er humorvoll und sozialkritisch bäuerliches, kleinbürgerliches und adeliges Leben schildert. "Unkel Bräsig", die wohl eindringlichste Reutersche Gestalt, hatte ein reales Vorbild: Inspektor Schecker, dessen Grab sich auf dem Friedhof von Jürgenstorff 5 km südlich von Stavenhagen befindet. Die Kastanienallee aus dem Werk *Ut de Franzosentid* gibt es heute noch: Sie führt entlang der alten Schlossmauer hoch zum Stavenhagener Schloss. Hier wirkte der Amtshauptmann Weber, ein Patenonkel Reuters. An der Hand von Onkel Herse, Apotheker und Ratsherr in Stavenhagen, besuchte der Knabe Fritz oft das etwa 5 km von Stavenhagen entfernte Ivenack. Dazu schrieb Reuter 1855 im Vorwort zu *De Reis nach Belligen*: „Diese liebliche, der Ruhe geweihte Oase in dem rings von Mühe und Arbeit durchfurchten Lande, die, einer schlummernden Najade gleich, sich auf grünender Au und blumiger Wiese gelagert hat und ihr vom Laub tausendjähriger Eichen umkränztes Haupt in dem flüssigen Silber des Sees spiegelt."

Stromtid – Lehrzeit

1842 begann Reuters achtjährige Zeit als Volontär (plattdeutsch: Strom), seine „Stromtid", beim Gutspächter Franz Rust im Gutshaus von Demzin, einem der 36 Rittergüter der gräflichen Familie von Hahn. Die Ereignisse bei einer Geburtstagsfeier der Gräfin Agnes auf Basedow regten Fritz Reuter zu einer Adelssatire an, die anonym im *Mecklenburgischen Volksbuch* 1846 und 1847 in Hamburg erschien. Durch Franz Rust bekam Reuter auch Kontakt zu den liberalen Kreisen Mecklenburgs, die unter anderem Hoffmann von Fallersleben, den Reuter im Scharpzower Gutshaus traf, politische Zuflucht gewährten. 6 km südlich von Demzin begegnete Reuter 1845 seiner großen Liebe Luise Kuntze, die als Erzieherin im Pfarrhaus von Rittermannshagen arbeitete. Noch immer wohnt in dem lang gestreckten Haus neben der mittelalterlichen Kirche der Pastor der Gemeinde, der viel erzählen kann vom „guten, herrlichen Mann" oder von der wein-

Letzte Lebensstation Eisenach
Das Arbeitszimmer in Reuters Villa.

Reuters große Liebe
Luise überlebte ihren Gatten um 20 Jahre.

Festungshaft
In der schlesischen Festung Silberberg saß Reuter hinter Gittern.

seligen Begegnung Reuters mit einer Kuh im Park des Nachbardorfes Faulenrost: „Wenn dat nich de Düwel was, dann weit ick' t nich – Hürn, Kauhfaut und Start, un rücken ded't ok nich besonders". (Wenn das nicht der Teufel war, dann weiß ich es nicht – Hörner, Kuhfuß und Schwanz, und riechen tut es auch nicht besonders.) „Fuhlenrosser Dirgoren" (Tiergarten) nannte Reuter den Gutspark in *De Urgeschicht von Meckelnborg*.

Das Faulenroster Barockschloss ist 1969 abgebrannt, nur die Kavaliers- und Torhäuser blieben erhalten. Die großen Bauerngehöfte sind typische Bauten nationalsozialistischer Siedlungspolitik: Landarbeiter aus Mecklenburg und Süddeutschland wurden damals „im Zuge der Neubildung des deutschen Bauerntums" in den Bauernstand gebracht. Es war die Zeit, in der Reuter zwar in die Ecke gemütvoller Heimatdichtung gedrängt wurde, für Blut- und Boden-Mystik jedoch unbrauchbar blieb.

Debüt als plattdeutscher Prosaautor

In DDR-Zeiten begann in den 1960er-Jahren eine Reuter-Renaissance. Der Rostocker Hinstorff-Verlag gab die erste Gesamtausgabe der Werke und Briefe Reuters heraus. In Dömitz und in Neubrandenburg, der Stadt seiner produktivsten Jahre, entstanden Reuter-Gedenkstätten. Im April 1856 waren Fritz und Luise Reuter nach Neubrandenburg gezogen, wo Reuter sich als Hauslehrer niederlassen wollte, dann aber als freier Schriftsteller seine wichtigsten Werke schuf, so die sozialkritische Verserzählung *Kein Hüsung*. 1859 entstand die umfangreiche Erzählung *Ut de Franzosentid*, mit der Reuters erfolgreicher Weg als Autor plattdeutscher Prosa begann. Bis zu seinem erneuten Umzug im Jahr 1863 lebte Reuter in Neubrandenburg. Hier entstand auch das bekannte Werk *Läuschen un Riemels. (Schwänke und Reime)*. An Letzterem schrieb er noch bis in die Eisenacher Zeit. Der berühmte Autor, dessen Bücher bald höchste Auflagenzahlen erreichten, lebte bis zu seinem Tod am 12. Juli 1874 in seiner Villa am Fuße der Wartburg.

Die 1000-jährigen Eichen von Ivenack

Die Ivenacker Eichen gehören zu den bekanntesten Naturdenkmälern Mecklenburg-Vorpommerns.

Eichen haben Ivenack berühmt gemacht. Schon Fritz Reuter schwärmte in *Meine Vaterstadt Stavenhagen*: „ ... und in der Ferne das Liebste, was ich auf Erden kannte – vielleicht weil's eben auch das Fernste war – den Tiergarten zu Ivenack mit seinen stattlichen Hirschen, seinen 1000-jährigen Eichen und einem Baumwuchs, wie er in Deutschland nicht ein zweites Mal gefunden werden dürfte. Diese Eichen waren die stolzen Grenzwächter meiner Besitzungen, bis hierher ging mein Reich und zugleich meine Geographie, was darüber hinaus lag, war unbekanntes Land."

Das Schloss am Ivenacker See entstand 1590 auf den Grundmauern des ehemaligen Zisterzienserinnenklosters, das 1252 von Nikolaus I. zu Werle gestiftet wurde. Zur Zeit des Barock wurde es umgestaltet, danach im Neorenaissancestil überformt, mehrfach vergrößert, 1810 kamen die Seitenflügel hinzu. Heute bedürfte es dringend der Restauration und wartet auf neue Nutzung. Es steht es in einem englischen Landschaftsgarten, in dem sich auch eine Orangerie, ein Teehaus und die Schlosskirche befinden. Diese war einst das Gotteshaus der Zisterzienserinnen, das im 13. Jahrhundert entstand, im Dreißigjährigen Krieg zerstört und um 1700 wieder neu aufgebaut wurde. In restaurierungswürdigem Zustand harrt es heute neuer Nutzung.

Von Nonnen und Eichen

Die phänomenalen Eichen von Ivenack liegen nordöstlich des Ortes und bilden den Stoff zahlreicher Legenden. Man sagt, die kräftigste Eiche sei von einer jungen Nonne gepflanzt worden, die ins Kloster von Ivenack gebracht wurde, obwohl sie bereits eine weltliche Braut war. In ihrem Schmerz habe sie ihren Verlobungsring um eine kleine Eichenpflanze gelegt. Dieser sei dann mit dem Stamm gewachsen und habe ihn gegen alle Stürme der Zeit fest umschlossen. Einer anderen Überlieferung zufolge hätten sieben Nonnen ihr Gelübde gebrochen, zur Strafe seien sie in Eichen verwandelt worden. Nach 1000 Jahren würde in Jahrhundertabständen eine nach der anderen von ihnen erlöst werden. Und eine dritte Version behauptet, einst hätten Räuber sieben Nonnen im Schlaf überrascht. Halbnackt wären sie in den Wald geflohen, wo sie Gott baten, sie in Eichen zu verwandeln.

Eine andere Geschichte mag mehr Wahrheitsgehalt haben: Es ist die Legende vom Schimmelhengst Herodot aus dem bekannten Ivenacker Gestüt, der vor Napoleons Truppen in einer der großen Eichen versteckt wor-

Wie klein ist doch der Mensch ...
Die stärkste und älteste lebende Eiche Deutschlands wächst in Ivenack.

Der Wald im Pavillon
Eine interaktive Ausstellung führt durch das Leben der uralten Eichen.

den sein soll, sich aber dann durch sein Wiehern verriet. Die legendären Baumriesen wachsen in einem 75 ha großen Tiergarten und werden durch eine Umzäunung etwa im Radius der Baumkronen gegen Bodenverdichtung im Wurzelbereich geschützt. Die älteste Eiche ist etwa 1000 Jahre alt. Ihr Kronendurchmesser beträgt etwa 29, ihre Höhe 35 m. Der Stamm ist rund 3,5 m dick, ihr Anblick ist majestätisch – obwohl fast alle Eichen inzwischen innen hohl geworden sind. Baumruinen verstärken das wild-romantische Bild. Doch befindet man sich nicht in einem Urwald, die alten Eichen sind Zeugnisse eines Hudewaldes, einer historischen Landnutzungsform.

Als die Eichen von Ivenack keimten, war der slawische Stamm der Wilzen hier ansässig. Der wendische Name Ivenack bedeutet „Weidenort“, wenngleich kaum noch Weiden hier zu sehen sind. Die frühen Bewohner dieser Gegend trieben ihre Schweine, Rinder, Ziegen und Pferde zur Futtersuche in die Wälder. Durch den Verbiss konnten sich im lichten Gehölz breitkronige Buchen und Eichen entwickeln. Heute werden die lichtbedürftigen Eichen durch Menschenhand von beschattenden Bäumen freigehalten. Um 1710 wurde ein umzäunter Tiergarten für Damwild angelegt. Nachdem das Tiergehege 1919 aufgelöst wurde, konnten sich auch junge Bäume ausbreiten. 1974 schließlich entstand ein von etwa hundert Damwildexemplaren und einigen Mufflons bewohnter Tiergarten. Auch auf *James Grieve* und *Prinz Albrecht von Preußen* kann man im Tiergarten von Ivenack treffen – zwei edle historische Apfelsorten, die auf einer neu angelegten Streuobstwiese bestens gedeihen.

Die Wald-Ausstellung

Der barocke Pavillon inmitten des Tiergartens wurde im 18. Jahrhundert errichtet. Einst eine Försterei, stand der kleine Pavillon lange Zeit leer. Sein baulicher Zustand war bedenklich, doch dank des Fördervereins „Ivenacker Eichen“ und großzügiger Spenden der Jost-Reinhold-Stiftung konnte er 2003 restauriert werden. Mittlerweile beherbergt der Pavillon eine interaktive Ausstellung, die den Besucher auf eine Reise durch die Lebenszeit der Eichen entführt. Man kann Vogelstimmen und Geschichten lauschen, in einen Eichhörnchenkobel klettern und im „Meditationsnest“ sich eins mit dem Wald fühlen. Auch viel Interessantes über Waldglas und Streunutzung, Naturschutz und Jagd erfährt man. Waldrodungen und Ortsnamen, Bäume in der Mythologie und Holzverwendung gehören ebenfalls zu den Ausstellungsthemen. Für die Stärkung der Besucher sorgt ein kleines Café.

Naturschützende Pflanzenfresser
Auch Mufflons helfen, den Hudewald-Charakter des Gebietes zu erhalten.

Trutziger Zeitzeuge
Der Dom ist nicht nur das älteste Bauwerk der Stadt, sondern auch Stein gewordener Ausdruck der früheren Macht der Kirche.

Barlachstadt Güstrow

Unversehrt vom Krieg, hält die Stadt viele Sehenswürdigkeiten bereit.

Zu Recht fühlt sich Güstrow, zeitweise Heimat von Berühmtheiten wie Ernst Barlach und Uwe Johnson, als das Herz Mecklenburgs – die Stadt liegt fast genau in der Mitte des Landes. Ihre zentrale Bedeutung ist aber nicht nur geografischer Art; Güstrow war auch Residenzstadt des Fürsten von Werle und der Herzöge von Mecklenburg. Dieser Umstand beflügelte das wirtschaftliche und geistig-kulturelle Leben. Mittelständische Unternehmen, der Handel mit landwirtschaftlichen Produkten sowie Märkte und Messen verhalfen der Stadt im 19. Jahrhundert zu Wohlstand.

Wechselvolle Geschichte

Schon 1228 erhielt Güstrow, an einem Übergang des Flüsschens Nebel und am Schnittpunkt zweier Handelsstraßen gelegen, das Stadtrecht. Im Kern ist die Stadt mit ihrem Wegenetz noch immer mittelalterlich geprägt – Güstrow ist eine Gründung von Heinrich Borwin II., Fürst zu Mecklenburg von 1219–26. Prächtige Patrizierhäuser säumen die Straßen der bald 800-jährigen Stadt. Durch kampflose Übergabe konnte Güstrow es abwenden, im Zweiten Weltkrieg zerstört zu werden. Der Marktplatz, der in seiner baulichen Geschlossenheit zu den schönsten im Land zählt, wird von gepflegten Bürgerhäusern umrahmt, die alle nach dem großen Stadtbrand von 1503 entstanden sind. Dominiert wird der Platz vom Rathaus, das 1798 mit einer klassizistischen Fassade versehen wurde, und der dreischiffigen Hallenkirche St. Marien, die 1308 erstmals erwähnt, 1508 neu aufgebaut wurde und 1880–83 ihre heutige Gestalt erhielt. Zu den kostbarsten Kunstschätzen der Kirche ge-

Klein-Paris
Im 19. Jahrhundert erhielt die Stadt wegen all der Märkte, Auktionen und Messen diesen Beinamen. Heute lässt der Wochenmarkt auf dem Marktplatz vom einstigen Trubel etwas erahnen.

hören die große Triumphkreuzgruppe aus Eichenholz, der Flügelaltar, die Kanzel aus Sandstein und das intarsiengeschmückte und mit figürlichen Schnitzereien versehene Ratsgestühl aus dem 16. Jahrhundert. Ein kleines Relief aus Terrakotta, der *Engel der Hoffnung*, stammt von Ernst Barlach. Der Bildhauer, Grafiker und Schriftsteller lebte von 1910–38 in Güstrow und schuf hier seine wichtigsten Werke, von denen viele heute im Atelier am Heidberg und in der Gertrudenkapelle zu sehen sind. Im Hotel Erbgroßherzog (heute Hotel Stadt Güstrow), das 1925 nach Plänen des Rostocker Architekten Walter Budzeck erbaut wurde, traf Barlach zuweilen seinen Freund, den Dichter und Kosmopoliten Theodor Däubler.

Der rechteckige Marktplatz war schon immer ein beliebter Treffpunkt für die Güstrower und ihre hohen Gäste. So trafen sich in der heutigen Schlossapotheke 1712, zur Zeit des Nordischen Krieges, August der Starke und der russische Zar Peter I. zu Waffenstillstandsverhandlungen. Unterkunft bezog der Sachsenkönig in dem imposanten Backsteinhaus aus dem 17. Jahrhundert in der Gleviner Straße 1, an der Südostecke des Marktes; der russische Zar wohnte in dem Haus in der

Spaziergang durch Güstrow, dem Blauen Faden folgend

An manchen Stellen stößt man in Güstrow auf blaue Steine im Straßenpflaster, die zu den interessantesten Plätzen und Bauwerken der Stadt führen. Ein guter Startpunkt ist der Franz-Parr-Platz beim Güstrower Schloss, mit Stadt-Info und Parkplatz. Beim Besuch des Schlosses sollte man nicht den schönen Schlossgarten auslassen (siehe Foto unten), der erst vor wenigen Jahren aus einer Brache wieder in einen blumenreichen Renaissancegarten verwandelt wurde. Ausstellungschwerpunkt des Kulturhistorischen Museums am Franz-Parr-Platz 7 sind die Residenzgeschichte der Stadt im 16. und 17. Jahrhundert, die Befreiungskriege, eine Sammlung deutscher Expressionisten sowie das Werk des Malers, Kopisten und Restaurators Otto Vermehren, der als erster deutscher Künstler ab 1900 in Florenz die Restaurierungswerkstätten der Uffizien leitete. Außerdem widmet man sich hier dem in Güstrow geborenen Maler der deutschen Romantik, Georg Friedrich Kersting, und dem Dichter John Brinckman.

Vom Museum aus führt der Blaue Faden direkt zum Dom bzw. über die Domstraße auf den großen Marktplatz, mit klassizistischem Rathaus und der Stadtpfarrkirche St. Marien. Diese wurde nach dem Stadtbrand von 1503 als gotische Backsteinbasilika wieder errichtet und Ende des 19. Jahrhunderts zur heutigen dreischiffigen Hallenkirche umgebaut. Im Giebelhaus aus dem 17. Jahrhundert an der Südostecke des Marktes (Gleviner Straße 6) verhandelten einst Sachsenkönig August der Starke und der russische Zar Peter I. im Nordischen Krieg. Der Pferdemarkt mit dem Borwin-Brunnen von 1889 ist heute die Güstrower Einkaufsstraße. Sie führt über die Lindenstraße zur Gertrudenkapelle, einem Museum der Ernst-Barlach-Stiftung. Zurück zum Dom geht es dann über die Neue Wallstraße und Am Wall.

Gleviner Straße 6, das später eine klassizistische Fassade erhielt. Das um 1600 in der Gleviner Straße 32 erbaute Gebäude war einst von Wallenstein beschlagnahmt und für kurze Zeit zum Hofgericht umfunktioniert worden.

Dom und Schloss

Das klerikale Zentrum der Stadt ist der Domplatz, der dem Domkapitel unterstand und somit einst eine von der Stadtgerichtsbarkeit freie Zone war. Die Domschule aus dem 16. Jahrhundert ist der älteste erhaltene Schulbau Mecklenburgs; und der Dom ist der älteste Backsteinbau Güstrows. Er wurde 1226 von Fürst Heinrich Borwin II. als Kollegiatskirche gestiftet und als kreuzförmige, dreischiffige Basilika erbaut. Der dreigeschossige Westturm, der sechseckig abgeschlossene langgestreckte Chorraum und die drei Kapellen am südlichen Seitenschiff gehören zu den Veränderungen des 14. Jahrhunderts.

Von der einstigen reichen Ausstattung des Domes aus mittelalterlicher Zeit ist heute nur noch ein kleiner Teil erhalten. Vieles ging mit der Reformation, in deren Folge der Dom Hofkirche der protestantischen Herzöge wurde, verloren. Zwölf Apostelfiguren (1630) unter den Arkaden des Langhauses gehören heute zu den bedeutendsten Kunstwerken im Dom, ebenso der Flügelaltar, eines der größten spätmittelalterlichen Retabel Mecklenburgs. An der Chorwand kniet betend der Renaissancefürst Ulrich. Ihm verdankt Güstrow nicht nur eines der prächtigsten Renaissanceschlösser Norddeutschlands, sondern für 138 Jahre auch den Status als Residenzstadt von Mecklenburg-Güstrow. Vor allem aber kommen die Menschen in den Dom, um Barlachs *Schwebenden Engel* zu sehen.

Nur wenige Schritte vom Dom entfernt, steht das von dem lombardischen Architekten Franz Parr in italienisch-französischem Stil erbaute Schloss. Vollkommen beim ersten Anblick, erweist es sich im Schlosshof als Torso. Nach dem Erlöschen der Güstrower Herzogslinie 1695 wurde das Schloss nur noch selten genutzt. Mitte des 18. Jahrhunderts stellte man erhebliche Schäden fest. Als aber 1791 der Vorschlag zum schrittweisen Abbruch bekannt wurde, regte sich bürgerlicher Widerstand, sodass letzten Endes lediglich Teile des Nord- und Ostflügels abgerissen wurden.

Heute ist das Schloss eine Dreiflügelanlage, die ein wechselvolles Schicksal erlitten hat. Sie war unter anderem Kaserne, Lazarett und Strafanstalt. 1944 wurden hier auch Angehörige der Beteiligten am Hitlerattentat vom 20. Juli inhaftiert, unter anderem Mitglieder der Familie des hingerichteten Ulrich Graf Schwerin von Schwanenfeld. Mit der „Aktion Gewitter“ wurden vor allem Politiker der Weimarer Republik hier eingesperrt, wie der Güstrower Zigarrenhändler Wilhelm Höcker, der später

Hans Albers (1891–1960)
In Güstrow begann das Original seine Karriere und eroberte von dort „die Bretter, die die Welt bedeuten“.

Erhabener Anblick
Die Güstrower sind stolz auf Mecklenburgs größtes noch erhaltenes Renaissance-Schloss.

Die Kreuzigung Christi
Die Szenen am Altar der Marienkirche schnitzte 1522 der Brüsseler Künstler Jan Bormann.

Ministerpräsident von Mecklenburg-Vorpommern (von 1946–51) war. 1945 war das Schloss völlig heruntergewirtschaftet und stand die nächsten Jahre komplett leer. Erst ab 1963 verwandelten Restauratoren das marode Gebäude wieder in ein ansehnliches Schloss zurück. Die heute prachtvoll dekorierten Schlossräume bieten über vier Etagen eine reich bestückte Dauerausstellung. Dazu gehört eine bedeutende Mittelaltersammlung, europäisches Kunsthandwerk der Renaissance, Glas von der Antike bis zur Moderne, antike Keramik und zeitgenössische Kunst.

Güstrower Prominenz

Auf der ehemaligen Schlossfreiheit, dem heutigen Franz-Parr-Platz, erinnert eine Gedenksäule an die lebhaften Zusammenkünfte der Freiwilligen Jäger Mecklenburgs im Jahr 1813. Auch der Güstrower Maler Georg Friedrich Kersting war unter ihnen. Sein Geburtshaus ist der schlichte Fachwerkbau in der Hollstraße 6. Das von Kersting für die Freimaurerloge am Domplatz 10 geschaffene Gemälde *Apollo mit den Stunden* ist heute im Stadtmuseum zu besichtigen. Kersting war ebenso Mitglied dieser Loge wie der Architekt des Güstrower Theaters, Georg Adolph Demmler.

Den Güstrowern diente das Gebäude von 1828 als Kulturtempel, zur Spielpause sogar als Wollmagazin. 1848 trafen sich hier die Reformvereine Mecklenburgs, um mit einer neuen Verfassung kurzzeitig das Land zu demokratisieren. Zu ihnen gehörte neben Fritz Reuter auch der Dichter John Brinckman, 1849 Lehrer an der Güstrower Schule, der der Stadt mit seiner Märchennovelle *Höger up* ein literarisches Denkmal setzte. Das Bühnenleben dieses Theaterbaus, neben dem Neubrandenburger Theater der älteste von Mecklenburg, ist in den 12 000 Theaterzetteln der Sammlung des Stadtmuseums dokumentiert.

1912/13 begann hier die Schauspielerkarriere von Hans Albers, der später stolz darauf war, an der „Schmiere“ angefangen zu haben. Sein Engagement als Liebhaber und Bonvivant schrieb er weniger seinem Talent als dem Besitz eines Pelzmantels zu, da in jener Zeit die Schauspieler noch selbst für ihre Garderobe sorgen mussten. Wohnung nahm Albers unter anderem im Grünen Winkel 10, einem der schönsten Barockhäuser Güstrows. Die weiblichen Besucher himmelten den wohlhabenden und lebenslustigen „Hamburger Jung“ vom Parkett aus an, und im kleinen Café am Markt war „Hoppla Hans“, so Albers' Spitzname, ein gern gesehener Gast. Die Theaterkritik verstand weniger Spaß. Bemerkungen wie „Hans Albers war eine köstliche Figur, nur tragen Eremiten keine Ringe“ waren nicht selten. Das abrupte Ende seiner Güstrower Tage soll ihn nach einem Gastspiel in einer Demminer Kneipe ereilt haben: Hans Albers bekam einen heftigen Wutanfall, als ein Kellner inmitten der Sterbeszene des Valentin im *Faust* an der Theke für ein paar Gäste „drei Dornkaat, drei Rundstück, drei Helle“ bestellte – wenn die Geschichte nicht wahr ist, so ist sie doch sehr gut erfunden!

Natur- und Umweltpark Güstrow

Wasser ist das Hauptthema des im August 2000 eröffneten Umweltbildungszentrums. Große Unterwasserschaufenster ermöglichen den Blick aus der Fischperspektive in die heimische Wasserwelt (und Begegnungen ganz besonderer Art, siehe Foto unten). Ganz allmählich steigt man hier direkt in den Seitenarm des Flusses Nebel, bis sich die Wasserdecke 1 m über dem Aquatunnel schließt. Mit dem 12 m langen Unterwassertunnel und einer 30 m langen Aquarienwand ermöglicht das Besucherzentrum des Güstrower Natur- und Umweltparks, kurz NUP, die Beobachtung von Rotfedern, Stichling, Hecht, Zander und Karpfen. „Mutter Erde“ hingegen ist das Thema eines Bodenerlebnispfades. Über Waldwege und Knüppeldämme geht es ins Moor (mit Moorleiche), auf dem man vieles über die einstige Torfgewinnung in dieser Region erfährt. Auch zahlreiche andere Tiere wohnen im NUP, darunter Damhirsche, Waschbären und Seeadler. In einem 18 000 m² großen Gehege lebt außerdem das größte Wolfsrudel Mecklenburgs fast wie in freier Wildbahn. Eine 100 m lange Hochbrücke führt direkt über das Wolfsgehege. Seit 2006 tummeln sich die Braunbärenbrüder Fred und Frode auf einem weiten Gelände mit Berg, Bach, Waldsee und Bärenhöhle. Auch einen Streichelzoo gibt es.

Ernst Barlach in Güstrow

Ernst Barlach (1870–1938)
Für viele ist Güstrow heute die Barlach-Stadt.

Güstrow kann sich sehr wohl neben eine toskanische Stadt stellen, (mir) entsprechen der hiesige Dom und die Pfarrkirche etc. mehr als die Marmordome. Und gotische Holzfiguren sind einfach Offenbarungen für mich." Die mitten in mediterraner Üppigkeit eines Villa-Romana-Aufenthaltes gewonnene Erkenntnis, innere und äußere Heimat im Norden zu haben, führten den Bildhauer, Grafiker und Dichter Ernst Barlach 1910 in diese Stadt, in der er, bis zu seinem Tod im Jahr 1938, die fruchtbarsten und furchtbarsten Jahre seines Lebens verbrachte. Freunde warnten vor der Provinz, die dem Künstler dann 28 Jahre lang zur Quelle der Schöpfung und kleinbürgerlichen Pein wurden. Barlach war nie ein „Güstrower Kind"; noch 1928 erzählte er Reinhard Piper: „Man nimmt mich nun in Güstrow in Gnaden auf. Ich gehöre jetzt mit dazu. Die Güstrower denken: Feine Leute haben eben auch feine Künstler." Das war die Zeit seines großen Durchbruchs. In Güstrow, Kiel und Magdeburg entstanden seine Ehrenmale. Doch das Güstrower Ehrenmal, das erste monumentale Werk Barlachs, hatte schon frühzeitig den Widerspruch der Nationalsozialisten provoziert. 1937 wurde die schwere Bronzegestalt des Engels aus dem Dom entfernt und eingeschmolzen.

Bildhauer, Grafiker und Dichter

In der Güstrower Domkapelle schwebt seit 1953 wieder jener Engel mit den schmerzvoll dem Gegenwärtigen entrückten Gesichtszügen der Käthe Kollwitz, eines der ergreifendsten Mahnmale gegen den Krieg. Ernst Barlach, der bedeutendste expressionistische Bildhauer Norddeutschlands, fand in Güstrow den Stoff für seine Werke. „Das Landleben gibt dem Geringsten eine aristokratische Form. Leute, die einsam, vereinzelt, unmassiert sind, haben schon als Erscheinung etwas Plastisches."

Auch der Dramatiker Barlach fand hier Inspiration. Obwohl es seinem bildnerischen Schaffen durchaus ebenbürtig ist, findet Barlachs literarisches Werk bis heute weit weniger Beachtung. Zwischen 1906 und 1938 entstanden neben den drei autobiografischen Arbeiten *Russisches Tagebuch*, *Güstrower Tagebuch* und *Ein selbsterzähltes Leben* die Dramen *Der tote Tag*, *Der arme Vetter*, *Die echten Sedemunds*, *Der Findling*, *Die Sündflut*, *Der blaue Boll*, *Die gute Zeit* und *Der Graf von Ratzeburg*. Postum erschienen 1948 die Romane *Seespeck* und *Der gestohlene Mond*. Als Inspiration dienten Barlach die Landleute, ihre Gestalten füllten seine Skizzenbücher, ihre Gespräche notierte er im *„Güstrower Tagebuch"*. Seit dem Premierenbericht der Güstrower Zeitung zur Aufführung seines Dramas *Die echten Sedemunds* 1921 in den Hamburger Kammerspielen wussten die „Gierhans"

„Schwebender Engel" im Dom
Die im Dritten Reich entfernte Gestalt wurde durch einen sogenannten Drittguss wieder ersetzt.

Atelier und Museum
Das Atelier am Heidberg, das Barlach 1930 bezog, ist ganz im Bauhaus-Stil gehalten. In den hohen, lichten Räumen schuf Barlach einen Großteil seiner wichtigsten Werke.

und „Erbhans" der Stadt, was der eigenbrötlerische, ihnen immer etwas unheimliche Mann von ihrer Welt der Wertbeständigkeit hielt.

Der Nachlass

Barlach, der anfangs in einer alten Töpferei, dann in einem Pferdestall und schließlich in einer ausgedienten Autowerkstatt gearbeitet hatte, ließ sich 1930 vom Architekten Adolf Kegebein das Atelierhaus am Heidberg erbauen. Oft führte der Spazierweg Barlachs auch über den Friedhof zur spätgotischen Gertrudenkapelle: „Hier ließe es sich wohl arbeiten. Das wäre wohl eine Situation für einen Bildhauer von meiner Beschaffenheit, meinen Arbeiten fehlt noch der sakrale Raum." 1953 eröffnete seine Lebensgefährtin Marga Böhmer dort die erste ständige Barlach-Schau und führte bis zu ihrem Tod 1968 die Besucher durch den Kapellenraum. Heute gehört auch dieser Ort der Begegnung mit dem Künstler zur Güstrower Ernst-Barlach-Stiftung, deren Sitz seit 1994 das Barlach-Atelier am Heidberg ist. Dieses ist bereits seit 1978 Gedenkstätte und beherbergt den größten Teil des Barlach-Nachlasses. Allein etwa 300 plastische Arbeiten gehören zum Bestand, dazu Grafiken, Zeichnungen, Skizzen und Tagebuchaufzeichnungen. Die Ernst-Barlach-Stiftung ist eine von 20 Institutionen der neuen Bundesländer, die im Jahr 2002 in das „Blaubuch" der Bundesregierung als „Kultureller Gedächtnisort mit besonderer nationaler Bedeutung" aufgenommen wurden.

„Wanderer im Wind" (1934)
Eine Plastik gegen den Nationalsozialismus (links).

„Das Wiedersehen" (1926)
Das anrührende Paar galt 1937 als „entartete Kunst".

Abstecher nach Bützow und zum Kloster Rühn

Wasser, Sumpf und eine Wallanlage schützten Bützow einst vor Feinden.

Wer wissen möchte, wo Bützow liegt, kann es in Wilhelm Raabes Erzählung *Die Gänse von Bützow* nachlesen: „Wo die Fluten der Warnow das liebliche und nahrhafte Land der Obotriten, Welataben und Wagrier durchströmen, liegt im Arm der Nixe des Flusses die Stadt Bützow." Als die Slawen um 600 hier lebten, saß der Stammesfürst auf einer Burg auf dem Hopfenwall, einer Halbinsel im Bützower See. Bevor die neue Bischofsburg 1236 gebaut wurde, zog der Bischof von Schwerin in die alte, vormals slawische Burg. Daneben entstand die Stadt mit ellipsenförmigem Grundriss, rasterförmigem Straßennetz und quadratischem Marktplatz – eine städtische Neuanlage, die, von Wasser und Sumpf umgeben, vor Feinden gut geschützt war. Reste der Wallanlage sind noch heute zu erkennen. Von der mittelalterlichen Burganlage hat sich am Schlossplatz noch das zweigeschossige halbrunde „Krumme Haus" erhalten, in dem 1772 die erste öffentliche Bibliothek eröffnet wurde. Seit 2000 befinden sich in dem restaurierten Gebäude das Heimatmuseum und die Stadtbibliothek. Besucher der Stadt kommen gern auch vom Wasser her, denn am Bützower See, einem im Nebenschluss von der Warnow durchflossenen Flachsee, befindet sich ein Wasserwanderrastplatz. Das 98 ha große nährstoffreiche Gewässer, im Durchschnitt nur noch 1 m tief, ist zum Baden wenig geeignet; die Fische aber, vor allem Hecht, Barsch, Karpfen und Aal fühlen sich darin wohl.

Die Gänse-Revolution

Bützow besitzt eines der prachtvollsten neogotischen Rathäuser Mecklenburgs. Palaisartig dominiert es den Marktplatz, stilisierte Bischofsmützen schmücken seine vielen Türmchen. Davor steht seit 1981 der „Gänsebrunnen", der an den Bützower Gänsekrieg von 1794 erinnern soll. Aufruhr und Rebellion lockten damals die braven Bürger von Bützow aus ihren Stuben. Ursache des Tumults war eine Schar schnatternder Gänse, die auf Geheiß des Magistrats nicht mehr in den Straßen der Stadt frei herumlaufen durften und, da sich ihre Besitzer

Freiheit für die Gänse
Das bronzene Federvieh ist Symbol für Bützower Bürgerwillen.

Mecklenburger „Bischofsmütze"
Die Stiftskirche mit achtseitigem Helm ist 74 m hoch.

nicht an das Gesetz hielten, am 28. Dezember 1794 verhaftet wurden. 800 Bützower zogen vor das Gänseverlies und forderten Freiheit für ihre Gänse. Die Regierung schickte Truppen, und der angebliche Rädelsführer wurde verurteilt. Die kleine Revolution von Bützow ging in die Geschichte der Stadt und, dank des Schriftstellers Wilhelm Raabe, auch in die Literatur ein.

Westlich vom Marktplatz erhebt sich die vom 13. bis zum 15. Jahrhundert errichtete Backsteinkirche, die seit 2007 „Kulturdenkmal von nationaler Bedeutung" ist. Zu den herausragenden Stücken der Stiftskirche gehören der vierflügelige Schnitzaltar von 1503 und die große Renaissancekanzel von 1617. Um 1700 siedelten sich Hugenotten aus Frankreich in Bützow an und brachten Kenntnisse über Wollverarbeitung und Tabakanbau mit. Von 1760–89 residierte in der 1556 als herzogliche Residenz zum Schloss umgebauten Burg die „Fredericiana", eine kleine Universität, die der pietistische Herzog Friedrich der Fromme als Gegengründung zur lutherisch geprägten Rostocker Universität in Bützow einrichten ließ. Ab 1812 befand sich im Schloss das Kriminalkollegium – die Landesbehörde für Kriminalfälle; nach der Auflösung der Behörde beherbergte es das Zentralgefängnis. 1838 begann mit dem Bau des Zuchthauses Dreibergen ein dunkles Kapitel in der Stadtgeschichte: Hier wurden die politischen Gegner während des Dritten Reichs, der sowjetischen Besatzungszeit und des Bestehens der DDR inhaftiert. Heute ist Bützow Sitz der größten Justizvollzugsanstalt Mecklenburg-Vorpommerns.

Die weiße Nonne von Kloster Rühn

Ein Besuch des Klosters Rühn, ein wenig außerhalb am Nordostrand des Naturparks Sternberger Seenland, ist auch ein kulinarisches Vergnügen, denn in der Feinkostmanufaktur werden feine Raps- und Wildkräuteröle und Senfe mit heimischen Zutaten produziert. Die Gründung dieses ehemaligen Zisterzienserinnen-Klosters veranlasste der Schweriner Bischof im Jahr 1232. Die Kirche, um 1250 erbaut, später stellenweise neogotisch verändert, birgt noch etliche Schätze, so einen Altar, der zu den frühesten nachreformatorischen Werken Mecklenburgs zählt, und eine prächtige Fürstenempore aus dem 16. Jahrhundert.

Bis zu 60 Nonnen sollen hier einst in den im 19. und 20. Jahrhundert stark veränderten Klostergebäuden gebetet und gearbeitet haben. Der lange Ostflügel enthielt einst fast alle Klausurräume: den Versammlungsraum, den Arbeitssaal als einzigen beheizbaren Raum, Küche und Schlafsaal. Im Südflügel befand sich der Speisesaal der Nonnen. Eine von ihnen soll in Sünde ein Kind zur Welt gebracht haben und daraufhin lebendig in die Klosterwand eingemauert worden sein. Dichtung oder Wahrheit? Der Geist dieser „weißen Nonne" soll dort noch immer umhergehen. Tatsache ist, dass bei den Renovierungsarbeiten 1899 das Skelett einer jungen Frau im Mauerwerk gefunden wurde. Mit der Reformation im 16. Jahrhundert hielt ein evangelisches Jungfrauenkloster hier Einzug. Herzogin Elisabeth gründete die erste Mädchenschule Mecklenburgs in Rühn und stiftete der Kirche die meisten heute noch vorhandenen Einrichtungsgegenstände. Im Wandel der Zeit erfuhren die Gebäude unterschiedliche Nutzungsarten. Seit 2005 in Privathand, unterstützt der Klosterverein die denkmalpflegerischen Arbeiten am Kloster und bietet Führungen an.

Im Wandel der Zeit
Seit 2005 nutzt der Klosterverein die altehrwürdigen Räumlichkeiten des Klosters.

Westlich der großen Seen

Slawische Kultstätten, märchenhafte Schlösser, tiefe Seen, geheimnisvolle Sümpfe und die schier endlosen Weiten der Lewitz – die Landschaft im Westen Mecklenburgs ist manchmal heiter, manchmal aber auch voller Melancholie.

Wildromantischer Fluss
Das Warnow-Durchbruchstal wurde vor 200 000 Jahren in der Weichseleiszeit geprägt und ist Lebensraum vieler Tier- und Pflanzenarten.

Spaziergang zum See
Der gotische Bogen des Mühlentors ist ein Überrest der mittelalterlichen Stadtbefestigung.

Der Naturpark Sternberger Seenland

Das Sternberger Seenland zählt zu den 13 Qualitätsnaturparks in Deutschland.

Die fast 90 Seen östlich des Schweriner Sees, in der Region zwischen Crivitz, Sternberg, Güstrow und Neukloster, gaben dem rund 540 km² großen Naturpark den Namen. Eismassen hinterließen hier vor etwa 18 000 Jahren zwei Endmoränenzüge, dazwischen liegen die aus Toteisblöcken und Schmelzwasserrinnen entstandenen Seen, die heute zumeist von Acker- und Grünland umgeben sind. Fast ein Drittel des im Jahr 2004 gegründeten Naturparks besteht aus Wald. Zu den ursprünglichen Baumarten gehört die Buche. Nadelbäume und Eichenbestand verdanken sich menschlichen Eingriffen. Der Große Sternberger See, der Große Wariner See und der Groß Labenzer See sind die größten Seen. Prägend für diese Landschaft sind auch die zahlreichen Nebenflüsse der Warnow. Fischadler, Kraniche und Eisvögel finden hier ihre Brut- und Rastplätze. Auf dem Gägelower See schlafen im Winter Tausende Saat- und Blessgänse sowie Sing- und Zwergschwäne.

Die Durchbruchs- und Erosionstäler von Warnow und Mildenitz sind Lebensraum für

Abenddämmerung bei Sternberg
Der kleine Erholungsort liegt am Südufer des gleichnamigen Sees.

seltene Gewächse wie Pfeilkraut und Igelkolben. Mit einer Fließgeschwindigkeit von 2 bis 6 km pro Stunde ist die Warnow ein meist eher gemütliches Paddelrevier.

Die Binnensalzwiese von Sülten

Eine landschaftliche Besonderheit im Naturpark Sternberger Seenland stellt die größte und älteste Binnensalzwiese Mecklenburg-Vorpommerns dar. Das Schutzgebiet liegt zwischen Brüel und Sternberg, westlich vom Ortsrand Sülten. Das salzhaltige Grundwasser, das hier aus einem Quellmoor tritt, hat einen Salzgehalt von etwa 13,6 g pro Liter, also etwa so viel wie das Wasser der Ostsee in der Wismarer Bucht. Schon um 1222 wurde hier Salz gewonnen, um 1590 berichtet die Chronik von 18 t pro Jahr. Es ist die älteste Saline Mecklenburgs. Echtes Löffelkraut und viele andere Pflanzen, die bereits auf der Roten Liste stehen, gedeihen auf dem salzigen Untergrund.

Sternberg am Sternberger See

Eingebettet in die hügelige Landschaft des Naturparks liegen Guts- und Bauerndörfer, Ackerbürgerstädtchen und sogar kleine Residenzen. Die Blütezeit Sternbergs waren die ersten 20 Jahre zu Beginn des 14. Jahrhunderts, in denen Heinrich II. hier residierte. In der Stadt am Südufer des etwa 3 km² großen Sternberger Sees blieben das mittelalterliche rasterförmige Straßennetz, Reste der Wallmauer und Kopfsteinpflaster erhalten. Ein Spaziergang durch die Stadt ist ein ständiges Auf und Ab, außer auf dem hochgelegenen Marktplatz lässt sich kaum ein ebenes Fleckchen finden. Zahlreiche schöne Fachwerkhäuser aus der Zeit nach dem großen Stadtbrand des Jahres 1741 schmücken sich mit dem „Sternberger

Wanderung durch das Warnow-Mildenitz-Durchbruchstal

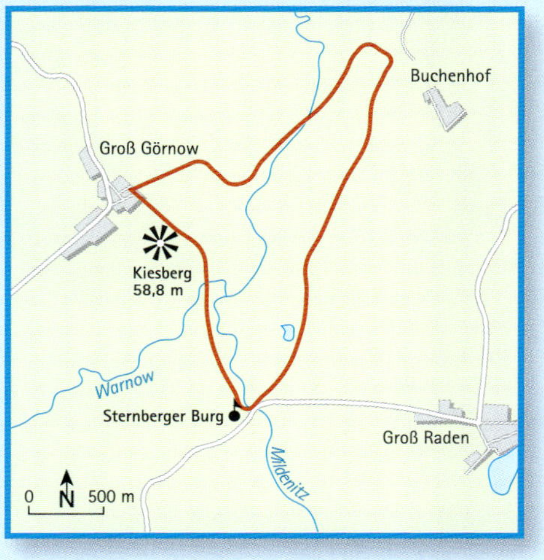

Das Durchbruchstal der Warnow, von den Wassern der Weichseleiszeit tief ausgegraben, zählt zu den schönsten Landschaften des Naturparks. Über 128 km schlängelt sich die nördlich von Parchim entspringende Warnow durch das mittlere Mecklenburg. Die Mildenitz entspringt am Ostrand der Sternberger Seenlandschaft, nur etwa 4 km westlich von Plau am See. Bei Groß Görnow im Naturpark Sternberger Seenland nimmt die Warnow die Mildenitz auf. Das etwa 80 ha große Naturschutzgebiet ist das größte Durchbruchstal Mecklenburgs. Es überrascht mit stellenweise bis zu 30 m hohen, steilen Endmoränenhängen. Während auf der oberen Warnowterrasse Winterlinde, Bergulme und Rotbuche gedeihen, wachsen in den Senken artenreiche Erlenwälder. Der Biber baut hier noch seine Burgen, auch Fischotter, Seeadler und Kranich gibt es.

Vom Parkplatz bei der Ortschaft Groß Görnow, 4 km von Groß Raden entfernt, führt ein ausgeschilderter Weg über etwa 8 km durch das Gebiet. Findlinge und umgestürzte Bäume geben der Landschaft ein wildromantisches Flair. In den bewaldeten engen Talabschnitten rauscht das Wasser der Warnow kaskadenartig herab, dann schlängelt sich der Fluss wieder gemächlich dahin. Schwarzspecht, Gebirgsstelze und die Wasseramsel fühlen sich hier wohl. Wanderer gelangen trockenen Fußes über eine lange weiße Holzbrücke ans andere Ufer. Über einen Steilhang verlässt der Weg das Tal, führt durch den Ort Buchenhof, weiter zur Sternberger Burg. Ein gutes Stück Weg folgt nun der Mildenitz (siehe Foto links). Höhepunkt ist kurz vor dem Ziel der Ausblick vom Kiesberg ins Tal.

In angemessenem Rahmen
In einem historischen Fachwerkhaus zeigt das Sternberger Heimatmuseum Exponate zur Ur- und Frühgeschichte.

Ein fossiles „Gebäck“
Der „Sternberger Kuchen“, ein Stück Erdgeschichte, besteht aus den Überresten von fossilen Meeresbewohnern. Links ragen der Zahn eines Sandhais und rechts die Zahnplatte eines Adlerrochens heraus.

Band“, einem gut 30 cm breiten, mit Rauten gemusterten Zierbrett zwischen dem Erdgeschoss und dem erstem Stockwerk.

Von 1248 bis 1913 tagte in Sternberg alle zwei Jahre der Mecklenburger Landtag. Am Markt zeugt das mächtige Rathaus noch von alter Würde. In der Turmhalle der gewaltigen Backsteinkirche St. Maria und Nikolaus verewigte 1896 der auch überregional bekannte Maler und Berliner Kunstprofessor Fritz Greve den Landtag von 1549 in einem prächtigen Historiengemälde. Auch das südliche Chorfenster, das sogenannte Luther-Fenster von 1895, erinnert daran, dass auf jenem Landtag in Sternberg beschlossen wurde, die Reformation in Mecklenburg einzuführen. Die ältesten Teile der Sternberger Stadtkirche stammen bereits aus dem 13. Jahrhundert. Die Achteckpfeiler im tiefroten Innenraum der chorlosen dreischiffigen Hallenkirche zieren noch Reste der ornamentalen Ausmalung aus dem 14. Jahrhundert. Bei der Sanierung der Kirche im 19. Jahrhundert entdeckte man die mittelalterlichen Wandgemälde im Nord- und Südschiff. Das hohe Mansardendach und der Turm stammen aus der Zeit nach dem Stadtbrand. Auch die Walcker-Orgel ist sehenswert.

Die Hostienschändung

An ein dunkles Kapitel in der Stadtgeschichte erinnert ein Reliefbild in der spätgotischen Heiligen-Blut-Kapelle der Stadtkirche. 1492 wurden in der Nähe von Sternberg 27 Juden wegen angeblicher Hostienschändung auf dem Scheiterhaufen verbrannt. Man hatte ihnen vorgeworfen, geweihte Hostien mit Nadeln durchstochen zu haben, woraufhin Blut aus den gebackenen Talern geflossen sein soll. Als eine Jüdin beim Versuch, die Hostien ins Wasser zu werfen, mit beiden Füßen in einen Stein einsank, sah das wundergläubige Volk dies als einen Beweis für die Schuld der Juden an. Der Stein mit den Fußabdrücken wurde in der Außenwand am Südportal der Kapelle eingemauert. Das Ketzergericht vollzog man auf dem Judenberg nahe dem Luckower See, Sternberg wurde zum Wallfahrtsort. Die jährlichen Einnahmen sollen sich auf rund 4000 Gulden belaufen haben.

Der Sternberger Kuchen

Dort, wo heute zwischen Kirche und Mühlentor das Heimatmuseum steht, befand sich einst die landesfürstliche Residenz. Die Inschrift über der Tür des ältesten Bürgerhauses Sternbergs kündet vom Baujahr 1747. Star der geologischen Abteilung des Heimatmuseums ist ein „ungenießbarer Kuchen“. Dabei handelt es sich nicht etwa um ein verunglücktes Backwerk örtlicher Konditoren, sondern um eine zwischen 24 und 29 Millionen Jahre alte urzeitliche Hinterlassenschaft aus Sand, Haifischzähnen, Krebsscheren, Muscheln, Knochenresten von Reptilien und Säugetieren – ein Augenschmaus für Fossilienfans, die das Fundstück in einer Vitrine des Museums besichtigen können. Der „Sternberger Kuchen“, ein urzeitliches Brandungskonglomerat, ist ein typisches mecklenburgisches Lokalgeschiebe, Gesteinsmaterial, das einst von Gletschern hierher transportiert wurde. Man kann es heute noch recht häufig in den Kiesgruben finden. Wie so ein Kuchen von der Natur „gebacken“ wird, bekommt man im Museum ganz genau erklärt.

In den 14 Ausstellungsräumen kann der Besucher außerdem Handwerksgeräte des 19. Jahrhunderts besichtigen und viel Interessantes über die Regionalgeschichte erfahren. Stolz wird berichtet, dass berühmte Mecklenburger wie der Erfinder des Echolots, Alexander Behm, und der Erbauer des ersten deutschen Schraubendampfers, Albrecht Tischbein, in Sternberg geboren wurden.

Die glasklaren Oberen Seen

Das Gebiet der Oberen Seen südwestlich von Sternberg, heute Landschaftsschutzgebiet, entstand während der Weichseleiszeit. Beim Rückzug der Gletscher vor 12 000 Jahren formte sich ein Gletschersee, dessen Wasserstand damals noch um 10 bis 12 m höher war als heute. Um 1300 bildeten sich aus dem Gletschersee der Obere, der Wustrow und der kleinere Bürgermeistersee. Zur Zeit der Stadtgründung Sternbergs suchten die Slawen in diesem Gebiet Schutz auf einer Insel im Wustrower See.

Das Baden in den von Wald-, Moor- und Heidelandschaft umgebenen glasklaren Quellseen ist ein Vergnügen. Angler erfreuen sich an Hecht, Zander, Karpfen oder Aal im fischreichen Bürgermeistersee – und mit ihnen die Fisch- und Seeadler sowie die gefräßigen Kormorane. Auch die Sternberger gehen, obwohl es ein schönes Strandbad am Sternberger See gibt, am liebsten im kalkreichen Wasser der Oberen Seen baden. Südlich der drei Seen liegen weite Waldgebiete, in denen hauptsächlich Fichten und Kiefern wachsen und man ausgiebig wandern kann.

Typische Trockenhaltung
Nach dem Tauchgang beim Fischefangen muss der Kormoran seine Federn trocknen, da sie nicht – wie etwa bei Enten – wasserabweisend sind.

Guter Fang in den Oberen Seen
Fischer Heinz Klug ist offensichtlich zufrieden mit seiner Ausbeute.

Auf den Spuren der Geschichte
Groß und Klein lassen sich von der umfassenden Rekonstruktion der slawischen Siedlung begeistern.

Bastelstunde
In Groß Raden können alte Handwerkstechniken ausprobiert werden.

Groß Raden – bei den Altslawen

In Groß Raden wird die slawische Urgeschichte Mecklenburgs wieder zum Leben erweckt.

In Groß Raden, etwa 4 km nördlich von Sternberg, ist ein altslawischer Tempelort wieder auferstanden. Von 1973–81 leitete Professor Ewald Schuldt die umfangreichen Untersuchungen am Sternberger See mit den Burgen Groß Raden, Groß Görnow und Sternberger Burg. Er war der Direktor des 1953 aus der vorgeschichtlichen Abteilung des Schweriner Landesmuseums hervorgegangenen Museums für Ur- und Frühgeschichte Schwerin. Mit seinen Grabungen auf einem 7000 m² großen Gelände in den moorigen Wiesen bei Groß Raden begann die Entwicklung des heutigen Museums, das einen Einblick in die Kultur der Nordwestslawen vom 7. bis 12. Jahrhundert gibt. Vom Parkplatz sind es noch etwa 1,5 km bis zur Slawensiedlung. Auf halber Strecke zeigt das Museum Ausgrabungsfunde. Vor allem Stücke aus Holz, Leder und Knochen sowie Stoffreste hatten sich im Moorboden außergewöhnlich gut erhalten. Die Archäologen fanden einen Einbaum, hölzerne Schalen, ge-

schnitzte Löffel, knöcherne Kämme, Schuhe und Tongefäße. Vorräte von Hirse und Haselnüssen verraten, womit sich die Bewohner gegen lange Winter gewappnet haben. Insgesamt wurden bisher etwa 100 000 Einzelstücke gefunden.

Die ersten Siedlungen

Durch einen dichten Laubwald geht es weiter zur Siedlung. Auf dem Weg dorthin, genau an jener Stelle, wo die Archäologen auch auf Elchknochen stießen, kommt man an einem Gehege vorbei, in dem wieder einige dieser Tiere leben. Nahezu die Hälfte des einstmals besiedelten Gebietes wurde auf der heutigen Museumsfläche ausgegraben, insgesamt rund 7000 m^2. Im Maßstab 1:1 hat man wieder rekonstruiert, was bei den Ausgrabungen in Resten gefunden wurde. Bohlenweg, Flechtwand- und Blockhäuser, Ringwall und Tempel sind Zeugnisse der beiden Siedlungsphasen. Die erste Siedlung entstand in der zweiten Hälfte des 9. Jahrhunderts, wurde aber nur wenige Jahrzehnte später zerstört. Im 10. Jahrhundert mit stabileren Gebäuden und zusätzlichen Schutzvorkehrungen gegen Überfälle neu errichtet, wurde die zweite Siedlung – der Tempelburg vorgelagert – gegen Ende des Jahrhunderts aus geheimnisvollen Gründen von den Bewohnern wieder verlassen.

Tempelburg und lang vergessene Götter

Spannend ist die Besteigung der Tempelburg. Der Burgwall befand sich auf einer vorgelagerten Insel, die nur durch eine Brücke mit der auf einer viel kleineren Halbinsel gelegenen Siedlung verbunden war. Zum Schutz des Heiligtums hatten die Slawen einen kreisrunden, 10 m hohen Burgwall mit einem Innendurchmesser von 25 m angelegt.

Groß Raden war das religiöse Zentrum der Warnower, eines Stammes der Obotriten, die Westmecklenburg und Ostholstein besiedelten. Die Namen der Götter, die hier angebetet wurden, sind längst vergessen. Im Zentrum des Dorfes steht der Tempel, der rings von stilisierten Götterbildern umgeben ist. Der Fund eines Pferdeschädels im Slawentempel scheint den dänischen Geschichtsschreiber Saxo Grammaticus zu bestätigen, der um 1200 die kultischen Bräuche der Slawen beschrieb: Danach sollen „heilige Pferde" zur Weissagung benutzt worden sein.

In den Häusern werden alte handwerkliche Techniken präsentiert. Dort, wo man einst eine Handdrehmühle fand, steht heute wieder das Mahlhaus; wo alte Kuppelöfen freigelegt wurden, wird wieder Brot gebacken. Mit der rekonstruierten Handdrehmühle kann man ausprobieren, wie mühsam es einst war, aus Korn Mehl zu machen, denn heute wachsen im Museumsgarten wieder viele alte Nutzpflanzen wie Hirse, Einkorn, Emmer und Roggen. Auch Gewürzpflanzen wie Senf, Koriander, Dill, Sellerie und Rauke werden dort angebaut.

Boitiner Steintanz

Am Rande des Naturparks, nordöstlich von Groß Raden, liegt einer der bedeutendsten Steinkreise Deutschlands. Die tonnenschweren Findlinge, die bis zu 1,90 m aus dem Boden ragen, sind Relikte einer 3000 Jahre alten, sagenumwobenen Megalith-Kultstätte. Viel später entstand die Legende von Teilnehmern einer Hochzeitsgesellschaft, die mit Broten und Mettwürsten gekegelt und nicht auf die Mahnung des Himmels gehört hätten; zur Strafe für ihren Übermut wurden sie in Steine verwandelt.

Am Großen Wariner See

Wariner könnten zwei Wochen lang täglich in einem anderen See baden, ohne mehr als 5 km zurückzulegen.

Gut geschützt
Der Große Wariner See ist fast vollständig von einem Schilfgürtel umgeben.

Als hier am Ende der Eiszeit die Gletscher schmolzen, gaben sie so viel Sand in der heutigen Wariner Gegend frei, dass die Nachbarn die Bewohner der Kleinstadt gern als „Sandhasen" verspotten. Doch die Lage des Städtchens zwischen dem Glamm- und dem Großen Wariner See ist reizvoll. Das fanden auch schon die Schweriner Bischöfe, die sich im 13. Jahrhundert am Nordufer des Glammsees niederließen. Nun gibt es in Warin eine Burgstraße und eine Burg-Apotheke. Wo aber ist die Burg? Die Bischofsburg existiert nicht mehr, sie wurde 1839 wegen Baufälligkeit abgerissen. Bischof Brunward nahm 1229 das slawische Heiligtum am Glammsee als Sommerresidenz. Einer seiner Nachfolger, Hermann I. von Schladen, ließ 1248 eine wehrhafte Burg daraus erbauen. 1322 wurde sie zerstört; an ihrer Stelle entstand nun ein stattliches Bauwerk, mit Wallgraben, hohem Wehrturm und starken Grundmauern, auf denen 1840 ein Amtshaus errichtet wurde. Nach 1949 wurde daraus das Kreiskrankenhaus, das jedoch trotz medizinischer Erfolge in den 1990er-Jahren schließen musste. Doch die felsigen Keller, die einst die Burg trugen, sind noch immer da.

Sichtbare älteste Zeugin Wariner Geschichte ist die 1000-jährige Eiche am Sportplatz. Im 19. Jahrhundert gab es in Warin die größte Holzpantoffelfabrik Mecklenburgs, die allerdings den Einwohnern auch keine Reichtümer einbrachte. Warin blieb ein armes Landstädtchen, dessen ältestes Gebäude das um 1733 erbaute Predigerwitwenhaus ist. Wie ein Bollwerk ziehen sich Warins Häuserzeilen um Inseln aus Stallungen und Gärten. Von Haus zu Haus hielt man genügend Abstand, um noch bis in die 1950er-Jahren die Kühe auf die Straße und zur Weide treiben zu können. Das Stadtbild Warins wird von der neugotischen Stiftskirche beherrscht. Sie steht auf dem Grund eines alten, vor 1233 erbauten Gotteshauses und wurde in den Jahren 1874–78 nach Plänen des Baurats Krüger als Kreuzkirche mit hoch aufstrebendem Turm erbaut. Eine bemalte Holzdecke schmückt das Kirchenschiff. Altaraufsatz, Kanzel und Gestühl ergeben eine harmonische Innenraumkomposition.

Seit 2008 informiert die Naturparkverwaltung im Rathaus am Markt mit einer Ausstellung über das Sternberger Seenland und somit auch über die wasserreiche Umgebung Warins. Den besten Zugang zum 251 ha großen Wariner See findet man im Strandbad der Stadt. Im Osten und Süden grenzen Wiesen und Weiden an seine Ufer, im Westen säumt Nadelwald den Rinnensee, der durch den Mühlbach mit dem 69 ha großen Glammsee verbunden ist.

Ungestörtes Ferienglück
Wer eines der Ferienhäuser direkt am Großen Wariner See bewohnen kann, braucht nur noch die Sonne zum perfekten Entspannen und Genießen.

Grüne Idylle
Auf den Wanderwegen um den Groß Labenzer See findet man immer wieder beschauliche Buchten. Ein Ferientag am See bei Sonnenschein bedeutet unbeschwertes Vergnügen – was will man mehr!

Rund um den Groß Labenzer und Tempziner See

Von Schlössern, Klöstern und stillen Wegen – Entdeckungen eines Sommertages.

Der Groß Labenzer See ist ein durchschnittlich über 10 m tiefer Klarwassersee, der durch eine Halbinsel in den nördlichen Labenzer Seeteil, den Schwarzen See, und in das deutlich flachere Südbecken, den Weißen See oder das Friedrichswalder Seegebiet, unterteilt wird. Die tiefste Stelle des insgesamt 2,3 km^2 großen Sees liegt mit rund 35 m im Nordbecken. Von Wald umgeben und buchtenreich, lässt sich der See von keiner Stelle aus ganz überblicken. Den besten Ausblick bietet die Ostseite. Viele Wanderwege führen am Ufer entlang. Zu den schönsten zählt der Weg in das Radebachtal. Der Radebach entspringt beim Dörfchen Klein Labenz dem Groß Labenzer See und hat sein Bett tief in die Buchenhänge gegraben. Über die Ortschaft Weißer Krug geht es nach Friedrichswalde. Vor dem Bau der Eisenbahnlinie nach Bützow um 1850 hieß die kleine Waldarbeitersiedlung noch Tannenkrug. Jener Namen gebende Krug war Schenke und Poststation an der Poststraße, die im Mittelalter von Wismar nach Schwerin durch diesen dunklen Wald verlief.

Das ehemalige Jagdschloss Friedrichswalde am Südufer des Groß Labenzer Sees wurde um 1860 erbaut und immer wieder als Hotel genutzt. Das in einem Park am See gelegene Mausoleum von 1910 ist die letzte Ruhestätte der Hamburger Industriellenfamilie Wedekind. Der schlichte Bau der Grabstätte mit kräftigem Traufgesims und Walmdach steht auf rechteckigem Grund. Der bronzene Hirsch davor wurde von dem Berliner Bildhauer Louis Tuaillon geschaffen. Wer gut zu Fuß ist, kann von hier aus am Ostufer des Sees entlang über

Groß und Klein Labenz zurück nach Warin wandern (insgesamt etwa 16 km). Badestellen bieten in beiden Dörfern Erfrischung.

Das Antoniterkloster am Tempziner See

Etwa 5 km weiter südwestlich vom Groß Labenzer See, bei Blankenberg, liegt der Tempziner See. Der 168 ha große See ist ein beliebtes Angler- und Wasserwandererziel und darf nur mit Paddel- oder Ruderbooten befahren werden. Weithin sichtbar zeigt sich am Ufer der Turm der Tempziner Kirche.

Schon 1222 gründete Fürst Borwin I. von Mecklenburg hier ein Kloster, das bald zu den wichtigsten Wallfahrtszentren Mecklenburgs gehörte. Die ersten Mönche kamen aus dem Antoniterkloster Grünberg in Hessen; die Bruderschaft der Antoniter war 1095 in Südfrankreich gegründet worden. Mit dem Bau der spätgotischen Klosterkirche mit mächtigem Westgiebel und zierlichem Glockenturm entstand Anfang des 15. Jahrhunderts die geräumigste Dorfkirche Mecklenburgs. Der Hauptaltar aus dem Jahr 1411 ist heute in der Ausstellung über mittelalterliche Kunst im Güstrower Schloss zu sehen. Eine Inschrift über dem Ostportal des Warmhauses, einst Hospital und vermutlich auch Pilgerherberge, nennt das Jahr 1496 als Baubeginn. In diesem beheizbaren Gebäude, dessen größter Kamin einen Durchmesser von 4 x 4 m hat, kümmerten sich die Antoniterbrüder vor allem um jene, die an dem damals grassierenden Heiligen- oder Antoniusfeuer erkrankt waren – ein Leiden, das durch einen Pilz in ungereinigtem Getreide verursacht wurde. Die Ordensbrüder versuchten die Erkrankten mit sogenanntem Antoniuswein und „reinem“ Brot zu heilen; schlug die Behandlung nicht an, amputierte man die befallenen Gliedmaßen. Die Reformation beendete das Wirken der Mönche des Antoniterklosters. Seit 1993 dient die Anlage wieder als Kloster und Pilgerherberge. Vermutlich hatte einst die heilige Birgitta auf „ihrem“ Jakobsweg nach Santiago de Compostela das Kloster Tempzin besucht. Heute kreuzen sich der Birgitta- und der Baltisch-Mitteldeutsche Pilgerweg in der sanften, leicht hügeligen Landschaft am Tempziner See, und das Kloster nimmt müde Wanderer auf.

Rast für Pilger
Bis zu 30 Pilger können im Warmhaus des Klosters Tempzin einfache Herberge und spirituelle Begleitung finden.

Hasenwinkel

Von Tempzin aus geht es durch Felder und Kiefernwälder nach Bibow und schließlich über eine schöne Alleestraße bis nach Hasenwinkel. In dieser stillen Landschaft überrascht das prächtige Schloss Hasenwinkel inmitten eines 12 ha großen schönen, alten Parks (siehe Foto oben). 1908 ließ es der deutsch-russische Diplomat Schmitz im neogotischen Stil errichten. 1927 erwarb die französische Adelsfamilie Giradet das Schloss; 1942 kam Hasenwinkel in den Besitz der Heinkel Flugzeugwerke. Später Sitz des sowjetischen Militärstabes, dann Fachhochschule, wurde Schloss Hasenwinkel 1993 saniert und 1996 als eines der schönsten Tagungshotels Deutschlands wiedereröffnet.

Kloster Sonnenkamp am Neukloster See

Drei Nonnen aus Backstein am Marktplatz erinnern an die klösterliche Vergangenheit.

Mittelalterliches Gemäuer
Das Propsteigebäude ist ein schönes Beispiel mittelalterlicher Backsteingotik.

Am schönen hufeisenförmigen Neukloster See, einem 297 ha großen Rinnensee, gründete Fürst Heinrich Borwin 1219 das erste Frauenkloster Mecklenburgs. Die 1236 geweihte spätromanische Basilika ist die älteste erhaltene der mecklenburg-vorpommerschen Küstenregion. Die ersten Nonnen waren Benediktinerinnen. Sie kamen aus dem Nonnenkloster Sunnevelt in Parchow und sollten mit dem neuen Kloster im Schutz der deutschen Burg Kussin (heute Neukloster) als Siedlungs- und Missionsbeauftragte zum Ausbau des Landes beitragen. Später übernahm das Kloster die strengen Regeln der Zisterzienser. Im Zuge der Reformation wurde der Klosterbesitz von Herzog Ulrich von Mecklenburg eingezogen. Bald begann die Anlage zu verfallen; teilweise wurde sie auch als Steinbruch missbraucht. Als infolge des Dreißigjährigen Krieges das Amt Kloster 1648 an die Schweden fiel und von diesen 1803 für 100 Jahre an Mecklenburg-Schwerin verpachtet wurde, stagnierte die Entwicklung des Ortes. Erst nach Ablauf dieser Zeit gehörte Neukloster wieder zu Mecklenburg. Doch schon als 1862 das Lehrerseminar von Ludwigslust nach Neukloster übersiedelte, erwachte neues Leben am Neukloster See. Zwei Jahre später wurde die Landesblindenanstalt gegründet. Die Einwohnerzahl stieg noch weiter, als Neukloster 1887 an das regionale Bahnnetz angeschlossen wurde. 1936 erhielt es das Stadtrecht; dennoch blieb es ein sehr ruhiges Landstädtchen. Schilder weisen Autofahrer darauf hin, dass es noch heute in Neukloster eine Schule für Sehschwache und Blinde gibt.

Die Klosterkirche

Mit einem stabilen Holzmodell der Klosteranlage hat man sich in der Kirche auf blinde Besucher eingestellt. Sie können daran die einstige Pracht des Klosters Sonnenkamp erfühlen, Beschreibungen hierfür liegen auch in Blindenschrift aus. Wer sehen kann, wird von dem schlichten, klar strukturierten Raum der einschiffigen Backsteinkirche mit kreuzförmigem Grundriss ergriffen sein. Warmes Licht schimmert durch die Dreifenstergruppe des geraden Chorabschlusses, der noch Reste spätromanischer und somit der frühesten und bedeutendsten Glasmalerei Mecklenburgs enthält. Aus Bleiruten und Schwarzlot wurden hier in farbigem Glas fünf aufrecht stehende Figuren gemalt. Nach den Inschriften handelt es sich um die Heiligen Katharina, Magdalena und Elisabeth sowie die Apostel Matthias und

Matthäus. Spätromanische Flechtband- und Rankenornamente rahmen die Gestalten. Mithilfe der Deutschen Stiftung Denkmalschutz konnten 1999 restauratorische Arbeiten an den Glasfeldern vorgenommen und die Schutzverglasungen dieser alten Kunstwerke erneuert werden. Ein Meisterwerk ist auch das spätgotische Triptychon aus dem 16. Jahrhundert. Das Äußere des 51 m langen Baus (das Kirchenschiff ist 10,9 m breit) ist durch Sockelprofil, Ecklisenen und Rundbogenfriese streng gegliedert. Weitere Zeugen der klösterlichen Vergangenheit sind ein achteckiger freistehender Glockenturm und das Propsteigebäude (heute ein Kindergarten). Bis zum Weltkrieg besaß

Wanderung rund um den Neukloster See und ins Klaasbachtal

Die Gletscher der Eiszeit formten eine reizvolle Endmoränenlandschaft rings um Neukloster. Gleich hinter dem Kloster beginnt ein ausgeschilderter, rund 10 km langer Wanderweg um den Neuklostersee. Der Wanderweg ins Klaasbachtal, das geradezu mittelgebirgsartige Erhebungen bietet, ist 2,3 km lang. Mächtige Buchen und Eichen umschließen das rinnenförmige Tal des rauschenden Baches. Erosionsrinnen laufen an den Hängen herab. Am schönsten ist es hier im Frühjahr, wenn die Buschwindröschen blühen.

der Turm ein dreifaches Geläut. Eine Glocke ist verschollen, die beiden anderen litten bei einem Brand. Heute ertönt das Glockenspiel, noch immer mit der Hand geläutet, wieder in vollem Klang. Das Propsteigebäude mit seinem prächtigen dreistufigen Treppengiebel war einst die Wohnung des Klosterpropstes und drei oder vier seiner Mitbrüder. Es ist, trotz einiger Veränderungen, neben der Kirche das einzige noch gut erhaltene Klostergebäude.

Lange war das Gelände rings um die Klosterkirche vernachlässigt worden, inzwischen aber gedeiht der Klostergarten, Außenstandort der Bundesgartenschau 2009 in Schwerin, und der historische Mühlenteich fließt wieder. 2007 wurde die Klostermauer saniert. Dabei stieß man auf die Fundamente eines bislang unbekannten Bauwerks: Südlich der Propstei muss ebenfalls ein Haus gestanden haben. Noch sind nicht alle Geheimnisse des Klosters Sonnenkamp gelüftet. Auch das unter Denkmalschutz stehende schmucke Fachwerkhaus am Rande des Klosterhofes wurde saniert und als Museum eröffnet. Eine ständige Ausstellung informiert über die Ortsgeschichte Neuklosters. Hier kann man auch vieles über das Wohnen in der ersten Hälfte des 20. Jahrhunderts erfahren. Im Hof und im „Stall" wird die Geschichte des Handwerks und der Landwirtschaft um Neukloster präsentiert.

Magischer Bauerngarten
Alte Heil- und Zauberpflanzen wachsen vor dem Museum von Neukloster.

Volles Geläut
2002 wurde die verschollene Glocke des klösterlichen Glockenturms ersetzt.

Der schönste Ankerplatz
Wer zu Füßen des Schweriner Schlosses ankert, hat einen wahren Logenplatz.

Schwerin – das „nordische Florenz"

Schwerin gilt zurecht als „Stadt der Seen und Wälder".

Schwerin – ein Sommermärchen", schrieb der Publizist Ludwig Reinhard vor 150 Jahren: „Sie ist aus einem Dorf schnell eine große Stadt geworden ..." Was damals noch ein wenig ironisch gemeint war, ist wahr geworden. Die alte Bischofs- und Residenzstadt wuchs in DDR-Zeiten mit etlichen neuen Stadtteilen sogar zur Großstadt heran. Heute leben noch rund 96 000 Einwohner in der Landeshauptstadt Mecklenburg-Vorpommerns. Schwerin ist damit die kleinste Landeshauptstadt Deutschlands. Die Menschen leben gerne in der „Stadt der Seen und Wälder". Schon Bischof Thietmar beschrieb in seiner Chronik von 1018 die Gegend um die alte slawische Burg „Zuarin" als fisch-, wald- und seenreich. Als sie von Heinrich dem Löwen aus Sachsen bezwungen wurde, entstand 1160 Schwerin als erste Stadt im eroberten Gebiet. Das „nordische Florenz" nannte man die

blühende Residenzstadt im 16. Jahrhundert. Heute konkurrieren mehrere Städte um diesen Titel. Der Wassersport gehört zu den liebsten Freizeitbeschäftigungen der Schweriner. Mehr als 6000 Boote sind in der Stadt offiziell registriert.

Die vom Zweiten Weltkrieg und später auch von sozialistischem Neuerungswillen weitgehend unversehrte Innenstadt ist ein Bilderbuch norddeutscher Architekturgeschichte. In den verwinkelten Straßen und Gassen mischen sich die unterschiedlichsten Baustile: barockes Fachwerk steht neben hell aufgeputztem Klassizismus, überragt von himmelwärtsstrebender Backsteingotik und prachtvoller Gründerzeit. Am Pfaffenteich und vor allem am Alten Garten, dem großen Platz vor dem Schweriner Schloss, zeigt sich die Stadt von ihrer vornehmsten Seite. Die Dreiflügelanlage des Regierungs- und Kollegiengebäudes, die heutige Staatskanzlei, das neobarocke Theater, das Alte Palais und das Museumsgebäude sind Paradebeispiele eines repräsentativen historischen Baustils.

Schlossgeschichten

Das Schloss auf einer Insel im Schweriner See ist unübersehbar das Wahrzeichen der Stadt. Auch gerne als das „Neuschwanstein des Nordens" bezeichnet, gilt es als einer der bedeutendsten Historismusbauten Europas. Seine ältsten Teile stammen aus dem 15. und 16. Jahrhundert, seine heutige Gestalt erhielt es im 19. Jahrhundert. Mit güldener Kuppel, mit Erkern und Türmen und seiner imposanten Größe verkörpert es Schwerins jahrhundertealten Anspruch, Zentrum weltlicher und geistlicher Macht zu sein. Niklot wird als Stammvater des mecklenburgischen Herrscherhauses weithin sichtbar hoch zu Ross mit goldenem Standbild in der Hauptfront des Schlosses geehrt. Der Obotritenfürst war ein angesehener Mann und tapferer Krieger. Nach einigen erbitterten Kämpfen wurde er 1160 von den Sachsen überlistet und erschlagen. Heinrich der Löwe, christlicher Missionar und Stadtgründer Schwerins, hatte gesiegt. Niklots Sohn Pribislaw arrangierte sich mit den Christen, konvertierte und bekam dafür einen Teil des väterlichen Erbes als Lehen und außerdem Heinrichs Tochter zur Frau.

Slawen und Germanen erbauten nun gemeinsam Stadt und Schloss. Lange allerdings lag Schwerin im Schatten der Hansestädte. Erst mit dem Renaissancefürsten Johann Albrecht I. kam frischer Wind in die Stadt. Der Protestant, der an der lutherischen Universität Frankfurt an der Oder studiert hatte, ließ die ersten entscheidenden Veränderungen an der Burg vornehmen. Vom spätgotischen Bauwerk steht heute nur noch das Bischofshaus. Seinen prächtigen Fassadenschmuck aus Terrakottenplatten aus der Lübecker Werkstatt des Meisters Statius von Düren (heute Nachbildungen des 19. Jh.) erhielt es, als der Herzog 1553–55 an der nördlichen Seite das „Lange Neue Haus" er-

Im Thronsaal von Schloss Schwerin
Der prunkvolle Thronsessel besteht aus vergoldetem Lindenholz.

Der Obotritenfürst
Lange widerstand Niklot den Deutschen, dann wurde er Stammvater der Herzöge von Mecklenburg.

richten ließ. Wenige Jahre später wurde die Schlosskapelle erbaut, die Johann Baptista Parr nach dem Vorbild der Torgauer Renaissancekirche gestaltete. Mit der Verlegung des Hofes 1756 nach Ludwigslust, etwa 40 km landeinwärts, kehrte in Schwerin noch einmal kleinstädtische Stille ein. Als Großherzog Paul Friedrich 1837 zurückkehrte, war er entschlossen, Schwerin in eine moderne Residenz zu verwandeln. Unter seiner Regentschaft blühte die Stadt auf. Über dem Plan, ein neues Schloss neben das Theater zu bauen, verstarb er jedoch.

Sein Sohn Friedrich Franz, aus Bonn abberufen und vom „Feuer der Jugend für die Rheinromantik entflammt", bevorzugte das alte Gemäuer, und er entschloss sich zu einer tiefgreifenden Umgestaltung der historischen Anlage auf der Schlossinsel. Dazu schickte er seinen Hofbaumeister Georg Adolph Demmler und dessen Mitarbeiter Hermann Willebrand zunächst auf Studienreise nach Großbritannien und Frankreich. Außerdem zog der junge Großfürst Gottfried Semper und August Stüler zu Rate. Schließlich aber waren es Demmlers Pläne, nach denen Burggarten und Burgseeflügel, der Chor der Schlosskapelle und der 70 m hohe, allerdings von Semper angeregte Hauptturm errichtet wurden. Stüler schuf unter anderem den reichen Figurenschmuck, ebenso die offene Bogenhalle und die von einer Engelsfigur bekrönte vergoldete Kuppel. Schließlich entstand eine gestreckte Fassung von Schloss Chambord an der Loire. Seit 1991 beherbergt es den Landtag von Mecklenburg-Vorpommern. Richard von Weizsäcker nannte ihn den schönsten Landtag von Deutschland.

Insgesamt 635 Räume auf einer Fläche von rund 21 000 m^2 befinden sich in dem Schlossgebäude. Zwischen 1990 und 2009 wurden für die Sanierung des Gebäudes 90 Millionen Euro investiert. In der Beletage des Schlosses können die ehemaligen Wohn- und Gesellschaftsräume der Großherzogin besichtigt werden, die heute ein beeindruckendes innenarchitektonisches Zeugnis des Historismus sind und Kunst des 18. und 19. Jahrhunderts zeigen. In der Festetage befanden sich einst die Wohn- und Repräsentationsräume des Großherzogs. Im Thronsaal, dem prachtvollsten Raum des Schweriner Schlosses, steht unter einem Baldachin der mit reichem Schnitzwerk verzierte Thronsessel aus vergoldetem Lindenholz. Die Ahnengalerie zeigt in lückenloser Reihenfolge Gemälde aller regierenden Herzöge der Dynastie Mecklenburgs vom 14. bis zum 18. Jahrhundert. Natürlich hat solch ein märchenhaftes Schloss auch einen Schlossgeist. Er heißt Petermännchen, und sein Abbild können die Besucher auf einer Schranktür im Säulenzimmer und als Sandsteinplastik im Innenhof begutachten.

Romantischer Weg
Im Burggarten steht eine aus mächtigen Findlingsblöcken aufgetürmte Grotte.

Parkspaziergang

Erbaulich sind die Spaziergänge durch den Burggarten, mit Orangerie und Grotte direkt am Wasser. Auf dem Dach der von Fledermäusen bewohnten Grotte laden Bänke zur Rast ein. Über eine alte Drehbrücke führt der Weg weiter in den Schlossgarten, der im Wesentlichen eine barocke Schöpfung ist. Er wurde später nach Entwürfen von Peter Joseph Lenné um den Greenhouse-Garten im Stil eines englischen Landschaftsparks erweitert. Diese Epochen verbindende Gestaltungsidee setzt sich fort bis in den südlichen Teil des Schlossgartens, der für die Bundesgartenschau 2009 wieder hergerichtet wurde, bis zum „Garten des 21. Jahrhunderts" am Burgsee. Der Wechsel von klaren Linien und Formen sowie die verspielt hügelige Oberfläche der „Schwimmenden Wiese" ist eine moderne Synthese von Naturpark und symmetrisch gestalteten Gärten.

Aus der Vogelperspektive
Vom Turm des Doms aus lässt sich ganz Schwerin überblicken.

Fröhliches Markttreiben
Auf dem Schlachtermarkt im Zentrum der Stadt werden Blumen und Gemüse angeboten.

Der Alte Garten

Neobarockes Mecklenburgisches Staatstheater, Museum, Siegessäule und Altes Palais machen den Alten Garten zu einem der schönsten Plätze Norddeutschlands. Das 18. Jahrhundert hatte an der Schlossanlage kaum sichtbare Spuren hinterlassen, doch wurde in jener Zeit der Grundstock der heute umfangreichsten deutschen Sammlung holländischer Malerei des „Goldenen Zeitalters" gelegt. Grafiken, Plastiken und Gemälde machten Ende des 19. Jahrhunderts den Bau der Großherzoglichen Gemäldegalerie notwendig. Neben der flämischen und holländischen Malerei des 16. und 17. Jahrhunderts umfasst die Sammlung auch Gemälde aus Spätgotik und Renaissance sowie aus der deutschen, französischen und englischen Malerei des 18., 19. und 20. Jahrhunderts. In den einstigen großherzoglichen Kinderzimmern ist heute eine umfangreiche Porzellansammlung zu sehen.

Vielfalt der Architektur
Viele verschiedene historische Baustile prägen das Bild der Stadt.

Altstadtbummel
In kleinen, gemütlichen Läden kann man regionale Spezialitäten kaufen.

Barockfürst Christian Ludwig verhalf auch dem Theaterspiel zu ersten Erfolgen. Er berief die berühmte Schönemannsche Schauspieltruppe nach Schwerin, und der „Vater der deutschen Schauspielkunst" und Mitstreiter Lessings in Hamburg, Conrad Eckhof, gründete die erste Schauspielerakademie. Schwerin darf also neben Hamburg für sich in Anspruch nehmen, Geburtsstätte des deutschen Nationaltheaters zu sein. In dem prächtigen neobarocken Großen Haus am Alten Garten werden heute Konzerte, Ballette, Schauspiele und Puppenspiele aufgeführt. Die Fritz-Reuter-Bühne hat sich der niederdeutschen Sprache verschrieben.

Rings um den Dom

Erst wer die 117 m hohe Turmspitze des Schweriner Domes besteigt, erkennt, was man unten im Gewimmel der Straßen und Häuser nicht wahrnehmen kann: die traumhafte Lage der Stadt inmitten zahlreicher Seen. „Stadt und Wasser duzen sich", sagen die Schweriner. Der Dom, Kontrapunkt zum beherrschenden Schloss, steht am Altstädter Marktplatz. Turmfalken umkreisen, ihre typischen Schreie ausstoßend, den Kirchturm, der erst in den Jahren 1892–98 angefügt wurde. Bereits 1175 wurde der Grundstein für den Dom gelegt, 1249 konnte er geweiht werden. Der älteste noch erhaltene Teil des Gotteshauses ist die Paradiespforte am südlichen Seitenschiff. Sie stammt noch vom romanischen Vorgängerbau. Ab 1270 wurde die gotische Basilika erbaut. Man glaubte nämlich, ein Wunder sei geschehen: Graf Heinrich I. von Schwerin hatte von seiner Pilgerreise ins Heilige Land einen besonderen Edelstein mitgebracht, wahrscheinlich einen grünen Heliotrop mit Eiseneinschluss (Blutjaspis), den man im Mittelalter für einen Blutstropfen Jesu hielt. So wurde Schwerin zur Pilgerstadt. Rund um den Dom bauten Händler ihre Marktstände auf.

Seit dem 18. Jahrhundert breitet sich wie eine antike Kulisse ein weißes Säulengebäude direkt vor dem Dom aus. Der Bau diente als eine Art „klassizistischer Supermarkt" und wird von den Schwerinern noch heute gern als „Krambudengebäude" bezeichnet. Die Verbannung der Marktstände weg vom einstigen Domfriedhof in dieses Gebäude war eine hygienische Maßnahme Friedrichs des Frommen. Doch ein richtiger Marktschreier lässt sich nicht so einfach in Regeln zwingen. Die Stände zogen auf den Schlachterplatz, den Platz hinter dem Rathaus, wo auch heutzutage noch quirliges Markttreiben herrscht. Ältester Profanbau von 1574 ist der angrenzende Domhof, heute Sitz der Landesdenkmalpflege, die zu DDR-Zeiten leider nicht verhindern konnte, was am entgegengesetzten Ende der Schlachterstraße geschah: Die Moorstadt, das einstige „Künstlerviertel" nahe dem Theater wurde in den 1980er-Jahren weitgehend abgerissen.

Ohne Wende hätte dasselbe Los fast auch die barocke Schelfstadt getroffen. Mit diesem Stadtteil zwischen Burgstraße und Schweinemarkt wurde Schwerin ab 1705 über die Altstadtgrenzen hinaus erweitert. Er grenzt an den Pfaffenteich, eine künstliche Schöpfung des 12. Jahrhunderts. Die verschilften Ufer ließ Demmler mit Granitstein befestigen, die Seepromenade mit Linden und das Westufer mit eleganten klassizistischen Bürgerhäusern säumen, die inzwischen von der neugotischen

Blick in den Dom
Der spätgotische Flügelaltar zeigt figurenreiche Szenen der Kreuzigung.

Kirche der Paulsstadt überragt werden. Am Ostufer, in einer der Gründerzeitvillen, wohnte der Komponist Kücken, der jenes bekannte Lied „Ach, wie ist's möglich dann?" komponierte. Seine Villa diente ab 1906 als Stiftung dem Wohl junger notleidender Künstler, heute hat dort das Landesstudio des ZDF seinen Sitz. Das Café Friedrichs im Erdgeschoss ist beliebter Treff von Journalisten und Künstlern.

Stadtrundgang zwischen Schlossfreiheit und Ziegenmarkt

Schwerin lässt sich bestens zu Fuß zu erkunden. Vom Schloss über den Alten Garten (im Sommer finden hier die Schlossfestspiele statt) in die Schlossstraße – das ist ein minutenkurzer Weg in die Innenstadt. Die Spitze des Domes ist weithin sichtbare Landmarke. Die Mecklenburgstraße führt vom Altstadtzentrum direkt zum Pfaffenteich. An der Ecke zur Arsenalstraße ließ sich der Architekt Demmler sein villenartiges Wohnhaus erbauen. Das Arsenal (1840–44) im Tudorstil und mit kräftig orangebraunem Anstrich an der Südwestecke des Pfaffenteichs ist einer der wichtigsten Demmler-Bauten, heute Innenministerium. Ein Stück entlang unter den Linden der Promenade am Ostufer, dann führen die Körner- und die Puschkinstraße direkt ins Herz der alten Schelfstadt, die 1704 die Neugründung einer selbstständigen Kommune war, die erst 1832 mit der Altstadt vereint wurde. In noch feldsteingepflasterten Straßen mit behäbigen Bürgerhäusern aus dem 18. und 19. Jh. hat sich bürgerliche Gemütlichkeit erhalten. In der Schelfstadt herrscht geplantes Maß, ein Netz von geraden Straßen mündet auf lauschige Plätze: den Schelfmarkt, den Ziegenmarkt und den Schweinemarkt. Die Schelfkirche, Zierde des Schelfmarktes, gilt als die stilreinste Barockkirche Westmecklenburgs. Schilder an den Häusern erinnern an berühmte Bewohner dieses Viertels: Friedrich von Flotow (1812–83), Komponist der Oper *Martha* und Intendant am Schweriner Theater, wohnte in der Lindenstraße 9, ebenso Adolph Friedrich von Schack (1815–94), Übersetzer, Literaturhistoriker und als Galerist den meisten ein Begriff in Verbindung mit der Münchener Schack-Galerie. Heinrich Seidel (1842–06), Autor von *Leberecht Hühnchen* und Konstrukteur des Anhalter Bahnhofes in Berlin, lebte in der Puschkinstraße 3.

Auf dem Schweriner See

Am schönsten entfaltet sich die Pracht des Schweriner Schlosses von der Seeseite her.

Poetisch gesehen, ist der Schweriner See der schönste Spiegel der Stadt, die sich nicht satt sehen kann an ihren Wasserbildern mit der goldenen Schlosskuppel. Die Ausflugsschiffe, die vom Anleger unterhalb der Schlossinsel starten, sind gut gebucht. Bei Kaffee und Kuchen lassen die Passagiere die abwechslungsreiche Uferlandschaft vorüberziehen. Vier der Schweriner Seen sind durch Kanäle verbunden. So kann man eine Rundreise vom Schweriner Innen- über den Heiden- und Ziegelsee zum Schweriner Außensee unternehmen, der 1842 durch den Paulsdamm vom Innensee abgetrennt wurde. Die Fahrt führt vorbei an der Strandpromenade von Zippendorf und den idyllischen Inseln Kaninchen- und Ziegelwerder. Die 2 km lange Insel Kaninchenwerder wurde bereits 1935 unter Naturschutz gestellt. Im 22 m hohen Aussichtsturm gibt es eine kleine naturkundliche Ausstellung über das Eiland, dessen vielfältige Vegetation günstiger Lebensraum für Singvögel ist.

Im Rahmen des europäischen Schutzgebietsnetzes Natura 2000 wurde der Schweriner See zum europäischen Vogelschutzgebiet erklärt. Geomorphologisch wird Deutschlands drittgrößter (Binnen-)See, 21 km lang und bis zu 6 km breit, als Gletscherzungensee der Weichseleiszeit charakterisiert. Gespeist vom Aubach, besitzt er noch kleinere oberirdische Zuflüsse, darüber hinaus strömt ihm Grundwasser zu.

Wasserrundfahrt
Mit einem Ausflugsschiff kann man Schwerin gemütlich vom Wasser aus besichtigen.

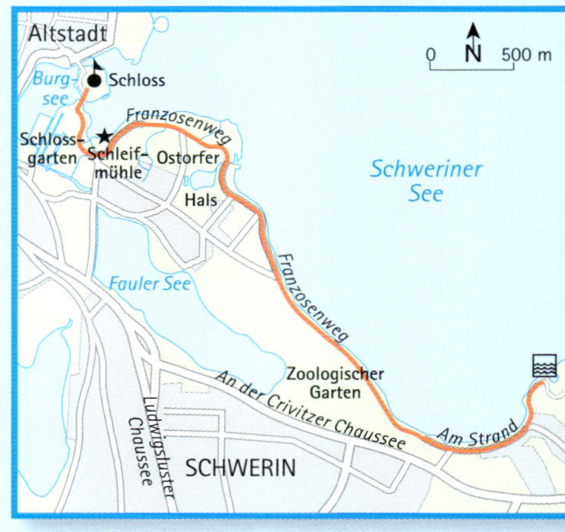

Spaziergang nach Zippendorf

Etwa 45 min lang ist der Fußweg durch den Schlosspark nach Zippendorf. Auf diesem Weg, am Rand des Schlossgartens am Faulen See, liegt die alte Schleifmühle: eine alte Wassermühle (Museum), in der seit dem 18. Jahrhundert Steine, vornehmlich einheimischer Granit, zersägt, geschliffen und poliert und zu Denkmalsockeln, Treppenstufen, Tischplatten oder Schmuck für den mecklenburgischen Hof verarbeitet wurden. Auch die steinernen Wandverkleidungen für das Schweriner Schloss entstanden hier. 1985 wurde die Säge- und Poliertechnik als Schauanlage rekonstruiert. Weiter geht es, immer am Seeufer entlang, über den Franzosenweg, den französische Kriegsgefangene 1871 anlegen mussten (siehe Foto links). Auf halber Strecke biegt der Weg nach rechts zum Zoo ab. Im naturbelassenen Heimattiergehege mit uralten Bäumen und Moorflächen haben auch Bären und Wölfe Lebensraum. Keine Angst, wenn plötzlich ein Präriehund auftaucht: Die für den Menschen harmlosen Tiere dürfen auf den öffentlichen Wegen spazieren. Noch etwa 1 km lang ist jetzt der Weg ins Strandbad Zippendorf. Schon 1879 eröffnete in dem ehemaligen Dorf am Südende des Sees die erste Badeanstalt. Der breite Strand und zahlreiche Cafés machten Zippendorf zum beliebten Ausflugsziel. Heute ist der Ort die „Badewanne der Schweriner". Von hier aus kann man sich wieder geruhsam mit einem Schiff der Weißen Flotte zurück nach Schwerin befördern lassen.

Hofbaurat und Sozialdemokrat – Georg Adolph Demmler

Gefeiert, verfemt, fallengelassen war Georg Adolf Demmler lange Zeit beinahe vergessen. Heute erinnert man sich in Schwerin wieder an den Baumeister zwischen Romantik und bürgerlichem Aufbruch. Bis 1915 schuf Demmler jene Gebäude, die Schwerin den Zug ins Große verliehen und und in denen heute oft Behörden der Landesregierung ihren Sitz haben. Die große Ausstellung von 1995 im Marstall, in dem zu DDR-Zeiten sowohl geturnt als auch von Christoph Schroth die *Dreigroschenoper* inszeniert wurde, präsentierte zum ersten Mal Demmler nicht nur als Sozialdemokrat, sondern auch als Architekt und Freimaurer. Heute sind in dem restaurierten Gebäude das Sozial- und Kulturministerium untergebracht.

Die berufliche Karriere des Schinkel-Schülers begann 1842 mit der Gestaltung des Kollegiengebäudes, die sich mit einem von prächtigen Säulen getragenen Portikus noch stark an die Berliner Schinkel-Bauten anlehnte. Doch an vielen Demmler-Bauten geht man oft ahnungslos vorüber, so wenig festgelegt war der Architekt in der Wahl der Baustile. Er vereinte hinter englischer Tudorfassade drei giebelständige Bürgerhäuser zum Rathaus der Altstadt; das Arsenal am Pfaffenteich ist eine Mischung aus englischem Spukschloss und florentinischer Palastarchitektur. Überhaupt ist der Pfaffenteich vielleicht die eleganteste Seite der Stadt; das Westufer wurde hinter Lindenpromenaden in einheitlichem und zurückhaltendem Klassizismus bebaut. Die Art und Weise, wie Demmler den bis dahin unbefestigten Mühlenteich in die Gestaltung einbezog, ist ein Meisterstück im Umgang mit den Gegebenheiten dieser wasserreichen Stadt.

Mit 33 Jahren wurde Demmler zum Hofbaumeister ernannt. Er engagierte sich für demokratische Freiheiten in einer konstitutionellen Monarchie sowie für die Einführung sozialer Reformen für die Schlossbauarbeiter. Obwohl Demmler mit den Wortführern dieser Bestrebungen, Fritz Reuter, Wilhelm Raabe und Hoffmann von Fallersleben, engen Kontakt hatte, waren Demmlers Anliegen für den Großfürsten „Marotten" seines „Hof- und Leibdemokraten". Demmlers Vorgehen gegen den Freienwalder Schiedsspruch, an dem das Staatsgrundgesetz von 1849 scheiterte, überstrapazierte dann doch die Geduld von Friedrich Franz II. Noch bevor Demmler den Umbau des Schlosses beenden konnte, war seine Karriere erst einmal beendet. Nach einigen Bildungsjahren im Ausland arbeitete er jedoch weiter an einem Erweiterungs- und Verschönerungsplan der Stadt. Seine Grabkapelle auf dem Alten Friedhof ist Ausdruck jenes freimaurerischen Denkens, das Demmler zeitlebens „sittlichen Halt" gab.

Herzoglicher Pferdestall
Das Technische Museum und das Bildungsministerium nutzen heute den restaurierten Marstall.

Georg Adolph Demmler (1804–1886)
Er war der bedeutendste Baumeister Schwerins.

Mecklenburgisches Brauchtum – das Volkskundemuseum Schwerin

„Bimm, bamm Beier, de Köster mag keen Eier" – im Volkskundemuseum werden auch alte Kinderspiele wieder belebt.

Mit folgender Schilderung malte ein Reisender zu Beginn des 19. Jahrhunderts ein Bild ländlicher Idylle: „An den Gestaden des Schweriner Sees gibt es wohl kaum einen lieblicheren Winkel als jenen von Mueß, der von grünen Hügeln umschlossen wird (...). Halb zwischen den Hügeln und dem See sieht man die wenigen Bauernhäuschen des Dorfes, so ganz mit der Landschaft verwachsen, als wären sie wie die Hügel, das Gras und die Bäume Gaben des Bodens, auf dem sie stehen. Die Dächer sind hier noch mit Stroh gedeckt, auf den sauber weißgetünchten Wänden malen sich die leuchtend roten und weißen Rosen und die blauen Glockenwinden der Vorgärtchen ab. Hinter den breiten, niedrigen Fenstern hängen Tüllgardinen und stehen Levkojen und Fuchsien in weiß glasierten Blumentöpfen mit goldenen Reifen. . . . Breit und stattlich bauen sich Fachwerkscheunen auf, und wie an den Häusern, so schlagen auch hier die Strohdächer und die gekreuzten, zu Pferdeköpfen geschnitzten Balkenenden der Giebel eine schnelle Gedankenbrücke zu der weit zurückliegenden Zeit der Wenden, da noch Niklots Untertanen am See dem Fischfang und einem spärlichen Feldbau oblagen". Dem Volksmuseum, das sich an eben jener Stelle einrichtete, ist es zu verdanken, dass diese Idylle erhalten blieb.

Die Anfänge

Die Geschichte des Mecklenburgischen Volkskundemuseums lässt sich bis in das Jahr 1912 zurückverfolgen. Sie begann mit dem Erwerb der rund 3000 Exponate umfassenden Privatsammlung des Warener Gymnasialprofessors und Volkskundlers Richard Wossidlo (1859–1939). Mecklenburgs großer Sprachenforscher trug über 30 000 Lieder, Geschichten und Sagen zusammen und schrieb sie in der Mundart des jeweiligen Erzählers auf; er leistete für diese Region etwa das, was die Brüder Grimm fürs Hochdeutsche taten. Außerdem sammelte er in seiner Vierzimmerwohnung alles, was zu einem möglichst kompletten Bild der mecklenburgischen Volkskultur beitragen konnte. Darunter befanden sich kunsthandwerklich Bedeutsames und scheinbar Belangloses, beispielsweise Kuhglocken, Stiefelanzieher, Nagelbohrer, Fuchsfallen, Blechlampen

Landleben früher
Ein Besuch des Freilichtmuseums Mueß ist eine Zeitreise in bäuerliche Vergangenheit.

Waschbrett und Muskelkraft
Dass Wäsche waschen anno dazumal kein Kinderspiel war, kann man im Museum ausprobieren.

und Puppen. Angeregt wurde Richard Wossidlo zu seiner Sammelleidenschaft durch einen Besuch im Berliner „Museum für deutsche Volkstrachten und Erzeugnisse des Hausgewerbes". 1912 kaufte der Direktor des Mecklenburg-Schwerinischen Landesmuseums die Sammlung auf, die sich auch in den folgenden Jahren durch Schenkungen und Ankäufe Wossidlos noch weiter vermehrte. Seine vielfältigen Erkenntnisse hielt er auf Notizzetteln fest, von denen in 50 Sammlerjahren rund zwei Millionen zusammenkamen.

Mit Schulhaus und Hirtenkaten

Als Anhängsel eines Kunstmuseums war jedoch die Entwicklung des Volkskundlichen beschränkt. 1934 kam es deshalb zur Einrichtung eines neuen selbstständigen Museums im vierten Stock des Schweriner Schlosses. Die Räumung durch die Sowjets 1946 bedeutete unweigerlich hohe Verluste. Doch bald wurde wieder leidenschaftlich gesammelt. 1965 konnte ein niederdeutscher Bauernhof erworben und saniert werden – die Hufe I. war der Anfang des Freilichtmuseums in Schwerin-Mueß. Die Restaurierung des historisch gewachsenen alten Ortskerns von Mueß nahm etliche Jahre Arbeit in Anspruch. Heute können Besucher in der Mueßer Bucht am Südufer des Schweriner Sees wieder eine authentische Dorflandschaft mit Bauernhaus, Scheunen, Büdnerei, Hirtenkaten, Backofen, Schmiede, Spritzenhaus, Bienenschauer, Schule und Kräutergarten bestaunen. Das Freilichtmuseum umfasst mit seinen Gebäuden auf etwa 3,3 ha Grundfläche einen Teil des alten Dorfkerns des 1304 erstmals urkundlich erwähnten Dorfes Mueß. Es wurde im Dreißigjährigen Krieg verwüstet, dann allmählich wieder aufgebaut und 1936 zur Stadt Schwerin eingemeindet.

Haubenschachteln und Liebstöckel

Das Mueßer Freilichtmuseum gewährt einen Einblick in die Arbeits- und Lebenswelt eines mecklenburgischen Dorfes vom 18. bis zum Beginn des 20. Jahrhunderts. Der Binnenfischerei auf dem Schweriner See ist eine Ausstellung im Wohnteil eines Hallenhauses gewidmet, in der Schul-Scheune geht es um Flachsverarbeitung. Der kleinste Ausstellungsgegenstand ist ein silberner Hosenknopf, einer der größten ein Dreschkasten aus den 1930er-Jahren. Zu den Raritäten gehört die Ivenacker Lade, eine kleine Truhe, die vermutlich aus einer der 1000-jährigen Ivenacker Eichen gefertigt wurde. Der weitaus größte Teil der Haubenschachtelsammlung stammt noch aus Wossidlos Besitz. Laut Wossidlo waren solche Schachteln oft Geschenke des Bräutigamvaters an die Braut.

Eine Besonderheit ist außerdem der 1976 angelegte Museumsgarten. Über 60 Gewürz-, Heil- und Nutzpflanzen wachsen hier – von Baldrian, der den Teufel fernhalten, und Liebstöckel, der die ewige Liebe anlocken soll, bis Thymian, der in Mecklenburg vor allem in Schmalz und Grützwurst geschätzt, aber gern auch geraucht wurde.

Weste mit Hut
Eine Puppe in mecklenburgischer Tracht im Museum Mueß.

Schutzgebiet Neumühler See
Der gesamte Uferbereich des Sees ist ein Biotop.

Am Neumühler See

Am saubersten See der Region wohnen fast nur Tiere.

Kein Haus, kein Boot ist zu sehen, nur ein dichter Kranz von Buchen und Erlen rahmt das zumeist steile Ufer des Neumühler Sees und taucht das klare Wasser in dunkles Grün. Der lang gestreckte Neumühler See im Westen von Schwerin, maximal 17 m tief und sauerstoffreich, ist der sauberste See im Stadtgebiet. Neben dem Fischotter leben hier auch insgesamt 32 Brutvogelarten, darunter Eisvogel, Fischadler und der Schwarzspecht. Von menschlichen Behausungen blieben die Ufer weitgehend verschont. Einst waren die wildreichen Wälder westlich von Schwerin großherzogliches Jagdgebiet. So steht noch heute direkt an der B 104 das ehemalige Jagdschloss Friedrichsthal, erbaut um 1798 von Johann Heinrich von Seydewitz. Das schöne, zweigeschossige Hauptgebäude und die Kavaliershäuser aus tiefrotem Backsteinfachwerk warten auf neue Bewohner.

Ein wichtiger Winzling

Am Nordufer des Sees hat der Fischotter sein Revier. Fischotter und die Bauchige Windelschnecke gehören zu den Tierarten, für deren Erhalt in Europa besondere Schutzgebiete wie dieses hier ausgewiesen werden müssen. Die Bauchige Windelschnecke, ein gerade einmal 2,5 mm messender Winzling, kommt fast nur noch in norddeutschen Tiefebenen, in Südengland und im südlichen Skandinavien vor. Sie trägt ein gelblich bis rötlich-braun gefärbtes, stark glänzendes Gehäuse mit sich, verbringt die Sommermonate auf Röhricht, Seggen oder Gräsern am Ufer des Sees und ernährt sich vor allem von Pilzen und Pollen.

Auch der Fischotter gehört zu den stark gefährdeten Tierarten. So wie die Windelschnecke ist er in den Fauna-Flora-Habitat-Richtlinien (FHH) aufgeführt, einem Bestandteil des Schutzgebietsystems Natura 2000. Dieses länderübergreifende europäische Netzwerk von Schutzgebieten verfolgt das Ziel, die biologische Vielfalt auf dem Gebiet der EU nach einheitlichen Kriterien dauerhaft zu erhalten. So stehen der See und seine Umgebung unter Landschaftsschutz, die Ufervegetation zählt auf der gesamten Länge zu den gesetzlich geschützten Biotopen.

Bedrohte Art
Sogar die seltene Windelschnecke hat hier ihr Domizil.

Rundweg um den Neumühler See

Der 22 km lange Rad- und Wanderweg wird auch von Nordic-Walkern und Joggern gern genutzt, denn er führt meist durch den schattigen Waldsaum direkt am Ufer entlang und bietet immer wieder schöne Ausblicke über den See. Obwohl im Trinkwasserschutzgebiet, ist Baden im See nicht verboten. An einigen Stellen locken kleine Badebuchten. Noch in den 1950er-Jahren waren die Steilhänge um den See teilweise unbewaldet. Heute wächst im Norden ein kräftiger Mischwald, im Osten und Südosten weiden Schafherden und Galloway-Rinder; im Südwesten und Westen grenzen Ackerflächen und Brachen an den Waldstreifen. Wer Zeit hat, macht einen kleiner Abstecher zum Jagdschloss Friedrichsthal (siehe Foto rechts); danach geht es auf dem Rundweg wieder zurück zur B104.

Ruheplatz für die Seele
Solch versteckte Plätze gibt es viele am Schaalsee, und wer will, kann hier in Ruhe seinen Gedanken nachhängen.

Mit 71 m ist der Schaalsee der tiefste See Norddeutschlands.

Biosphärenreservat Schaalsee

Gesäumt von Erlen und Weiden erstreckt sich einer der größten Klarwasserseen Deutschlands über die mecklenburgisch-vorpommersche Grenze bis nach Schleswig-Holstein. Der 24 km² große Schaalsee ist das Herz der mit insgesamt 24 Seen gesegneten Landschaft. Einst verlief die deutsch-deutsche Grenze durch diese Region. Das kam der Natur zugute, sie konnte sich hier fast ungestört entfalten. Mit der Errichtung des Naturparks Schaalsee im Jahre 1990 und zehn Jahre später mit der internationalen Anerkennung als Biosphärenreservat durch die UNESCO auf mecklenburgischer Seite wurden die Voraussetzungen geschaffen, diese für mitteleuropäische Verhältnisse einzigartige Seenlandschaft zu bewahren. Großflächige, in einem Schmelzwasserrinnensystem der letzten Eiszeit entstandene und zumeist noch nährstoffarme Seen sowie Moore und urwüchsige Buchenwälder bieten einer reichen Tier- und Pflanzenwelt optimalen Lebensraum.

Mehr als 7 % des 302 km² großen Biosphärenreservates ist von Wasser bedeckt. Hier tummeln sich Fischotter, Kraniche und Seeadler. In jedem Spätsommer rasten mehr als 25 000 Enten und Gänse auf den Seen. An Teichen und Söllen sind Rotbauchunken und Laubfrösche keine Seltenheit.

Die Renaturierung des Neuendorfer Moores

Hochmoore wie das Neuendorfer Moor, die ausschließlich von Niederschlägen gespeist werden, sind eine Spezialität des regenreicheren westlichen Mecklenburgs und der Schaalseeregion. Mehr als 20 Torfmoosarten kommen hier vor, einzigartig für den norddeutschen Raum. Werden Hochmoore entwässert oder gedüngt, bricht das hoch spezialisierte Ökosystem zusammen. Um das zu verhindern, begann man 2004 im Biosphärenreservat Schaalsee mit der Renaturierung des etwa 115 ha großen Neuendorfer Moores, dem bereits seit dem 19. Jahrhundert bis in die 70er-Jahre des 20. Jahrhunderts durch Torfgewinnung großer Schaden zugefügt wurde. Untypische Gehölze wie Fichten und Pappeln bedrohten zusätzlich das ursprünglich weitgehend baumlose Moor, hinzu kamen Entwässerung und die Nährstoffzufuhr aus den umliegenden landwirtschaftlichen Nutzflächen. Mit der Renaturierung von Moorstandorten im Biosphärenreservat Schaalsee soll die Wasserspeicherkapazität der Landschaft wieder erhöht werden.

Der Schaalsee – schön und ein wenig unheimlich

Von keiner Stelle seines buchtenreichen Ufers ist der Schaalsee in seiner ganzen Schönheit zu überblicken. Schon der Dichter Klopstock schwärmte von diesem See, „welcher itzt breit, dann versteckt/ wie ein Strom rauscht an des Waldes Hügeln umher/ Selber von steigenden Hügeln voll". Fische mit seltsamen Namen schwimmen in seiner Tiefe: Aalquappe, Rapfen, Güster und Schlammpeizker. Das Moderlieschen ist ein nur 12 cm großer Karpfenfisch und die Große Maräne ein echter Leckerbissen. Sie wurde der Sage nach vom Teufel in den See gesetzt. Eine Äbtissin, die vom Bodensee her in das Zarrentiner Kloster gekommen war, gelüstetet es nach diesem Fisch ausgerechnet in der Fastenzeit. So rief sie den Teufel und bat ihn, die Speise zu besorgen. Der geschäftstüchtige Meister alles Bösen war natürlich sofort bereit. Dann aber plagte die Nonne das Gewissen und sie beichtete ihre Verfehlung den Klosterschwestern. Der Teufel warf voller Wut die Maräne in den See. Ihre Nachkommen fühlen sich in dem tiefen Gewässer bis heute wohl.

Den Menschen war diese Tiefe stets unheimlich, ein dunkles Geheimnis auf dem schier unerforschlichen Grund wurde vermutet. Ein früher Versuch, den See auszuloten, soll nach dem Auftauchen eines schaurigen Ungeheuers abrupt beendet worden sein. Der Volksmund warnt noch heute vor den Tücken des Sees: „Wenn in den Zarrentiner See een Johr keener verdrinkt, so haalt he sick dat nächste Johr twee." (Wenn im Zarrentiner See ein Jahr lang keiner ertrinkt, so holt er sich das nächste Jahr zwei).

Die von den Eiszeitgletschern auf ihrem Rückzug reichlich zurückgelassenen Steine und Felsen gaben dem See den Namen – „scala" ist das slawische Wort für Stein. Die Schaale im Süden ist der einzige natürliche Abfluss des Sees. 1952 wurde im Nordwesten durch den Schaalsee-Kanal ein künstlicher Zugang zum Ratzeburger See geschaffen.

Das Nonnenkloster von Zarrentin
Margarete von Dänemark war hier einst Äbtissin.

Das Kloster von Zarrentin

In Zarrentin, am Südwestufer des Schaalsees, wurde 1246 ein Zisterzienserinnenkloster gegründet. „Unter dem Krummstab ist gut wohnen", meinten die Klosterbauern zu ihrer Zeit, so jedenfalls berichtet es der Ortschronist Christoph Prösch. Heute leben die Zarrentiner Bürger noch immer mit dem Symbol des Krummstabs in ihrem Stadtwappen. 1938 wurde dem Ort mit den schlichten Fachwerkhäusern das Stadtrecht verliehen. Dass sich darin so viel Dörfliches erhalten hat, mag auch

Über das Kalkflachmoor

Vor oder nach dem Besuch des Pahlhuuses (siehe Seite 192) kann man auf einem Lehrpfad durch das unterhalb gelegene Moor wandern, das sich im Verlandungsbereich des Schaalsees entwickelt hat. Ein 800 m langer Bohlenweg (siehe Foto unten) überbrückt die fremdartig anmutende Landschaft, in der bis zu 5 m dicke Kalkablagerungen unter einer nur etwa 1 m starken Torfschicht liegen. Mit vielen seltenen, teilweise sogar vom Aussterben bedrohten Pflanzengesellschaften ist das Kalkflachmoor eines der bedeutendsten Biotope der Schaalseeregion. Nirgendwo in Mecklenburg gibt es auch einen größeren Bestand an Binsenschneiden, eine Sumpfpflanze aus der Familie der Sauergrasgewächse mit scharf gezähnten Blättern. Auf den Tafeln am Weg erfährt man alles über die Flora und Fauna.

Museum auf Stelzen
Im Pahlhuus kann man der geschützten Landschaft um den Schaalsee nachspüren.

Mit allen Sinnen
Der Summstein sensibilisiert für die Stimmen der Natur.

daran liegen, dass Zarrentin vom Ende des Zweiten Weltkriegs bis zur Wende ein isolierter Grenzort der DDR war.

Als Zarrentin 1194 urkundlich erwähnt wurde, war der Ort schon ein kleines Pfarrdorf mit Kirche, das zur Grafschaft Ratzeburg und dem gleichnamigen Bistum gehörte. Das erste Gotteshaus war ein romanischer Feldsteinbau, dessen Chor und Turmunterbau um 1460 in die spätgotische Klosterkirche integriert wurden. Drei mächtige aufstrebende Kreuzrippengewölbe verleihen dem Innenraum eine gottesfürchtige Festlichkeit. Die Renaissancekanzel gehört zu den schönsten Kunstwerken Mecklenburgs. Von den Klostergebäuden steht noch der Ostflügel der Klausur. In den Jahren 2003–06 wurde er umfangreich saniert; die historische Raumstruktur ist wieder erkennbar. Eine Dauerausstellung im Kreuzgang informiert über die Geschichte des Klosters.

Bienen-, Lehr- und Schaugarten Bantin

Im Bienen-, Lehr- und Schaugarten südlich des Schaalsees geht es um das Zusammenspiel von Pflanzenwelt und Insekten. Etwa 300 Bienenvölker leben hier. Darüber hinaus dient das Bienenzuchtzentrum der Aus- und Weiterbildung von Imkern. Es gibt Informationen über die Aufzucht, Haltung und Pflege von Bienen. Vielseitig sind auch die Produkte: Honig, Blütenpollen, Honigmet und Bärenfang (ein Honiglikör) kann man vor Ort probieren. Nach vorheriger Anmeldung ist eine Führung durch den Lehrgarten und auch durch das Zuchtzentrum möglich.

Das Pahlhuus

Das Pahlhuus in Zarrentin ist das Informationszentrum des Biosphärenreservates Schaalsee. Schon der Weg zu diesem ungewöhnlichen Haus, das auf Stelzen über einem Hügel thront, beginnt mit einem spielerischen Angebot, einem Summstein zur Schärfung des Gehörsinns. Denn nur wer all seine Sinne für die Natur öffnet, kann sie auch begreifen, dachten sich die Hausherren des Pahlhuuses. Die Naturschützer haben in dem Gebäude Wissenswertes über die Natur im Allgemeinen und die Schaalseeregion im Besonderen zusammengetragen und vermitteln ihr Naturwissen auf sinnliche Art – beispielsweise indem sie die Besucher über berstende Eisschollen im Gletscher der letzten Eiszeit laufen lassen: Wer die im Fußboden versteckten Sensoren mit seinem Tritt aktiviert, löst das unheimliche Knirschen und Krachen des eiszeitlichen Gestaltvorganges aus. Was geschieht, wenn der Mensch zu sehr in den Lauf der Natur eingreift, demonstriert eine Wasserinstallation, bei der man beispielsweise selber Flüsse begradigen und eindeichen oder Moore und Wiesen entwässern kann, bis das kleine Modelldorf im Hochwasser versinkt. Das Paalhuus beherbergt eine Ausstellung zum Anschauen, Fühlen und Experimentieren, die für die Geschichte, die Schönheit, aber auch die Probleme der Region sensibilisieren will. Die Texte der Lehrtafeln haben Witz und sind meistens so aufbereitet, dass auch Kinder sie gerne lesen. Darüber hinaus liefern Videos und Computer Informationen.

Stromlinienförmig
Keine Warnung vor Haien im Schaalsee ist hier zu sehen, sondern nur die Demonstration strömungsgünstiger Körperformen.

Erlebnis- und Bildungspark in Nieklitz

Von der Natur lernen – so lautet die Devise dieses ökotechnologischen Bildungs- und Wissenschaftsparks in Nieklitz. Niemand ist gelenktechnisch besser ausgestattet als der Weberknecht, ein hochbeiniges Spinnentier. Die im Modell gekennzeichneten extrem elastischen Beinzonen arbeiten mit Resilin, einem Wunderstoff, der auch dem Menschen nützlich werden könnte. Termiten hingegen gelten als vorbildliche Niedrigenergie-Baumeister, ein Modell macht dies anschaulich. Wie die unterirdischen Wurzelsysteme von 100-jährigen Bäumen aussehen, wird in einem 40 m langen Tunnelsystem deutlich. Das 25 m lange Großmodell „Tausendfüßer" ist Beispiel eines Erfolgsmodells der Natur für „verschüttungssichere" Konstruktionen.

Die vielfältigen Modelle und die aus ihnen folgenden Rückschlüsse sind oft verblüffend. Ein Tiefseeschwamm in etwa 11 000 m Tiefe des Japanischen Meeres beispielsweise hält einen immensen Druck aus. Sein Gerüst ist aus Silizium. Fazit: „Silizium, der Hauptbestandteil aller Glasarten, ist das häufigste Element der Erdoberfläche überhaupt. Man könnte Silizium sicher noch vielseitiger, als es heute der Fall ist, in der Bautechnik einsetzen." Das Modell vom Verhältnis zwischen Blüte und Insekt dient der Erkenntnis: „Die Natur wird mehr durch Kooperation als durch Aggression gesteuert." Auf dem 18 ha großen Gelände des „Zukunftszentrums Mensch-Natur-Technik-Wissenschaft" mit drei Ausstellungshäusern und über 400 Modellen wird die Natur neuartig erklärt und als Vorbild für menschliche Technik vorgestellt. Man sieht Vorbilder der Natur und wie man sie für menschliche Belange nutzen kann. „Bionik", dieses Kunstwort aus Biologie und Technik, bezeichnet jene Wissenschaftsdisziplin, die sich dem Prinzip „Von-der-Natur-Lernen" widmet. Das „Bionikforum Nieklitz" ist ein Bildungs- und Erlebnispark, der fast spielerisch neue Erkenntnisse vermittelt, den Besuchern die Natur als Ideengeberin und Vorbild präsentiert und zeigt, wie wichtig es für die Zukunft der Erde ist, diesem Beispiel mehr und mehr auch zu folgen.

Die Beine des Weberknechts
Erst in der vielfachen Vergrößerung wird klar, welche biotechnische Meisterleistung die Natur beim Weberknecht vollbracht hat.

Entlang der Müritz-Elde-Wasserstraße

Die Müritz-Elde-Wasserstraße ist der beliebteste Binnenwasserweg aus Westdeutschland ins Mecklenburgische.

Ein Gefälle von 49 m, aufgeteilt auf insgesamt 17 Schleusen, erwartet Bootsfahrer auf der 121 km langen Strecke zwischen Plau am See und Dömitz ganz im Westen, am Zusammenfluss von der Müritz-Elde-Wasserstraße und Elbe. Die Müritz-Elde-Wasserstraße ist das „Blaue Band", das die großen Mecklenburgischen Seen mit der Elbe und somit das stille Westmecklenburg mit der Nordsee verbindet.

Leinen los!

Im dichten grünen Ufersaum lauern Graureiher auf Beute, über Wiesen staken Störche. Der ab 1568 erbaute Eldekanal verdankt seine Existenz dem Versuch, eine Schiffsverbindung von Schwerin zur Elbe ausschließlich über mecklenburgisches Territorium führen zu lassen. Damit sollten Zollabgaben an die Mark Brandenburg umgangen werden. Heute ist die Müritz-Elde-Wasserstraße ein vor allem von Sportbooten genutzter Wasserweg. Am 21. Mai 1992 öffnete die aufgrund der Grenzlage zwischen Ost und West lang dem Verfall preisgegebene Schleuse bei Dömitz wieder ihre Tore. Nur etwa vier Tagesreisen sind es von Dömitz bis Plau. Hin und wieder münden alte Eldearme in den Kanal, die aber nur stellenweise mit Paddelbooten und Kanus passierbar sind. Als Rückzugsgebiet seltener Pflanzen und Tiere stehen die Altarme unter Naturschutz.

Historische Wasserwege
Die Müritz-Elde-Wasserstraße verbindet die Mecklenburger Seen mit der Nordsee.

Romantik am Abend
Der fachwerkbunte Kern von Lübz lädt an sommerlichen Abenden zu einem gemütlichen Spaziergang ein.

Bierstadt Lübz

Hübsche Kleinstädte rechts und links des Kanals locken zum Landgang. Drei Schleusen hinter Plau erreicht man Lübz, der Kanal wird hier von hohen Bäumen gesäumt. Das Erste, was der Wasserwanderer von der Stadt erblickt, ist der alte Wasserturm. Vom kleinen Yachthafen inmitten des Ortes aus ist die Kleinstadt schnell erkundet.

Vorbei an der lang gestreckten Backsteinkirche aus dem 16. Jahrhundert führt der Weg über den recht gelungen restaurierten Marktplatz mit gepflegten Fachwerkhäusern zum Amtsturm. Dieser backsteinerne Bergfried von 9 m Durchmesser ist eine letzte Erinnerung an die Eldenburg, die der brandenburgische Markgraf Otto IV. 1308 errichten ließ. Im 16. Jahrhundert zum Schloss umgebaut, diente die Eldenburg nacheinander drei mecklenburgischen Herzoginnen als Witwensitz. Nach dem Tod der letzten Herzogin Sophie zerfiel das Schloss, übrig blieb nur der spätromanische Wehrturm, in dem nunmehr das Stadtmuseum seinen Sitz hat. Eine enge Wendeltreppe führt in die Ausstellungsräume. Hier wurde alles zusammengetragen, was es an Wissenswertem über die Stadt gibt. So erfährt der Besucher, dass Lübz wahrscheinlich 1456 das Stadtrecht erhielt. Besonders bedeutsam für die wirtschaftliche Entwicklung war 1877 die Gründung der Brauerei. Die heutige Mecklenburgische Brauerei Lübz GmbH – die inzwischen zur Carlsberg A/S Dänemark gehört –, ist der größte Arbeitgeber der Stadt.

Abstecher nach Parchim

Parchim ist ein freundliches, von Eldearmen durchflossenes Städtchen. Verschiedene Gewerbe machten sich die Wasserläufe zunutze. Am Fischerdamm drehten sich die Wasserräder der Walkmühle. Vom 12. bis zum 14. Jahrhundert galt Parchim nach den Hansestädten Rostock und Wismar wirtschaftlich als die drittstärkste Region Mecklenburgs. Erhalten geblieben ist der Ziegelbau der alten Getreidemühle an der Südseite des Fischerdamms. Nordöstlich davon entstand im Schutz einer 1170 erstmals erwähnten Burg die Altstadt mit der Pfarrkirche St. Georgen, einer gotischen Hallenkirche, die zu den größten Sakralbauten Mecklenburgs zählt. Das prächtige Rathaus daneben, im Kern aus dem 14. Jahrhundert, 1818 umfassend erneuert, diente zeitweilig als Sitz des obersten mecklenburgischen Gerichts. In westlicher Richtung geht es zur Neustadt, mit der 1278 geweihte Marienkirche als Zentrum.

Alte Handwerkskunst
Dieses jahrhundertealte kunstvolle Zunftschild eines Schmieds kann man in der Mittelstraße/Ecke Hakenstraße in Parchim bewundern.

Im Reich der Fische
Wasserstraßen und Fischteiche prägen die Lewitz.

In der von Wiesen, Wald und Wasser geprägten Landschaft sind zahlreiche Vogelarten zu Hause.

Die Landschaft der Lewitz

Die Lewitz ist eine etwa 12 000 ha große, nahezu unbewohnte Niederung. Das Schmelzwasser gewaltiger Gletscher formte in der letzten Eiszeit weitläufige Sanderflächen. Das heutige Gebiet der Lewitz und das Störtal füllten sich mit Wasser; ein riesiger See entstand. Nach dem plötzlicher Abfluss nach Süden blieb nur ein ganz flaches Gewässer übrig, der Lewitz-See, der im Laufe der Zeit vertorfte. Noch bis in das 19. Jahrhundert gab es hier zahlreiche flache Seen, die inzwischen aber alle verlandet sind.

Moderne Nachfolger der Seen – die Fischteiche

Die weite, flache Landschaft ist von einem symmetrisch verlaufenden Kanalsystem, dem Störkanal und der Müritz-Elde-Wasserstraße, und der Alten Elde durchzogen. Die Kanäle speisen die riesigen Fischteiche, die insgesamt etwa 750 ha dieser Landschaft beanspruchen. Bereits 1897 wurden die ersten Fischteiche in der Lewitz angelegt, insgesamt 20 ha groß. Bis 1939 wurde die Fläche auf 533 ha erweitert; man züchtete Karpfen, aber auch typische Nebenfische wie Schlei und Hecht. Zusätzlich belieferten die Teichwirtschaften die Seen- und Flussfischereien mit Satzfischen (Zuchtfische, die in den Seen und Flüssen ausgesetzt werden), besonders mit Karpfen, Schleien, Zandern, Hechten und Karauschen.

Nach dem Zweiten Weltkrieg war der Zustand der meisten Teiche verheerend. Ab 1952 wurden sie wieder schrittweise instandgesetzt; die intensiv von der Binnenfischerei Schwerin (VEB, Volkseigener Betrieb) bewirtschaftete Teichfläche wuchs auf 860 ha. Heute wird die mit etwa 770 ha noch immer größte Teichwirtschaft Norddeutschlands von der

Geschütztes Kraut
Das Tausendgüldenkraut gehört zu den Enziangewächsen und war 2004 Heilpflanze des Jahres.

Binnenfischerei Mecklenburg GmbH Schwerin genutzt, wobei die etwa 300 t Fisch jährlich deutlich unter den früheren Erträgen liegen. Dem Naturschutz zuliebe wird hier nur noch extensiv gewirtschaftet. Der schmackhafte Lewitz-Fisch ist begehrt. Im Herbst, wenn die Teiche abgelassen werden, nehmen Tausende Besucher an der großen „Karpfenernte" teil. Auch der Kormoran ist, zum Ärger der Fischer, stets ein guter Kunde.

Das Vogelparadies

Noch bis vor etwa 10 000 Jahren war das Lewitzgebiet bewaldet. Vor allem Lärchen und Kiefern besiedelten zunächst die sandigen Flächen. Später dominierte die Buche; auf den Grundwasserböden wuchsen Erlen, Birken und Pappeln. Doch Ende des 17. Jahrhunderts waren etwa zwei Drittel der Lewitz entwaldet. In den offenen Flächen erblühten und blühen bis heute Sandstiefmütterchen, Hasenklee, Honiggräser und Hirtentäschel; auf moorigen Böden breiten sich beispielsweise Weißklee, Wicken, Tausendgüldenkraut, Kuckuckslichtnelken und Wiesenschaumkraut aus; auf feuchtem Gelände wachsen auch Schilf, Pfeifengras und Binsen.

Die Lewitz bietet einer Vielzahl von Tieren Heimat, vor allem für Vögel ist sie ein Paradies. In den 1920er-Jahren beschrieben Vogelkundler die Lewitz als „herrlichstes deutsches Sumpf- und Wasservogelreservat". 1938 wurden über 7000 ha der Lewitz zum Naturschutzgebiet erklärt. Die Entwässerungsmaßnahmen zwischen 1958 bis 1989 zerstörten jedoch großflächig Lebensräume der Vögel. Aus dem ehemaligen Sumpfvogelbrutgebiet wurde zunehmend ein Rast-, Mauser- und Überwinterungsquartier für Gänse, Schwäne, Limikolen und Enten, die in den Teichen und auf den Gründlandflächen reichlich Nahrung finden. 130 km² der Lewitz wurden 1993 zum Europäischen Vogelschutzgebiet erklärt.

Jagdschloss Friedrichsmoor

Das Wort Lewitz leitet sich vom wendischen „lowit" ab und kann sowohl „sammeln" als auch „wildreich" und „jagen" bedeuten. Der ungeheure Wildreichtum der Lewitz lockte auch Herzog Friedrich Franz I. von Mecklenburg-Schwerin an. Von 1791–94 ließ er in Friedrichsmoor bei Neustadt-Glewe nach Plänen des Baumeisters Heinrich von Seydewitz ein dreiflügeliges Jagdschloss in barocker Fachwerkbauweise errichten. Es steht auf einem Sockelfundament aus Feldsteinen, das zur Wärmedämmung mit Fichtenzweigen ausgelegt wurde. Das denkmalgeschützte Gebäude, heute Hotel und Restaurant, birgt im Gartensaal eine kostbare Bildtapete mit Szenen einer Parforcejagd (eine Hetzjagd zu Pferde mit Hundemeute), die 1815 nach Entwürfen von Charles Vernet in Paris gedruckt wurde.

Wie aus dem Bilderbuch
Beim Anblick des stilvollen Jagdschlosses Friedrichsmoor meint man, schon den Schall der Jagdhörner und das Bellen der Hunde zu hören.

Neustadt-Glewe – Ankern am Fuße der Ritterburg

Die Burg gilt als älteste und am besten erhaltene mittelalterliche Wehranlage von Mecklenburg.

In der Nähe des slawischen Dorfes Glewe und im Schutz einer Burg der Grafen von Schwerin entstand 1248 Neustadt-Glewe. Bereits im 15. Jahrhundert etablierte sich die Stadt durch Verhüttung von Raseneisenstein – eines eisenhaltigen Gesteins, das nahe unter der Rasendecke mit Spaten und Hacke gewonnen werden kann – zur frühesten Industriestadt Mecklenburgs. 1728 verwüstete ein Brand den größten Teil der Stadt. Die Burg blieb erhalten.

Wer mit dem Boot nach Neustadt-Glewe kommt, kann direkt am Fuße der sich trutzig über das Städtchen erhebenden, rechteckig angelegten Wehrburg vor Anker gehen. Von einer mächtigen Ringmauer umfasst, diente sie einst der militärischen Absicherung der Süd- und Südostgrenze der Grafschaft. Diese war auch notwendig, denn die Eigentumsverhältnisse zwischen der Grafschaft Schwerin und der benachbarten Grafschaft Dannenberg sowie den Bistümern Havelberg und Ratzeburg waren verworren. Weltliche und kirchliche Interessen kollidierten häufig. Errichtet wurde die Burg auf einer Eldeinsel, auf der sich eine natürliche Düne befand. Vermutlich auch durch Aufschüttungen aus Brandschutt wuchs der Burghof nach und nach in die Höhe. Die ersten Pflasterungen befinden sich etwa einen halben Meter unter der jetzigen Oberfläche. Vom Eldearm, der als Burggraben die Burg einst umfloss, blieb allerdings nur ein Karpfenteich übrig.

Das Alte Haus – Unterkunft für Dienstleute

Zur Elde hin liegen der viergeschossige Turm, dessen tiefster Raum das frühere Verlies ist, und das Haupttor. Durch das Eingangstor geht es auf den Burghof zum „Alten Haus", dem ehemaligen Wirtschaftsgebäude. Hier wohnten die Burgvögte und die Bediensteten, die für das leibliche Wohl der Burgbewohner zu sorgen hatten. Es gab auch eine Brau- und Backstube, eine Küche sowie Vorratsräume und einen Malzboden im Obergeschoss. Die ursprünglichen Teile dieses Hauses finden sich nur noch am stadtseitigen Giebel, der in die restaurierte Wehrmauer übergeht. Auch die Gewölbe des heutigen Weinkellers, der vermutlich einst ein allgemeiner Vorratskeller war, gehören zum alten Baubestand. Der Wehrgang, früher die Verbindung zwischen dem Burgturm und dem Alten Haus, wurde nach dem letzten Brand nicht wieder errichtet. Seit der Übernahme der Burg durch die Stadt wurde das Alte Haus als Technikum, Wohngebäude, Schule, Lager und sogar Jugendherberge genutzt.

Synthese aus Alt und Neu
Die einstige Wehrburg ist das älteste noch existierende Gebäude von Neustadt-Glewe. Der moderne verglaste Treppenaufgang führt zum Museum im Neuen Haus.

Das Museum im Neuen Haus

Die Bezeichnung „Neues Haus" für das gegenüberliegende Gebäude tauchte erstmalig 1576 auf. Es diente bis 1748 als herzogliche Wohnung, danach als Marstall, Lagerraum, Schuppen und Stallung; bis 1954 war es das Hengstdepot des Gestüts Redefin. Nach umfangreicher Rekonstruktion ist heute dort ein Café untergebracht und ein Raum, der für unterschiedlichste Zwecke angemietet werden kann. Das Obergeschoss ist einem Burgmuseum vorbehalten, das nicht nur die Geschichte der Burg präsentiert, sondern auch wechselnde Kunst- und Themenausstellungen. Mit dem modernen Glasbau des Treppenaufgangs zum Museum im Neuen Haus wurde eine reizvolle Verbindung zwischen historischer und heutiger Architektur geschaffen.

Über die frühere Ausstattung des Neuen Hauses liegen Beschreibungen aus den Jahren 1592 und 1714 vor. Dem ersten Bericht zufolge bestanden die Fußböden aus Brettern, Mauersteinen oder gestampftem Lehm und an den Wänden gab es Sitzgelegenheiten. Offene Kamine dienten als Feuerstellen. Sogar eine mittelalterliche Warmluftheizung soll es gegeben haben. Die Wohnräume von Herzog und Herzogin sollen für damalige Verhältnisse recht luxuriös mit Atlas- und vergoldeten Ledertapeten ausgestattet gewesen sein. Bei einer genaueren Untersuchung des Mauerwerks wurden Reste einer mittelalterlichen Bemalung und ehemalige Fenster- und Türöffnungen entdeckt. Vieles andere, was einst zur Burg gehörte, ist dagegen leider verloren. Von Torhaus, Zugbrücke und Burgkapelle ist nichts mehr erhalten, vom Marstall und der Burgschmiede erhält man nur noch auf ganz alten Bildern eine Vorstellung.

Das Schloss auf Pfählen

Als die Burg fürstlichen Ansprüchen nicht mehr genügte, wurde im 17. Jahrhundert an der Elde nach Plänen des Baumeisters Ghert Evert Piloot mit dem Bau eines Schlosses im Stil der niederländischen Spätrenaissance begonnen. Seinen Untergrund bilden Hunderte von Eichenpfählen. Erst 1717, nach 100 Jahren Bauzeit, konnte es der Architekt Leonhard Christoph Sturm in den Formen eines schlichten Frühklassizismus fertigstellen. Von 1725–35 hatte Christian Ludwig II., Herzog von Mecklenburg-Schwerin, darin sein Domizil. Nach dem Zweiten Weltkrieg bot das Schloss Notunterkunft für Flüchtlinge, und später wurde eine Schule darin untergebracht. Nach aufwendigen Sanierungsarbeiten beherbergt das Schloss heute ein Vier-Sterne-Hotel und ein Restaurant.

Fürstlich logieren
Das Golden Tulip Hotel Schloss Neustadt-Glewe bietet Reisenden höchsten Komfort.

Landschaftsschutzgebiet Neustädter See

Nur etwa 1 km vom Stadtzentrum entfernt, lässt es sich angenehm durch schattige Laubbaumalleen rund um den Neustädter See wandern. Im schmalen Röhrichtgürtel singen Teich- und Drosselrohrsänger. Rohrweihe und Graugans bauen sich an dicht bewachsenen Uferzonen ihr Nest. Geologisch gesehen ist der Neustädter See ein typischer „Einsturzsee", dessen Beckenform auf nacheiszeitliche Bodensenkungen durch Auslaugungen im Untergrund zurückzuführen ist. An dem etwa 140 ha großen und bis zu 30 m tiefen trichterförmigen Gewässer mit seinem sanft abfallenden sandigen Ufer tummelten sich noch vor zwanzig Jahren täglich an die 10 000 Sommerfrischler. Das bekam dem See schlecht. Erst nach einer Sanierung, bei der etwa 25 000 m^3 Sedimentmaterial aus Tiefen unterhalb von 25 m entfernt wurden, wies er 2001 wieder ein ausgewogenes Verhältnis von Sauerstoff und organischen Nährstoffen (mesotroph) auf.

Schloss Ludwigslust – das Mecklenburgische Versailles

Der Dichter Johannes Gillhoff nannte die Griese Gegend das „Land der tönenden Stille“.

Friedrich der Fromme war ein ernster Mann. Dass er 1756 seine Hofhaltung von Schwerin in die Abgeschiedenheit der aus Sumpf, Sand und Wald bestehenden Griesen (Grauen) Gegend verlegte, entsprach seiner Sehnsucht, fern vom Lärm der Welt seinen Neigungen nachzugehen. Nach einer Bildungsreise durch Frankreich träumte er von einem „mecklenburgischen Versailles“. Johann Joachim Busch entwarf die barocke Idealresidenz, die Johann Georg Barca 1808 bis 1826 durch klassizistische Bauten erweiterte. Häuschen aus leuchtend rotem Backstein flankieren die ungewöhnlich breite, von Linden gesäumte Allee, die schnurgerade zum Schlossplatz führt.

Residenzschloss
Schloss Ludwigslust ist der Mittelpunkt einer noch heute vollständig erhaltenen barocken Stadtanlage.

Gigantomanie und Pappmaché

Herzog Friedrich hatte in früheren Jahren bei seiner Tante Augusta in Dargun eine eifrige Frömmigkeit entwickelt. Noch bevor das Schloss fertiggestellt worden war, befahl er die Errichtung der Kirche – und zwar in direkter Sichtbeziehung zum Schloss, was die für Gotteshäuser unübliche Nord-Süd-Ausrichtung erklärt.

Die monumentale Vorhalle mit den 7 m hohen griechischen Anfangsbuchstaben Chi und Rho des Christusnamens überragt das Kirchenschiff um Längen. Und wenn man dann den Innenraum betritt, wartet der nächste Superlativ: Ein 340 m² großes Altargemälde, das aus etwa 1000 Papptafeln zusammengesetzt und von dem Hofmaler Johann Dietrich Findorff entworfen worden war, zeigt die Verkündigung der Geburt Christi. Dahinter, sichtbar nur dort, wo die himmlischen Heerscharen herniederschweben, erstreckt sich über zwei Etagen die 1876 erbaute Orgel.

Alles in allem handelt es sich um eine effektvolle Inszenierung, die auf sparsamste Weise hergestellt wurde. Die Verzierungen am

Malerische Wasserläufe und Brunnen
Eine steinerne Brücke führt über den Ludwigsluster Kanal, der die Wasserspiele im Park speist. Die Flussgötter der Stör und der Rögnitz bewachen die größte Kaskade Norddeutschlands (unten).

Fürstenstuhl, die Rosetten der Kassettendecke und sogar die sechs vergoldeten Leuchter auf dem Altar stammen aus der früheren Ludwigsluster Pappmachéfabrik.

Schlosseinrichtung aus Pappe

Mecklenburg mochte in manchen Dingen rückschrittlich gewesen sein – in der Produktion von Pappmaché stand es ganz vorn. Aufgrund ständiger Geldverlegenheit des Herrscherhauses hätte dieses vielseitige und billige Material hier geradezu erfunden werden müssen, doch haben schon die alten Ägypter Papyrus zu Mumienmasken verklebt. Man sollte im Ludwigsluster Schloss seinen Augen nicht trauen: Ornamente an Decken, Türen und Möbeln, Reliefbilder, Konsolen, Skulpturen – alles gepresst und geklebt aus den Akten der Steuerstuben. Selbst die Venus von Medici besteht nur aus getrocknetem Papierbrei. Und dabei sieht alles so täuschend echt aus – wie Marmor, Stuck, Elfenbein, Porzellan und Metall. Der Goldene Prunksaal präsentiert sich gleich über zwei Etagen voll glänzendem Schein. Gerührt, geklebt und getrocknet wurde das Material in der Kartonfabrik in der Schlossstraße, im heutigen Rathaus. Die Formen aus Ton, Holz oder Gips schufen die Bildhauer Sievert und Kaplunger.

Park mit Wasserspielen

Rudolf Kaplungers figürlicher Schmuck am Schlossplatz aber ist aus echtem Sandstein. Die Figuren des Hofbildhauers zieren ein großes Bassin mit rauschenden Wasserkaskaden. Was uns heute selbstverständlich ist, war damals eine Kulturtat, denn in der Griesen Gegend gab es alles – Wald, Wild und Mücken –, nur kein fließendes Wasser. So ließ Friedrich die benachbarten Wasserläufe Recknitz und Stör durch einen Graben verbinden. Bis heute speist der 28 km lange Graben die launischen Einfälle des Fürsten im Schlosspark: einen einsamen Wassersprung, „Mönch" genannt, und die 24 „Nonnen", Wasserfälle und Springbrunnen. Mitte des 19. Jahrhunderts wurde die Anlage von Peter Joseph Lenné zum Landschaftspark umgestaltet – mit 125 ha der größte Mecklenburgs. Seitdem sammelt sich das Wasser auch zu Teichen und Seen.

Liebe zum Detail
Der Schlosspark zählt dank seiner Wasserspiele und barocken Gartenarchitektur zu den schönsten Parks Norddeutschlands.

Mecklenburgische Seen

Alles auf einen Blick:

- Reiseinformationen von A–Z
- Veranstaltungshöhepunkte
- Zeittafel zur Geschichte Mecklenburgs

Hat Sie das Reisefieber gepackt? Hier finden Sie in Kürze alles, was Sie für eine Reise an die Mecklenburgischen Seen wissen müssen:
Zu welcher Jahreszeit was angeboten wird und an wen Sie sich für weitere Informationen wenden können.

Für Bootsfreunde, Wanderer und Kulturinteressierte
Das mecklenburgische Seenland bietet seinen Gästen zahlreiche Möglichkeiten, den Urlaub zu genießen: ob auf, im oder am Wasser der schönen, sauberen Seen, ob beim Besuch eines der vielen Schlösser, z. B. Schloss Güstrow, oder bei den Kulturveranstaltungen wie den Schlossgartenspielen in Neustrelitz.

Mecklenburgische Seen von A–Z

Angeln

Der außergewöhnliche Fischreichtum der Seen, Flüsse und Bäche machen Mecklenburg zu einem wahren Anglerparadies. Mit dem Touristen-Fischereischein zum günstigen Preis können sich Urlauber ihr Abendessen an Land ziehen. Der Schein gilt für einen zusammenhängenden Zeitraum von vier Wochen. Dazu gibt es eine Informationsbroschüre rund um das Angeln. Mit diesem Fischereischein und mit der Angelkarte, die vom Pächter oder Gewässereigentümer ausgestellt wird, kann jeder ohne Probleme in den Binnengewässern angeln.

Angeln im Abendschein
Nach Sonnenuntergang beißen manche Fische am besten.

Ausflüge

Ob eine Floßtour auf dem Plauer See, eine Wanderung durch den Naturpark Nossentiner-Schwinzer Heide, eine Radwanderung zu den Schlössern der Mecklenburgischen Schweiz oder ein Abstecher zu den Fischadlern im Müritz-Nationalpark – das Angebot an geführten Wanderungen zu Land und auf dem Wasser ist groß. Über Aktionen und Termine in den Naturparks und im Nationalpark informiert alljährlich die Broschüre „Nationale Naturlandschaften", die vom Landesamt für Umwelt, Naturschutz und Geologie herausgegeben wird. Wer verschiedene Angebote kombinieren möchte, ist beispielsweise mit dem Bärenwaldticket gut bedient. Es beinhaltet eine Schiffstour von Waren nach Bad Stuer, eine Wanderung durch das Tal der Eisvögel und den Eintritt in den Bärenwald. Auch der Müritz-Nationalpark kann kombiniert zu Fuß, per Rad, mit Bus und Schiff erkundet werden. Mit dem Müritz-Nationalpark-Ticket kann jeder individuell einen Teil der Strecke um die Müritz oder im Nationalpark erwandern oder durchradeln und bei Bedarf per Bus mit speziellen Radanhängern oder mit dem Schiff weiter- bzw. zurückfahren. Für Ausflüge mit den Fahrgastschiffen eignen sich vor allem die Oberen Seen der Mecklenburgischen Seenplatte und der Schweriner See.

Auskunft

Der Tourismusverband Mecklenburg-Vorpommern e.V. in Rostock (Platz der Freundschaft 1, 18059 Rostock, www.tmv.de) ist die zentrale touristische Auskunftsstelle des Bundeslandes, die auch allgemeineres Informationsmaterial verschickt. Doch das Informationsnetz ist weit gespannt und jede Region hat ihr eigenes Tourismusbüro.

Mecklenburgische Seenplatte
Tourismusverband Mecklenburgische Seenplatte e. V.
Turmplatz 2
17207 Röbel/Müritz
www.tausend-seen.de

Müritz-Nationalpark
Schlossplatz 3
17237 Hohenzieritz
www.npa-mueritz.mvnet.de

Naturpark Feldberger Seenlandschaft
Strelitzer Str. 42
17258 Feldberg
www.naturpark.feldberger-seenlandschaft.de

Naturpark Nossentiner-Schwinzer Heide
Ziegenhorn 1
19395 Karow
www.naturpark-nossentiner-schwinzer-heide.de

Unterwegs mit 2 PS
Ein Ausflug mit dem Pferdewagen ist nur eine von vielen Möglichkeiten und ein besonderer Spaß.

Naturpark Sternberger Seenland
Am Markt 1
19417 Warin
www.np-sternberger-seenland.de

Mecklenburgische Schweiz
Tourismusverband Mecklenburgische Schweiz e. V.
Am Bahnhof 4
17139 Malchin
www.mecklenburgische-schweiz.com

Naturpark Mecklenburgische Schweiz und Kummerower See
Dorfstraße 124
17139 Basedow
www.naturpark-mecklenburgische-schweiz.de

Westmecklenburg
Tourismusverband Mecklenburg - Schwerin e. V.
Alexandrinenplatz 7
19288 Ludwigslust
www.mecklenburg-schwerin.de

Biosphärenreservat Schaalsee
Pahlhuus
Wittenburger Chaussee 13
19246 Zarrentin am Schaalsee
www.schaalsee.de

Baden

Die Wasserqualität hat sich in den letzten Jahren sehr stark verbessert. Dadurch ist ungetrübter Badespaß an vielen der zahlreichen Seen garantiert, sowohl an größeren betreuten Badestränden als auch an kleinen stillen Badebuchten mitten in der Natur. Die Gewässer werden alle zwei Wochen durch die Gesundheitsämter des Landes auf Belastungen hin geprüft; danach erstellt das Sozialministerium Mecklenburg-Vorpommern jährlich eine Badewasser-Qualitäts-Karte. Wer wissen möchte, welcher See „zum Baden sehr gut geeignet ist", kann diese Karte auch selbst online einsehen: **www.sozial-mv.de.**

Radwanderung im Müritz-Nationalpark
Gut ausgeschildert ist die Radtour bei Speck, die über schöne Waldwege führt.

Camping

Vom kleinen gemütlichen Familienplatz bis zum luxuriös ausgestatteten Campingpark findet man reichlich Auswahl in Mecklenburg. Die meisten Plätze liegen an einem Gewässer. Camping ist ein wichtiger Pfeiler des Tourismus , denn fast jeder siebte Mecklenburg-Vorpommern-Gast verbringt seinen Urlaub auf dem Campingplatz – Dauercamper und Reisemobile noch nicht einmal mitgezählt. Laut Statistischem Bundesamt ist Mecklenburg-Vorpommern beim Camping sogar die Nummer eins im Norden Deutschlands. Ein Wohnmobilstellplatz auf dem Vier-Sterne-Campingplatz am Krakower See kostet etwa 25 Euro. Einen guten Überblick über sämtliche Campingplätze der Seenplatte liefert die Website **www.m-vp.de/camping-caravan/**

Fahrrad

Das Urlaubsland liegt laut Analyse des Allgemeinen Deutschen Fahrrad-Clubs (ADFC) von 2008 nach Bayern auf Platz zwei der beliebtesten deutschen Radreiseregionen. Das Land ist verhältnismäßig flach und das dichte Radwegenetz gut ausgebaut. So kommen zu den 2300 km Fernwegen inzwischen 5500 km Radrundtouren mit Längen jeweils zwischen 100 und 400 km. Wer kein eigenes Rad besitzt oder mitnehmen möchte, kann den Service der vielen Verleihstationen im Land nutzen. Auch viele Hotels verleihen Fahrräder. Wer sich auf dem Rad unsicher fühlt, kann die erste Ferien-Fahrradschule für Erwachsene besuchen. Das Land Fleesensee bietet in Zusammenarbeit mit dem Tourismusverband und dem ADFC Kurse an. Radtouren mit Gepäcktransport und Übernachtungsarrangement kann man bei der „Mecklenburger Radtour" in Stralsund buchen **(www.mecklenburger-radtour.de)**. Die Broschüre „Mit dem Rad durch den Norden" stellt 7 Fernwege, 21 Rundwege und 40 Tagesausflüge vor und kann beim Tourismusverband Mecklenburg-Vorpommern bestellt werden. Zu den schönsten Fahrradtouren gehört der Seen-Radweg (siehe Seite 41); auch der Berlin-Kopenhagen-Radweg durchquert das Land.

Museen (Auswahl)

HEIMATMUSEEN

Stadtgeschichtliches Museum in Waren (Müritz), Neuer Markt 1, 17192 Waren
Stadtgeschichte, Handwerksgeschichte, Zinn-, Spiegel- u. Gemäldesammlungen. Sa, So u. feiertags vormittags geschlossen.

Regionalmuseum Neubrandenburg
Treptower Straße 38, 17033 Neubrandenburg. Ur- und Frühgeschichte sowie Stadtgeschichte. Mo geschlossen.

Heimatmuseum Sternberg
Mühlenstraße 6, 19406 Sternberg
Ur- und Frühgeschichte, bürgerliche Wohnkultur, Landtag und Reformation, Geschichte der Schützenzunft, Handwerk und ländliche Volkskultur im 19./20. Jh.
Mo u. Sa geschlossen, Okt.-März nur Do geöffnet.

Burg Neustadt-Glewe
19304 Neustadt-Glewe
Burggeschichte sowie Kunst- und Wechselausstellungen zu verschiedenen Themen. Gemälde aus Gotik und Renaissance, Hofstube mit Wandmalerei und mittelalterlicher Warmluftheizung. Mo geschlossen.

Museum der Stadt Güstrow
Franz-Pfarr-Platz 10, 18273 Güstrow
Dokumentation der Stadt Güstrow als Zentrum geistiger, politischer und künstlerischer Auseinandersetzungen. Theaterzettelsammlung. Mo geschlossen.

NATURMUSEEN

Müritzeum
Zur Steinmole 1, 17192 Waren (Müritz)
Deutschlands größtes Aquarium einheimische Süßwasserfische.

Lütt Holthus Lüttenhagen
Forsthof 2, 17258 Feldberger Seenlandschaft
Interessantes rund um den Wald. Mai–Sept. nur Mo geschlossen, Okt.–April ab 13 Uhr geöffnet, So/Mo geschlossen.

Pahlhuus Zarrentin
Wittenburger Chaussee 13, 19246 Zarrentin
Geschichte der Eiszeit, Eiszeittunnel, Vivarium, Tiertelefon. März-Okt. geöffnet, Mo geschlossen.

PERSONENMUSEEN

Heinrich-Schliemann-Museum
Ankershagen, Lindenallee 1, 17219 Ankershagen. April–Okt. Mo, Nov.–März So und Mo geschlossen.

Hans-Fallada-Museum, Carwitz
Zum Bohnenwerder 2, 17258 Feldberger Seenlandschaft
Seit 2002 offiziell „Kultureller Gedächtnisort von nationaler Bedeutung". Mo geschlossen.

Wilhelm-Wandschneider-Museum
Kirchplatz 3, 19395 Plau am See
Kleinplastiken, Büsten und Reliefs, zahlreiche Fotos. Im Sommer Mo, im Winter Sa/So geschlossen.

Ernst Barlach Stiftung, Güstrow
Heidberg 15, 18273 Güstrow
Atelierhaus und Gertrudenkapelle: Plastiken und Holzskulpturen. Außer Juli–August Mo geschlossen.

Fritz-Reuter-Literaturmuseum, Stavenhagen,
Markt 1, 17153 Stavenhagen
Sammlung von Handschriften, Dokumenten und Gegenständen seiner Zeit; Fachbibliothek zur niederdeutschen Literatur und Philologie. Do bis 20 Uhr geöffnet.

Thünen-Museum-Tellow, 17168 Tellow
Dokumentation zum Wirken von Johann Heinrich von Thünen. Regionale Landwirtschaftsgeschichte, Funde der Ur- und Frühgeschichte.

SCHLÖSSER UND KUNSTMUSEEN

Schloss Schwerin
Kunst des 18. und 19. Jh., Gemälde, Plastiken, Skulpturen, Möbel, Waffen, Medaillen und Schmuck; Porzellane aus Meißen, Berlin und anderen europäischen Manufakturen. Mo geschlossen.

Staatliches Museum Schwerin, Kunstsammlungen, Alter Garten 3, 19055 Schwerin
Galerie Alte und Neue Meister, Sammlungen des 20. Jh., Marcel Duchamp, Schweriner Sammlung, Bronze-Plastiken von Ernst Barlach. Mo geschlossen.

Fritz-Reuter-Literaturmuseum
Das Haus am Marktplatz in Stavenhagen widmet sich ganz dem mecklenburgischen Schriftsteller.

Auf dem Mühlenberg in Woldegk
Die mecklenburgische Bildhauerin Ines Diederich schuf diese Skulpturen aus Eichenholz.

Schloss Ludwigslust
Schlossfreiheit, 19288 Ludwigslust
Gemälde, Möbel, Miniaturen und vergoldete Dekorationen aus Ludwigsluster Karton, höfische Kunst und Wohnkultur des 18. Jh. Mo geschlossen.

Schloss Güstrow
Franz-Parr-Platz 1, 18273 Güstrow
Kunst aus Antike, Mittelalter und Renaissance, Glas von der Antike bis zur Moderne, Jagd- und Prunkwaffen, Kunst nach 1945, Installationen zeitgenössischer Kunst. Mo geschlossen.

TECHNIK UND HANDWERK

Luftfahrttechnisches Museum Rechlin
Müllerweg 2, 19399 Goldberg
Luftfahrtgeschichte von den 1930er-Jahren bis zur Wende. Schiffswerft. Von Feb.–April Sa und So, von Nov.–Jan. ganz geschlossen.

Orgelmuseum Malchow
Kloster 26, 17213 Malchow
Hauptsächlich mecklenburgische Orgeln aus dem 19. Jh. Von Dez.–März geschlossen.

Museumsmühle Woldegk
Mühlendamm 12, 17348 Woldegk
Mahltechniken von der Jungsteinzeit bis zum Beginn des 20. Jh., diverse Mühlenmodelle. Mo geschlossen.

Lehmmuseum Gnevsdorf
Steinstraße 64a, 19395 Gnevsdorf
Das einzige Lehmmuseum Deutschlands zeigt Modelle zur Nutzung von Lehm durch Tier und Mensch. Geöffnet Mai–September, Mo geschlossen.

VOLKSKUNDE/KULTURGESCHICHTE

Mecklenburgisches Volkskundemuseum Schwerin-Mueß, Alte Crivitzer Landstraße 13, 19063 Schwerin (Mueß).
Historisches Dorfensemble mit 17 museal eingerichteten Gebäuden. Sammlungsschwerpunkte: Waldglas, Haubenschachteln, Arbeits-, Handwerks- und Alltagsgeräte, Trachten und Trachtenschmuck, regionale Obst- und Gemüsesorten. Mo geschlossen.

Auf dem Rücken der Pferde
Mit über 650 Pferden zählt das Gestüt Ganschow zu den größten des Landes.

Agrarhistorisches Museum Alt Schwerin
Dorfstraße 21, 17214 Alt Schwerin
Das Museumsdorf mit Holländer-Windmühle und anderer historischer Landwirtschaftstechnik gibt einen authentische Einblick in dörfliche Lebensweise von 1870–1960. Nov.–April geschlossen.

Archäologisches Freilichtmuseum Groß Raden, Kastanienallee, 19406 Groß Raden
Außenstandort der Bundesgartenschau 2009. Originalfunde und Rekonstruktionen zur Kultur der Nordwestslawen zwischen dem 7.–12. Jh. n. Chr. Von Nov.–März Mo geschlossen.

Nahverkehr

Öffentliches Hauptverkehrsmittel auf dem Land ist der Bus. Der klimatisierte orangefarbene „Dat-Bus“ verbindet Neubrandenburg, Waren (Müritz), Röbel und Rechlin. 14-mal unter der Woche und 5- bis 6-mal am Wochenende in jede Richtung verkehren die mit Fahrradanhänger ausgestatteten Busse und halten direkt in den Stadtzentren.

Reiten

Mecklenburg-Vorpommern ist mit etwa 300 Reiterhöfen ein Pferdeland. Das Gestüt Ganschow in der Mecklenburgischen Schweiz hat einen guten Namen für die Aufzucht von edlen Trakehnern und Mecklenburger Warmblütern. Die Hengstparaden des 1812 durch Herzog Friedrich Franz I. gegründeten Landesgestüts Redefin ziehen Jahr für Jahr Tausende Besucher in den Bann. Beim sogenannten Müritz-Nationalpark-Trekking können Urlauber mit dem Planwagen abseits der Bundesstraßen über Kopfsteinpflaster und einsame Feldwege fahren und selbst die Zügel in den Händen halten. Pferdefreunde erfahren mehr auf den Webseiten **www.reiten-in-mv.de** und **www.nationalparktrekking.de**

Unterkünfte

Vieles hat sich in Mecklenburg-Vorpommern verändert. Die meisten Hotels und Pensionen haben sich der neuen Zeit angepasst: Aus restaurierten Herrenhäusern wurden romantische Feriendomizile, Ferienhäuser in freundlich skandinavischem Stil entstanden an den Ufern der Seen. Das Angebot reicht vom Heu-Hotel bis zur Grafensuite. Besonders günstig sind von privaten Vermietern angebotene separate Ferienwohnungen; sie sind teilweise schon ab etwa 30 Euro zu haben. Ferienhäuser – vom hübschen Reetdachhaus bis zum ausgebauten Bungalow – stehen nicht selten direkt am Wasser und sind manchmal schon ab 40 Euro buchbar. Doch muss man sich frühzeitig bemühen, denn die schönsten Angebote sind im Sommer restlos ausgebucht. Auch Bauernhöfe mit und ohne Pferdebox stehen zur Auswahl. Wer sich nicht festlegen will, kann sich mit dem Fahrrad von Unterkunft zu Unterkunft durch das Land bewegen und sein Gepäck transportieren lassen. Während der Sommersaison sehr hochpreisige Unterkünfte sind in der kühleren Jahreszeit oftmals weit unter dem üblichen Preis zu haben. Wanderer, „Kranichtouristen" und Jagdgäste wissen, dass Urlaub im Mecklenburg auch reizvoll ist, wenn die Herbststürme das bunte Laub von den Bäumen wehen und im Hotel ein gemütliches Kaminfeuer lockt.

Zum Frühstück ein frisches Ei
Am zünftigsten verbringt man seinen Landurlaub direkt beim Bauern.

Wohnen im Schloss

Wohnen auf Vier- und Fünf-Sterne-Niveau ist, vor allem dank der vielen Schlosshotels, gar nicht so ungewöhnlich mitten in Mecklenburg. Umgeben von herrschaftlichen Parkanlagen, inmitten weiter Felder und Wälder, lässt es sich gut träumen. Wohnen in weitläufigen Räumen mit Kristalllüster und Seidentapeten, mit Stuckdecken und Intarsienfußböden hat natürlich seinen Preis. Doch nicht jedes Schloss verlangt durchweg fürstliche Preise: Während etwa für eine Übernachtung im Doppelzimmer in der Burg Schlitz mit mindestens 255 Euro gerechnet werden muss (die Grafensuite kostet 500 Euro), kann man im Schloss Ulrichshusen schon für 80 Euro inklusive Frühstück gräflich logieren.

Urlaub auf dem Wasser

Wer ganz ursprünglich in der Natur Urlaub machen will, kann sich auf einem Floß mit Zeltaufbau beinah wie Robinson Crusoe fühlen. Die Luxusvariante eines Urlaubs auf dem Wasser ist das klimatisierte, führerscheinfreie Hausboot. Mit maximal 5 km/h kann man so wochenlang von See zu See bis hin nach Hamburg oder Berlin schippern. Tausende Liegeplätze stehen den Wassersportlern an den Seen und Flussläufen im Binnenland zur Verfügung. Boote für zehn oder auch für zwei Personen stehen von verschiedenen Anbietern zur Auswahl. Eine Wochentour in der Hauptsaison kostet beispielsweise bei Kuhnle-Tours, je nach Größe des Hausbootes, zwischen 700 und 3400 Euro. Das Sonnendeck eines Hausbootes ist natürlich eine ideale Basis für Petrijünger. Aber auch viele Vermieter an Land bieten Arrangements für einen perfekten Angelurlaub an.

Wellness

Die Wellness-Welle hat längst auch Mecklenburg erreicht. Inzwischen wurden einige Hotels mit dem Siegel des Deutschen Wellness-Verbandes zertifiziert. So das Seehotel am Neukloster See mit offenem Kamin am Schwimmbadrand. Das Hotel Bornmühle am Tollensesee bietet unter anderem ein Salzwasserhallenbad und ein Höhentrainingszentrum. Im Ringhotel Margarethe in Waren kann man in Natur-Heilsole baden. Auch das Golf- und Wellnesshotel Teschow, das Schlosshotel Schorssow und das Seehotel Zielow am Westufer der Müritz gehören in den ständig wachsenden Kreis der Wellnesshotels des Landes.

Urlaub mit Kind und Kegel

Mecklenburg-Vorpommern ist ein ideales Reiseland für Familien. Mehr als 33 % aller Urlauber reisen mit Kindern in diese Region. Der Katalog „Urlaub mit Kind und Kegel" verrät, wo Familien besonders willkommen sind. Das Logo mit dem blauen Fisch und goldener Krone kennzeichnet besonders familienfreundliche Orte – von Ferien auf dem Bauernhof bis zur Kinderbetreuung in der Ferienanlage.

Barrierefrei

Auch für Menschen mit Handicap gibt es zunehmend Angebote. Etliche Unternehmen in Mecklenburg-Vorpommern sind mit dem neuem Qualitätssiegel „Barrierefreier Tourismus" des Landestourismusverbandes ausgezeichnet worden. 2009 erschien erstmals ein Katalog für barrierefreies Reisen in Mecklenburg-Vorpommern. Wildgans, Seeschwalbe, Möwe, Kranich, Kormoran – das sind die Namen der komfortablen, auch für Rollstuhlfahrer geeigneten Energiespar-Ferienhäuser mit Sauna und Whirlpool im Ferienpark Mirow; eine Woche kostet hier je nach Größe des Hauses zwischen 700 und 1400 Euro. Der Stadt- und Reiseführer für Neubrandenburg bietet einen Leitfaden für barrierefreien Urlaub im Tollensetal, mit Sehenswürdigkeiten, Restaurants, Unterkünften u.v.m. auf über 50 Seiten. Jede Rubrik enthält Hinweise auf barrierefreie Einrichtungen wie etwa den Badelift im Augustabad. Die Broschüre kann unter anderem beim Behindertenverband Neubrandenburg unter Tel. 0395 / 3684930 bezogen werden. Auch der Verein Ohne Barrieren e.V. mit Sitz in Rostock kümmert sich um Urlaubsmöglichkeiten für Mobilitätseingeschränkte in Mecklenburg-Vorpommern und hat eine eigene Website: **www.barrierefrei.m-vp.de**

Unterwegs auf der Müritz
Viele Wege führen in dem seenreichen Land über das Wasser, ob allein oder mit der Gruppe.

In Nachbarschaft mit Kranich und Seeadler
Die Pension „Die bunte Kuh" in Federow am Müritz-Nationalpark hält gemütliche Gästezimmer bereit.

Tagen im Grünen
Ein Jahr nach dem G8-Gipfel hat sich Mecklenburg-Vorpommern zum Aufsteiger unter den Tagungsorten Deutschlands entwickelt. Dem Meeting- und Eventbarometer 2008 des Europäischen Instituts für Tagungswirtschaft an der Hochschule Harz (EITW) zufolge rückte das Land vom vorletzten Platz auf Rang elf unter den Bundesländern vor. Damit einher geht auch ein vergrößertes Angebot an Tagungshotels. Fast jedes neue Hotel wartet mit einem attraktiven modernen Tagungsbereich auf. Der Tagungs- und Kongresstourismus in Mecklenburg-Vorpommern weist ein Umsatzvolumen von jährlich etwa 500 Mio. Euro auf, was rund 10 % des Gesamtumsatzes im Tourismus des Landes ausmacht.

Wassersport

Mecklenburg-Vorpommern ist mit der gut 1700 km langen Ostseeküste, mehr als 2000 Seen und rund 26 000 km Fließgewässer Deutschlands wasserreichstes Bundesland. Viele Wasserstraßen verbinden Meer, Seen und Flüsse mit Mitteleuropas größtem Wassersportrevier und bieten reichlich Gelegenheit zum Surfen. Das Wasserski-Zentrum Mecklenburgs ist Feldberg. Neubrandenburg bietet eine Wasserski-Seilbahn. Das Netz der 420 Marinas, Sportboothäfen und Anleger sowie 14 000 Liegeplätzen in der Fluss- und Seenlandschaft liefert für den Wassertourismus ideale Bedingungen. Auch wer kein eigenes Boot besitzt, kann sich in Mecklenburg gut über Wasser halten. Ob Floß, Paddel- und Segelboot, Motorkajütenkreuzer oder führerscheinfreie Hausboote – alles kann gemietet werden. Als eines der letzten Naturabenteuer in Deutschland gilt das Wasserwandern mit dem Kanu. Einige Unternehmen bieten Kanukurse und ein- oder mehrtägige geführte Kanutouren an. Von der Kanustation Granzow etwa lässt sich das Kleinseengebiet gut erkunden. Mitten durch ein Seerosenparadies führt eine vierstündige naturkundliche Kanutour. Zahlreiche andere Angebote und Anregungen findet man unter **www.mvweb.de/kanu** oder **www.wasserwandern-mv.de**.

Veranstaltungen im Jahreslauf

März

Neubrandenburger Jazzfrühling
Jahr für Jahr finden sich hochkarätige Größen aus dem In- und Ausland in der „Stadt der vier Tore" ein, um den Winter musikalisch zu vertreiben. Der „Jazzfrühling" ist die größte Jazzveranstaltung im Land. Mehrere tausend Besucher kommen vor allem aus Mecklenburg-Vorpommern, Brandenburg und Berlin.

Schweriner Filmkunstfestival 2008
Der Schauspieler Klaus Maria Brandauer erhielt für seinen Beitrag den „Goldenen Ochsen".

April

Fackeln im Strom
Jeden Samstag vor Ostern stürzen sich rund 50 Schwimmer mit ihren brennenden Fackeln in die Plauer Elde und schwimmen 850 m gegen den Strom. Anschließend dürfen sie am Lagerfeuer mit gegrilltem Fisch, frischgebackenem Brot und Wasserpfeife zusammen mit den Gästen feiern.

Mai

Internationale Orgeltage Neubrandenburg
Klassische Kirchenmusik, aber auch Jazz kann man an diesen Tagen auf der Schuke-Orgel in der Johanniskirche hören. Diese Veranstaltung stellt Orgelmusik in vielen Facetten vor, zum Beispiel als Stummfilmbegleiter oder Orchesterinstrument.

Erste Maiwoche

Schweriner Filmkunstfestival Mecklenburg-Vorpommern
Das Filmkunstfest lädt zu einem deutschlandweit einmaligen Dialog zwischen der bildenden Kunst, der Literatur, der Musik, der darstellenden Kunst und dem Film ein. Dabei geht es auch um Kommunikation zwischen Künstler und Publikum. Junge Regisseure und Darsteller präsentieren sich mit ihren Debütarbeiten auf dem Schweriner Filmkunstfest, das zu einem der wichtigsten deutschsprachigen Nachwuchsfestivals geworden ist. Aber auch heute prominente Regisseure wie Andreas Dresen und namhafte Schauspieler wie Mario Adorf, Götz George, Senta Berger, Bruno Ganz, Hannelore Elsner oder Klaus Maria Brandauer, die für ihren Beitrag zur nationalen Filmkultur den Ehrenpreis des Festivals erhielten, tragen zur besonderen Atmosphäre des Filmkunstfestes bei. Das Publikumsfestival mit über 17 000 Besuchern hat sich zu einer der wichtigsten Kulturveranstaltungen in Mecklenburg-Vorpommern entwickelt und gehört im nationalen Maßstab zu den „Top Ten" der Festivals.

Mitte Mai

Barockfest Ludwigslust
Schloss und Park Ludwigslust sind die perfekte Kulisse, um einmal die glanzvollen Seiten barocken höfischen Lebens kennenzulernen. Duelle und Schäferspiele gehören ebenso zu dieser amüsanten Inszenierung wie ein vertrauliches Gespräch mit Seiner Hochfürstlichen Durchlaucht. Barocke Schönheiten flanieren durch den Garten. Einführungen in die Fächersprache sowie zu Mode und Etikette jener Zeit können für eine gelungene Konversation mit den Herrschaften des 18. Jh. durchaus hilfreich sein.

Zweite Maihälfte

Müritz Sail Waren (Müritz)
Regatten, Drachenbootrennen, Wasserskivorführungen, Flottenparade, Festumzug,

Feiern wie anno dazumal
Das Barockfest im Ludwigsluster Schlosspark ist ein festliches Vergnügen für Akteure und Gäste.

Maritimes Fest in Waren
Die Müritz Sail bringt viel Spaß im rekonstruierten, über 200 Jahre alten Warener Hafen.

segelsportliche Wettkämpfe und Höhenfeuerwerk prägen das fröhliche Volksfest in Waren an der Müritz. Jahrmarktsattraktionen und kulinarische Angebote ergänzen dieses zünftige maritime Fest. Es findet im rekonstruierten, über 200 Jahre alten Warener Hafen statt. Dieser war früher eine wichtige Station für Lastkähne zwischen Berlin und Hamburg und ist heute ein nationaler und internationaler Treffpunkt für Wassersportler.

Juni

Internationales Burgfest in Neustadt-Glewe

Burgfräulein, edle Damen und Herren, Ritter, Wikinger, einfache Bürgersleute, Bauern, Tagelöhner, Bettler, Gaukler, Musiker und Hexen – etwa 500 Mitwirkende – treten an, um das schaurig-schöne Mittelalter aufleben zu lassen. Besucher können mitmachen, sich im Dorflager altes Handwerk zeigen lassen oder sich in Axtwurf sowie Pfeil- und Bogenschießen üben. Vertreter aus 15 Nationen demonstrieren ihre Kunst in einem Turnier mittelalterlicher Kampfkunst. Wenn dann am Samstagabend die Sonne untergeht, bricht die finstere Nacht des Mittelalters an und das große rauschende Burgfestspektakel beginnt. Hexen tanzen zur Musik der Spielleute. Der Klang von sich kreuzenden Schwertern klingt durch die Nacht, Schwerttänzer und Feuerschlucker treten auf und ziehen die Zuschauer in Bann.

Rethra – ein flammender Mythos

Mit einer Pyro-Fantasy-Show wird im Rahmen der Alt-Rehser Kulturtage der Mythos des alten slawischen Heiligtums mit Tanz und Akrobatik, Kampfszenen, Gaukeleien und Pantomime wiederbelebt. Tagsüber beleben buntes Händlertreiben und vielfältiges Bühnenprogramm den Park von Alt-Rehse. Abends beginnt das Feuershow-Theater. Am Sonntag, am Familientag, ist alles zum halben Preis zu haben.

Reuterfestspiele Stavenhagen

Theaterprofis und Laiendarsteller führen auf dem Marktplatz von Stavenhagen zu Ehren des niederdeutschen Dichters Fritz Reuter plattdeutsche Stücke auf. Neben Lesungen, Theateraufführungen und Konzerten wird jeweils das „Plattdeutsche Wort des Jahres" gekürt. Eine Jury wählt aus zahlreichen Vorschlägen das „schönste Wort", den „aktuellsten Begriff" und die „liebste Redensart" aus.

Juni bis August

Schlossfestspiele Schwerin

Kaum ein Platz eignet sich so gut als Open-Air-Arena wie Schwerins Alter Garten. Das Architekturenensemble von Staatstheater, Staatlichem Museum mit theatralischer Freitreppe und Märchenschloss sowie dem Schweriner See werden zur fantastischen Kulisse der Operninszenierungen. Nabucco, Aida, Rigoletto oder La Traviata feiern hier seit vielen Jahren sensationelle Erfolge.

Schlossgartenfestspiele Neustrelitz

Die einstige Residenzstadt Neustrelitz kann auf eine alte Musik- und Theatertradition zurückblicken. Auch die höfischen Feste des Herzoghauses bevölkerten anno dazumal den Schlosspark mit „lebenden Bildern",

Schweriner Schlossfestspiele im Alten Garten
Das Schweriner Schloss bietet eine grandiose Kulisse.

theatralischen Szenen und Ritterfestspielen. Heute rühmt sich Neustrelitz der „größten Operettenfestspiele Deutschlands". Moderne Operettenrevuen wie „Das Dschungelbuch", aber auch Klassiker wie Paul Linckes „Frau Luna" und „Die Fledermaus" von Richard Strauss kommen auf die Bühne des Schlossgartens. Die Vorstellungen im Zusammenspiel von Landestheater Neustrelitz, Neubrandenburger Philharmonie, Deutscher Tanzkompanie Neustrelitz und weiterer Akteure begeistern jährlich durchschnittlich 20 000-30 000 Zuschauer.

Juli

Sommertraum am alten Schloss Güstrow
Das Internationale Kleinkunstfest im Güstrower Renaissancegarten hat sich als sommerlicher Kulturhöhepunkt in Mecklenburg-Vorpommern etabliert. Der Renaissancegarten mit seinen Lavendelbeeten, Hainbuchen-Laubengängen und dem Wassergraben sowie der Schlosshof mit seinem südländischen Flair bilden einen stimmungsvollen Rahmen für Zaubergestalten, Trapeznummern, Musik-Comedy, Jonglierkunst, Magie und beschwingte Rhythmen – einen Sommerabend lang, der mit einem Feuerwerk und Wasserspielen ausklingt.

Feucht-fröhliches Vergnügen
Die verrücktesten Schwimmfahrzeuge schippern bei der Plauer Badewannenrallye übers Wasser.

Sommertraum Schloss Güstrow
Zaubergestalten bevölkern den Renaissancegarten des Güstrower Schlosses.

Zweites Juliwochenende

Badewannenrallye in Plau am See
„Mit Algen im Schuh und Moor im Ohr halten wir uns über Wasser von der Brücke bis zum Schleusentor", lautet der Slogan auf der Elde in Plau. Dabei darf alles, was schwimmen kann, aufs Wasser, Autos, Nachttöpfe, Monster usw., nur keine herkömmlichen Boote. Prämiert werden die originellsten Gefährte, es gibt auch einen Kenterpreis. Außerdem werden Miss und Mister Badewanne gekürt. Eine Riesengaudi mit Tausenden Zuschauern: Jeder, der sich rechtzeitig anmeldet mit seinem fantastischen Wassergefährt, darf mitmachen.

Erstes Augustwochenende

Das kleine Fest im großen Park von Ludwigslust
Zauberer und Akrobaten, Komödianten und Musikanten verwandeln den mystisch illuminierten Ludwigsluster Schlosspark in ein magisches Theater. An vielen verschiedenen Spielorten zeigen über 30 Ensembles ihr Können. Das Fest unter uralten Bäumen, neben verspielten Wasserläufen und auf romantischen Lichtungen zieht jedes Jahr immer mehr Kleinkunst-Begeisterte aus ganz Norddeutschland an.

Ende August

Drachenbootfest Schwerin
Auf dem Pfaffenteich gibt es alljährlich eine Riesengaudi in langen, drachenköpfigen Booten. Prächtig geschmückt liefern sie sich spannende Rennen. Dabei sieht es nicht selten so aus, als würden die 20 Paddler – ungewollt – gegen die Kameraden im eigenen Boot kämpfen.

Ende September

Verfemte Musik
Das international anerkannte Schweriner Musikfestival bringt Werke von jüdischen Komponisten zur Aufführung, deren Karrieren durch den Nationalsozialismus oft-

mals beendet wurden, bevor sie angefangen hatten. Im Schweriner Konservatorium spielen Musiker und Musikstudenten aus der ganzen Welt Stücke, die in der NS-Zeit als „entartet" diffamiert wurden.

Schweriner Honky Tonk® Kneipenfestival
Statt Herbstblues bietet Schwerin eine heiße Musiknacht, in der rund 30 Bands und DJ's die Besuchern mit beliebten Hits, mitreißendem Rock'n'Roll, heißer Salsa- und Latinmusik bis hin zu Punk-Rock und Soulballaden in Schwung bringen.

Ende September/Anfang Oktober

Müritzfischtage
Der größte kulinarische Event der Mecklenburgischen Seenplatte will Appetit auf Süßwasserfisch machen. Über 50 Restaurants von Plau bis Neubrandenburg beteiligen sich an der zweiwöchigen Aktion und servieren einheimische Fische: z. B. Hecht, Barsch oder Maräne, gekocht, gebraten und gegrillt.

Anfang Oktober bis Mitte November

Schweriner Literaturtage
Bekannte Autoren aus Deutschland und ganz Europa lesen aus ihren Werken. Auch

Kampf der Drachen
Beim Schweriner Drachenbootfest liefern sich die Mannschaften harte Rennen.

Frisch auf den Tisch
Während der Müritz-Fischtage kann man Fisch in besonders vielen Varianten genießen.

Nachwuchstalente werden vorgestellt, dabei steht die literarische Auseinandersetzung mit Gegenwart und Geschichte ebenso auf dem Leseplan wie Biografien und leichte Unterhaltung. 2008 waren der Kultautor Harry Rowohlt und die Schauspiel-Legende Winfried Glatzeder zu Gast. Wer bestimmt, was wir lesen? Mit dieser Frage eröffnete Sigrid Löffler, langjährige Teilnehmerin der TV-Sendung *Das Literarische Quartett* und ehemalige Herausgeberin der Zeitschrift *Literaturen*, das Programm.

Dezember

Weihnachtszauber
Wenige Wochen vor dem Fest verwandelt sich Schwerin rund um den Dom in eine weihnachtliche Bummelmeile. Am Pfaffenteich locken Rodel- und Kunsteisbahn. Bei den „Dorfweihnachten in der Tellower Scheune", in der Mecklenburgischen Schweiz, liest Frau Holle Märchen vor, außerdem gibt es frische Fisch- und Wurstspezialitäten aus der Region. Weihnachtsduft kann man auch in der größten Feldsteinscheune Deutschlands schnuppern, in Bollewick bei Röbel. Der Bollewicker Adventsmarkt mit Puppentheater und Musikanten, Märchenerzählern und Zauberkünstlern, Chören, Tieren und vielen Überraschungen ist einer der schönsten mecklenburgischen Märkte der Weihnachtszeit. An den Ständen einheimischer Hand- und Kunsthandwerker kann man auch nach Weihnachtsgeschenken stöbern. Wer über den Ludwigsluster Adventsmarkt wandelt, wird Damen und Herren vergangener Zeiten in barocken Gewändern begegnen. Ein besonderer Tipp für die Weihnachtszeit ist außerdem das Güstrower Krippenmuseum, das größte seiner Art in Deutschland. Rund 350 Weihnachtskrippen aus 60 Ländern werden in der Heiligen-Geist-Kapelle gezeigt.

Weihnachten unterm Dom
Zentrum des stimmungsvollen Schweriner Weihnachtsmarkts ist der altstädtische Marktplatz.

Zeittafel zur Geschichte

10 000 bis 8000 v. Chr. Bald nach dem Eis kam der Mensch

Die frühgeschichtliche Besiedelung Mecklenburgs begann nach der letzten Kaltzeit durch nomadisierende Jäger und Fischer (Stielspitzenfunde z. B. im Müritzgebiet). Das Land ist zu über 90 % mit Wald bedeckt.

8000 bis 3000 v. Chr. Erste Besiedelung

Im Mesolithikum, der mittleren Steinzeit, sind viele Uferzonen der Flüsse, Bäche und Seen weitgehend besiedelt.

3000 bis 1800 v. Chr. Die ersten Ackerbauern

Die neolithische Revolution führt zur ersten Sesshaftigkeit mit bäuerlicher Lebensweise; es verbleiben zahlreiche Großsteingräber. In die Kiefernwälder haben sich schon Eiche, Ulme und Linde gemischt, auch die Rotbuche setzt sich durch.

Die Slawenburg in Groß Raden
Slawische Zeugnisse sind im Freilichtmuseum zu sehen.

1800 bis 600 v. Chr. Bronzezeit

Der Zivilisationsschub hinterlässt viele Hügelgräber der nun ansässigen Germanen. Ackerbau und Viehhaltung bilden die wirtschaftliche Grundlage. Das gesamte Müritzgebiet ist besiedelt. Grabhügel, z. B. bei Serrahn, geben davon Zeugnis.

600 v. Chr. bis 600 n. Chr. Eisenzeit

Nach dem wichtigsten Werkstoff germanischer Zeit wird diese Epoche auch Eisenzeit genannt. Das Eisen wird in der Mecklenburg-Region aus heimischem Raseneisenerz gewonnen. Davon zeugen zahlreiche Funde von „Ofensauen", Schlackenreste, die bei der Verhüttung von Raseneisenerz anfielen. Ab 400 n. Chr. verlassen die Germanen die mecklenburgische Region. Der Wald kann sich von den Rodungen und der Auflichtung durch Viehtrieb wieder erholen.

Um 650 Die Slawen

Nach den Germanen betreten die Slawen die Bühne der mecklenburgischen Geschichte. Im Westen entsteht das Reich der Obotriten, weiter östlich leben die Wilzen. Der vorherrschende Stamm im Müritzgebiet ist der Stamm der Müritzer. Die Slawen siedeln vorzugsweise an Rändern von Seen und Mooren, die ihnen Schutz- und Fluchtmöglichkeiten bieten. Wirtschaftliche Grundlage ist Viehzucht und Ackerbau.

983 Sieg über deutschen Herrschaftsanspruch

Unter Heinrich I. beginnt in der ersten Hälfte des 10. Jh. die Ostexpansion, in deren Verlauf die ersten slawischen Stämme unterworfen werden. Die Kämpfe dauern bis etwa 960. Nach dem Tod Ottos II. erheben sich die Slawen erneut. 983 beginnt ein gut vorbereiteter Aufstand. Das slawische Heer zerstört die Bischofssitze in Havelberg und Brandenburg, Zentren der deutschen Macht und Ausgangspunkte der Christianisierung. Damit war die deutsche Herrschaft östlich der Elbe beinahe völlig zusammengebrochen.

995 Der Name Mecklenburg entsteht

Den Gepflogenheiten der deutschen Herrscher entsprechend, erledigte Otto III. auch auf dem Kriegszug seine Regierungsgeschäfte und stellte auf der Hauptburg der Obotriten eine Schenkungsurkunde aus, die als „Geburtsurkunde" des Landes gilt. Die entscheidenden Worte sind „Actum Michelenburg": Daraus entsteht später der Name des Landes Mecklenburg. Ob der König die Slawenburg besetzt hält oder gastfreundlich aufgenommen wurde, ist unbekannt.

1160 Die Deutschen schlagen zurück

Mit Beginn des 12. Jahrhunderts werden wieder verstärkt Versuche unternommen, die Slawen zu besiegen. Im Auftrag Kaiser Barbarossas unterwirft Heinrich der Löwe die slawische Bevölkerung endgültig. Der Obotritenfürst Niklot wird durch einen Hinterhalt auf seiner Burg Werle im Warnowtal überwältigt.

1167 Eine Dynastie wird begründet

Pribislaw, Sohn des Niklot, konvertiert zum Christentum und erhält den größeren Teil des ehemaligen Obotritenreiches als Lehen. Seine Nachkommen regieren das Land bis 1918.

1229 Lang anhaltende Zersplitterung Mecklenburgs

Die Erben Niklots vollziehen die Teilung der Lehensherrschaft in die vier Teilherrschaften Mecklenburg, Rostock, Werle und Parchim. In kurzer Zeit kommt es zur feudalen Machtzersplitterung. Außerdem streiten sich auf dem Gebiet des ehemaligen Obotritenreiches auch noch die Grafen von Schwerin und die Bischöfe von Ratzeburg und Schwerin um die Macht.

Umrahmt von Stier und Greif
Das siebenteilige Wappen des Staates Mecklenburg.

Otto III. (980–1002)
Der deutsche König und spätere Kaiser Otto III. gab Mecklenburg seinen Namen.

1336 Eine Phase des Friedens

Mit Albrecht II. kommt 1336 der wohl aktivste mecklenburgische Fürst des Mittelalters an die Regierung. Nachdem er von Kaiser Karl IV. in den Reichsfürstenstand erhoben worden ist, führt er Mecklenburg auf den Höhepunkt seiner Macht. Seine Regierung trägt, u.a. durch eine Allianz mit den wendischen Hansestädten, wesentlich zu einer Phase des Friedens im Nordosten Deutschlands bei, wobei sich die Grenzen zwischen Mecklenburg und Pommern stabilisieren und bis 1945 nahezu unverändert bleiben. Albrecht II. erwirbt 1357 auch die Grafschaft Schwerin. Mit dem Kauf von Schloss und Land Dömitz mit Redefin und Gorlosen werden die West- und die Südgrenze des Landes für künftige Zeiten festgelegt.

1364 Großmachtstreben

Als Albrechts ältester Sohn, Albrecht III., im Jahr 1364 König von Schweden wird, unterwirft er Finnland und strebt die dänische Krone an. Albrecht regiert Mecklenburg als Herzog von 1385–88 und von 1395–1412. Mit seinem Tod ist die Großmachtpolitik Mecklenburgs zu Ende.

1423 Eine Herzogin an der Macht

Die Herzogwitwe Katharina (Witwe von Johann IV.) führt Mecklenburgs Regierungsgeschäfte bis 1436.

1436 Ein verschwenderischer Herrscher

Herzog Heinrich IV. zu Mecklenburg, Sohn von Katharina, übernimmt die Regierung von seiner Mutter. Wegen seiner Verschwendungssucht und Fettleibigkeit bekam er den Beinamen „Der Dicke". Er war ohne staatsmännische Begabung, was seine Berater zu

Ungunsten seiner Untertanen ausnutzten. Das Land hatte unter der Misswirtschaft Heinrichs sehr zu leiden.

1471 Mecklenburg wächst zusammen

Als Herzog Ulrich II. (1466–1471) von Stargard ohne männliche Erben stirbt, fällt sein Land an Mecklenburg-Schwerin. Heinrich IV. wird Alleinherrscher, doch überlässt er die Staatsgeschäfte anderen.

1477–1503 Aufstieg durch gute Verwaltung

Herzog Magnus II., Sohn von Heinrich IV., regiert nach dessen Tod 1477 zuerst mit seinen beiden Brüdern, nach deren frühem Tod ab 1483 allein. Ihm gelingt es, nach Heinrichs Missregierung wieder geordnete Verhältnisse zu schaffen. Er hinterlässt seinen Söhnen ein schuldenfreies Land.

Gotische Kunstschätze
Die Altarfiguren aus der Kirche von Bellin bei Güstrow stammen aus vorreformatorischer Zeit.

1503–1552 Bruderzwist nährt die Macht der Stände

Heinrich V. (1503–1552) und Albrecht VII. (1519–1547) regieren Mecklenburg nach- und nebeneinander. Durch die von Albrecht erzwungene Landesnutzungsteilung, zwei aufwendige Hofhaltungen und Schlossbauten sowie eine unrealistische Außenpolitik im Kampf um den dänischen, später auch um den schwedischen Thron wächst die Schuldenlast des Landes enorm. Schließlich werden sogar die Landstände um finanzielle Unterstützung gebeten. Diese schließen sich 1523 zur Landständischen Union zusammen und erweisen sich bald als starke politische Kraft gegenüber absolutistischen Herrschaftsansprüchen und als Klammer für den mecklenburgischen Gesamtstaat.

1549 Die Reformation

Stimmen gegen die Misstände der vorreformatorischen Kirche werden auch in Mecklenburg laut – gegen Ablasshandel, Lebenswandel und Unvermögen der Geistlichen. In Mecklenburg gibt es 16 Männer- und 11 Frauenklöster, die Zahl der Geistlichen wird auf etwa 14 000 geschätzt. Auf dem Landtag zu Sternberg setzt Johann Albrecht I. das Bekenntnis des Landes zum lutherischen Glauben durch. Daran erinnert der Gedenkstein an der Sagsdorfer Brücke bei Sternberg. Sechs Jahre später wächst infolge der Säkularisation des Besitzes der Klöster der herzogliche Grundbesitz um fast ein Drittel an.

1621 Zweite Teilung Mecklenburgs

Als Herzog Heinrich V. erbenlos stirbt, folgt ihm im Schweriner Landesteil sein Neffe Johann Albrecht I. Gegen seinen Willen beansprucht sein Bruder Ulrich den Güstrower Teil. Brüderlicher Streit hemmt so nach kurzer Pause wieder das Regiment der beiden Teillande Mecklenburg-Schwerin und Mecklenburg-Güstrow. Doch mit den beiden Renaissancefürsten erreicht die höfische Kultur ihren Höhepunkt. Sie verwandeln die wehrhaften Burgen ihrer Ahnen in Schlösser und ziehen Gelehrte und Künstler in ihren Kreis.

Blutsverwandtschaft
Christian IV. von Dänemark war der älteste Sohn von Sophie von Mecklenburg-Strelitz.

1618–1648 Der Dreißigjährige Krieg

Die verwandtschaftlichen Beziehungen zu dem Dänenkönig Christian IV. ziehen die herzoglichen Brüder und das gesamte Land in den Strudel des Krieges. 1628 muss Johann Albrecht II. Güstrow für drei Jahre verlassen. In dieser Zeit wird die Stadt Wallensteins Lager. Der kaiserliche Generalissimus macht Güstrow zur Hauptstadt des ganzen Landes, reformiert Justiz, Verwaltung, Handel und Wirtschaft. Weite Teile des Landes jedoch werden im Laufe des Krieges verwüstet. Die Bevölkerung der Müritzregion verringert sich von etwa 300 000 auf rund 50 000 Menschen. Infolge des Dreißigjährigen Krieges gerät die Mehrzahl der Bauern in Leibeigenschaft.

1701 Letzte dynastische Teilung

Der Erbfolgestreit um Mecklenburg-Güstrow wird mit dem Hamburger Vergleich abgeschlossen. Aus dem Land Stargard und dem Fürstentum Ratzeburg wird das Her-

Eine englische Königin
1761 wurde Sophie Charlotte von Mecklenburg-Strelitz Königin von Großbritannien und Irland.

zogtum Mecklenburg-Strelitz gebildet. Hier herrscht nun Adolf Friedrich II., in Mecklenburg-Schwerin sein Neffe, Herzog Friedrich Wilhelm.

1714 „Dörchläuchting“

Der 14-jährige Prinz Adolf Friedrich IV. übernimmt die Macht über Mecklenburg-Strelitz. Seine Mutter führt die Regierungsgeschäfte für die Dauer seiner Studienreisen. Fritz Reuter beschreibt 100 Jahre später das Leben dieses Landesfürsten in seinem Roman „Dörchläuchting“.

1755 Starke Ritterschaft

Nach langen Kämpfen wird der Landesgrundgesetzliche Erbvergleich unterzeichnet. Die Macht der Ritterschaft setzt sich durch und verhindert, im Gegensatz zu anderen Staaten, die Durchsetzung des territorialen Absolutismus.

1761 Die englische Hochzeit

Die Schwester des „Dörchläuchting“, Sophie Charlotte, wird durch die Hochzeit mit Georg III. Königin von England. Sie ist die Großmutter von Victoria.

1803 Erste Bauetappe der Müritz-Elde-Wasserstraße

Zu diesem Zweck muss mit dem Mühlenmeister Peters in Plau ein Vertrag abgeschlossen werden, dass der Wasserspiegel der Müritz um rund 1,15 m (4 Fuß) gesenkt werden darf. Dies wird um zwei Fuß überschritten, so dass der Wasserspiegel um beinahe 2 m abfällt.

1820 Aufhebung der Leibeigenschaft in Mecklenburg

Mit dem Jahrhundert der bürgerlichen Umwälzung in Europa bricht auch für Mecklenburg die Zeit der bürgerlichen Agrarreformen und der Bauernbefreiung an. Dem waren schon Einzelaktionen, so des einsichtigen Ferdinand von Maltzan auf Penzlin, vorausgegangen. Die wirtschaftliche und soziale Lage der Bauern verschlechterte sich zunächst, so dass ein Jahr später eine Armenordnung erlassen werden musste, um das ärgste Elend der Bauern, denen der Gutsherr nun auch kein Wohnrecht mehr zusichern muss, zu mildern.

1831–36 Zweite Bauetappe der Müritz-Elde-Wasserstraße

Dieser weitere prägende Abschnitt konnte erst mit der Gründung der „Elde-Actien-Societät“ erfolgen. Etliche Krümmungen wurden begradigt, 21 Kammerschleusen, die Vorgänger vieler heutiger Schleusen, und neue Kanäle wurden gebaut. Neustrelitz bekommt über den Kammerkanal Anschluss an die Wasserstraße.

1848–1850 Von der Revolution in die Depression

In Mecklenburg entstehen bürgerliche Reformvereine, Massenaktionen der Tagelöhner und Landarbeiter; in Schwerin wird der erste mecklenburgische Arbeiterverein gegründet. Zugeständnisse der Großherzöge bis hin zum Vorschlag, die Ständeversammlung aufzulösen. 1849 führte man das

Das „Blaue Wunder“ von Eldena
Weniger berühmt als die gleichnamige Dresdner Brücke, führt dieses „Wunder“ sicher über den Eldekanal.

Staatsgrundgesetz von Mecklenburg-Schwerin ein, das durch Aufhebung des spätfeudalen Ständestaates den Anschluss an moderne Verfassungsstaatlichkeit ermöglichte. Doch die adelig-junkerliche Konterrevolution wehrte sich gegen den Fortschritt und bewirkte 1850 den Freienwalder Schiedsspruch: Anstatt des Staatsgrundgesetzes tritt wieder der Landesgrundgesetzliche Erbvergleich von 1755 in Kraft. „Alles bliwwt bi'n Ollen", kommentierte Fritz Reuter. Größte Massenauswanderung nach Übersee ist die Folge, bis 1914 verlassen etwa 170 000 Menschen Mecklenburg und gehen vor allem nach Amerika. Reuters 1857 erscheinende Erzählung *Kein Hüsung* beschreibt die elenden Zustände dieser Zeit.

Dunkles Kapitel der Vergangenheit
Die Keramikstelen von Dörte Michaelis auf dem Gelände der Schweriner Flemming-Klinik erinnern seit 2008 an die Opfer der Euthanasie.

1918 Das Ende der Monarchie

Am 14. November muss Großherzog von Mecklenburg-Schwerin, Friedrich Franz IV. – zugleich Verweser des Großherzogtums Mecklenburg-Strelitz – abdanken. Gleichzeitig wird die auf dem Landesgrundgesetzlichen Erbvergleich von 1755 beruhende landständische Verfassung beseitigt.

Großherzog Friedrich Franz IV. (1882–1945)
Er war der letzte regierende Monarch in Mecklenburg und lebte bis zu seinem Tod auf Schloss Ludwigslust.

1919/20 Zwei mecklenburgische Freistaaten

Nach dem Sturz der Monarchie werden Mecklenburg-Schwerin und Mecklenburg-Strelitz, die bis dahin immer Teile des mecklenburgischen Gesamtstaates waren, als Freistaaten mit eigener Verfassung und getrennten Landtagen zum ersten Mal politisch selbstständig. Doch dies stellt für die beiden deutschen Kleinststaaten auf Dauer eine zu hohe finanzielle Belastung dar.

1933–1945 Die Zeit des Nationalsozialismus

Schon vor der Machtergreifung geben die Nationalsozialisten in Mecklenburg den Ton an. Sie gewinnen bei den Landtagswahlen 1932 in Mecklenburg-Schwerin die absolute Mehrheit. 1934 werden Mecklenburg-Strelitz und Mecklenburg-Schwerin zu einem Land vereinigt, geführt vom Schweriner Staatsminister Scharf (NSDAP).
Unter der Herrschaft der Nationalsozialisten entsteht so der Gau Mecklenburg. Zu Beginn der Machtübernahme lebten in Mecklenburg rund 1000 Juden, aber kaum einer von ihnen überlebte den Holocaust. Auch hier brannten 1938 die Synagogen, so in Alt-Strelitz, Güstrow, Neubrandenburg und Schwerin. Juden wurden grundlos verhaftet und später nach Auschwitz und Theresienstadt verbracht. Außerdem gab es mehrere Außenstellen von Konzentrationslagern, so in Neubrandenburg, Rechlin und Malchow. Einige wenige Gedenksteine und Mahnmale künden heute von den Opfern. Auch die Geschichte des Dorfes Alt-Rehse, wo sich die Ärzteschaft dem faschistischen Euthanasieprogramm verschrieben hatte (siehe Seite 130), musste schmerzlich aufgearbeitet werden.
Vom Krieg und von Bombenangriffen blieb Mecklenburg weitgehend verschont, erst in den letzten Tagen des Dritten Reiches wurde das Land Schauplatz des Krieges. Sowjetische, amerikanische und britische Truppen trafen sich auf der Höhe von Schwerin, und Mecklenburg-Vorpommern wird zur sowjetischen Besatzungszone.

1945–1952 Nachkriegsjahre

Im Dezember 1946 wird in Mecklenburg eine Landesregierung unter Führung der SED gebildet, im Januar 1947 die Verfassung für Mecklenburg und Vorpommern verabschiedet. Einschneidende Veränderungen ergaben sich durch die Flüchtlingsströme. Die Zahl der Bevölkerung verdoppelt sich durch Flüchtlinge aus Hinterpommern und Ostpreußen. Das Landjunkertum wird durch die Bodenreform enteignet. Mecklenburg und Vorpommern werden von der sowjetischen Besatzungsmacht zum Land Mecklenburg-Vorpommern zusammengelegt. Zwei Jahre später wird der Landesname auf Befehl der Sowjetischen Militäradministration auf Mecklenburg reduziert. 1952 werden die Länder der 1949 gegründeten DDR im Zuge der Verwaltungsreform aufgelöst. Im Norden entstehen die Bezirke Rostock, Schwerin und Neubrandenburg.

Dorfidylle in der Ferienanlage Fleesensee
Im neu aufgebauten Dorf kann man sich gut erholen.

1989–1990 Der Norden erwacht – die Wende

Sie sind etwas spät dran, die Mecklenburger. Erst als sich das Neue Forum am 2. Oktober 1989 in der Schweriner Paulskirche vorstellt, beginnt die Wende auch im Norden. Erste Demonstrationen finden in Waren und Neubrandenburg statt. Auf der Schlossfreiheit in Schwerin trifft der Strom der 40 000 Bürger auf die Gegenkundgebung der SED Kampfgruppen. Das war der gefährlichste Moment in der friedlichen Revolution im Norden. 1990 wird das Land Mecklenburg-Vorpommern gegründet. Nach 38 Jahren hat das Land erstmals wieder ein eigenes Parlament. Schwerin wird Landeshauptstadt.

1998 Erste Rot-Rot-Koalition

Nach den Landtagswahlen vom 27. September 1998 gelangt in Mecklenburg-Vorpommern eine SPD-PDS-Koalition an die Regierungsmacht. Viele an die Wende geknüpfte Erwartungen waren enttäuscht worden. Die notwendige Stillegung vieler Betriebe führt zu hoher Arbeitslosigkeit, die noch immer die größte Herausforderung an die Politik ist.

Ostalgie-Nostalgie
Das DDR-Museum in Malchow dokumentiert sozialistische Alltagsgeschichte.

2000 Land Fleesensee

Mit der Eröffnung einer der größten Freizeitanlagen Europas, auf einer Fläche von insgesamt 550 ha am Fleesensee, steigen die Tourismuszahlen im Land wie noch nie.

2007 Rekordjahr

Rund 6 Mio. Urlauber reisen nach Mecklenburg-Vorpommern. Damit liegt das Land hinsichtlich touristischer Zuwachszahlen und mit 3,5 Gästen pro Einwohner bundesweit an der Spitze.

2009 Bundesgartenschau

Schwerin, die kleinste Landeshauptstadt Deutschlands, nutzt die größte Gartenschau der Republik, um auf 55 ha sieben Gärten rund um das Residenzschloss erblühen zu lassen. Zugleich wird ein Spaziergang durch die Geschichte des Gartenbaus angeboten.

Ortsregister

Personen- und Sachregister

Die Autorin
Hanne Bahra

Der Fotograf
Johann Scheibner

Kartografie
Astrid Fischer-Leitl, München

Producing
Lektorat: Dr. Reinhard Pietsch, medienpartner.münchen
Bildredaktion: Susanne Mack, München; Dr. Birgit Kneip
Produktion: Frank Duffek, München; Bettina Schippel
Projektleitung Bruckmann Verlag GmbH: Dr. Birgit Kneip

Reader's Digest
Projektleitung: Joachim Zeller
Grafik: Gabriele Stammer-Nowack
Produktion: Thomas Kurz
Ressort Buch
Redaktionsdirektorin: Suzanne Koranyi-Esser
Redaktionsleiterin: Dr. Renate Mangold
Art Director: Susanne Hauser
Operations
Leitung Produktion Buch: Norbert Baier

Bildnachweis
(o= oben, u = unten, l = links, r = rechts, M = Mitte

© Archiv für Kunst und Geschichte, Berlin, S. 215 u., 216 o.; © Dinglers Polytechnisches Journal, Ernst Alban, 1845, 84 u.; © Hilmar Fischer/Historische Badeanstalt, Krakow, S. 77 u.; © Gutshaus Dalwitz, S. 36 o.; © Faber & Partner/Christian Vlg., München, S. 46 M.; © Klaus Kummer/ Mecklenburger Waldglasmuseum e.V., Langen Brütz, S. 33 M.; © Landeshauptstadt Schwerin, Stadtarchiv, S. 185 u.; © Landesamt für Umwelt, Naturschutz und Geologie Mecklenburg-Vorpommern, S. 13 o.; © Monika Lawrenz, Festspiele MV, Schwerin, S. 39 u. ; © Werner Otto , Oberhausen, 97 o.; © Wlodzimierz Piatkowski/Pilgerherberge Kloster Tempzin e.V., S. 175 u.; © Picture alliance/dpa, Frankfurt, S. 13 u., 15 u., 16 o., 16 u., 22 l., 22 r., 23 l.o., 23 r.o., 23 r.u., 25 u., 26 o., 26 u., 27 o., 27 M., 29 o., 29 u., 31 o., 33 u., 37 M., 37 u., 39 u., 42 l., 42 r., 44 o., 45 l., 45 r., 47 o., 47 u., 53 r., 53 u., 54 u., 55 r., 56 l., 57 o. , 57 u., 59 o., 59 u., 65 u., 67 o., 69 u., 73 u., 77 o., 87 u., 88 u., 90 u., 91 o., 91 u., 97 u., 98, 103 u., 103 M., 107 o., 108 o., 109 u. 113 u., 114/115, 115 o., 117 o., 128, 129 o., 131 u., 136 u., 138 o., 141, 142, 143 o., 144, 150, 151 o., 152 l., 152 o., 153 M., 153 l., 153 r., 155 o., 155 r., 157 o., 157 u., 158 l., 160 o., 162, 168 l., 169 o., 186 u., 187 o., 189 o., 197 o., 203 o., 210 u., 210 o., 211 o., 212 u., 213 r. u., 213 l.u., 217 o., 218 o., 218 u., 219 o., 219 u. ; © Regionalmuseum Neubrandenburg, Repro G. Hahn, S. 125 u. und o.; © Rowohlt Verlag GmbH, Reinbek bei Hamburg, S. 108 u.; © Schlosshotel Klink, S. 66 l.; © Staatliches Museum Schwerin, S. 212 o.; © Stadtinformation Dargun, S. 146 l., 147 u.; © Stockfood, München, S. 47; © Tagungsschloss Hasenwinkel, S. 175 o.; © Touristinfo Neubrandenburg, S. 121; © TV Mecklenburg-Vorpommern e.V., Rostock, 21 u.; © Waldmuseum Lütt Holthus, Feldberger Seenlandschaft, S. 111 o.; © Dr. Thomas Witzke, Halle (Saale), S. 32 M.;

Alle anderen Bilder stammen von Johann Scheibner.

Umschlag
Vorderseite: die Müritz bei Röbel (großes Bild), Schloss Schwerin, Gänse-Idylle auf dem Land; Mädchen in historischem Kostüm (kleine Bilder)
Umschlag Rückseite: Malchiner See in der Mecklenburgischen Schweiz
Vorsatz: Müritz bei Röbel
Nachsatz: Plauer See bei Alt-Schwerin
Alle Bilder Johann Scheibner

Dieses Buch entstand in Zusammenarbeit zwischen der Bruckmann Verlag GmbH, München, und Reader's Digest Deutschland, Schweiz, Österreich

Verlag Das Beste GmbH, Stuttgart, Zürich, Wien

Sonderausgabe für die ADAC Verlag GmbH, München, 2009

Redaktionsschluss: 28.02.2009

GR 183162

Druck und Bindung: Mohn media Mohndruck GmbH, Gütersloh
Printed in Germany

ISBN 978-3-89915-550-1